宁波职业技术学院学术著作出版基金资

体育文化创意产业
发展分析与研究

——以浙江省为例

赵乾恩　阎永兴　屈佳英◎著

ZHEJIANG UNIVERSITY PRESS
浙江大学出版社

图书在版编目（CIP）数据

体育文化创意产业发展分析与研究：以浙江省为例 / 赵乾恩，阎永兴，屈佳英著. —杭州：浙江大学出版社，2021.3
ISBN 978-7-308-20228-2

Ⅰ.①体… Ⅱ.①赵… ②阎… ③屈… Ⅲ.①体育产业—文化产业—产业发展—研究—浙江 Ⅳ.①G812.755

中国版本图书馆 CIP 数据核字（2020）第 085177 号

体育文化创意产业发展分析与研究——以浙江省为例

赵乾恩　阎永兴　屈佳英　著

策　　划	吴伟伟	
责任编辑	钱济平　陈佩钰	
责任校对	许艺涛　陈映箴	
封面设计	项梦怡	
出版发行	浙江大学出版社	
	（杭州市天目山路 148 号　邮政编码 310007）	
	（网址：http://www.zjupress.com）	
排　　版	杭州青翊图文设计有限公司	
印　　刷	广东虎彩云印刷有限公司绍兴分公司	
开　　本	710mm×1000mm　1/16	
印　　张	12.75	
字　　数	250 千	
版 印 次	2021 年 3 月第 1 版　2021 年 3 月第 1 次印刷	
书　　号	ISBN 978-7-308-20228-2	
定　　价	58.00 元	

目 录

第一章　体育文化创意产业的理论研究

1.1　创意产业与文化创意产业

近几年随着我国的经济发展环境不断完善,大众创业、万众创新的氛围逐渐形成并蓬勃发展,一大批新产品、新业态正不断涌现,这是相关的政策环境不断优化、市场需求不断增加、消费潜力不断释放、版权保护环境不断优化、新兴科学技术不断爆发共同作用的结果,文化创意产业就是其中之一。中国的文化创意产业发展进程不断加快,从产业发展背景来看,主要是从政策、市场、科技等角度不断优化产业发展环境,提升服务支撑能力和行业发展能力,促进文化创意产业又好又快发展。

文化创意产业蓬勃发展,相关理论研究也越来越丰富,回顾国内外文献不难发现,围绕着文化创意产业这一主题,国内外众多学者都从不同角度展开了理论和实践的探索,也给出了许多建设性的意见和建议。但由于文化创意产业发展时间不长,涉及产业门类繁多,学者们对文化创意产业的内涵界定、实践推广、发展战略等都没有达成统一的共识,各自的观点既有共同之处,也各有侧重,文化创意产业的实质、核心和实践推广等问题,仍是有待学者们深入研究与探讨的重要问题(曹如中、史健勇,2017)。如果对文化创意产业的理论研究进行剖析,学者普遍认为这一产业最早可以追溯到"创新理论"的奠基人熊彼特提出的创新理论。

创意产业的背后是创意经济的兴起,有关创意经济(Creative Economy),西方学者较早开始了对它的研究,英国学者约翰·霍金斯认为创意经济的核心内容是版权、商标、专利与设计这四要素,这四要素所保护的内容称为创造性产品,而产品创造与销售中形成的产业则被称为创意产业(Howkins,2003)。学界普遍认为英国是世界上首个由政府推动创意经济发展的国家,在 1998 年的《英国创意产业报告》中第一次提出创意产业(Creative Industries)这一概念,并对创意产业进行了定义,认为创意产业是将个体创造性、才能和技艺发展为动力的企业,借由开发知识经济创造社会价值的一系列活动,包括体育、工艺设计、文化、娱乐、广告、建筑艺术等方面。而我国学者翁凤瑜等则提出,创意产业,又称为创意经济、文化创意产业等,以精神产品生产为基础,强调人的创造性资源的利用与开发(翁凤瑜等,2017)。周永根在其著作《文化创意产业的经济效应》中指出创意经济是在全球化的消费背景下兴起的一门强调文化艺术对经济的推动与支持以及个人创造力的新兴文化理论与实践。

对创意产业的相关理论研究进行回顾后可以看出,创意产业与文化产业、文化创意产业等存在许多交叉与融合,也有学者认为这是对文化创意产业的不同叫法,如欧洲有的国家称之为"文化产业",英国则称之为"创意产业"。但相比之下,中国对文化产业的定义则更为宽泛,国家统计局在《关于印发〈文化及相关产业分类〉的通知》中提出,为社会公众提供文化产品、服务和娱乐的活动集合就是文化及其相关产业。联合国教科文组织将文化产业定义为包括生产、再生产、储存和分配文化产品和服务的一系列活动。而对于文化创意产业,联合国教科文组织将其界定为对文化背景用创造性的思维进行加工,或者是利用现有科技对文化资源进行再造,借由对知识产权的深层次开发利用,生产出高价值的产品,以此来带动就业和经济增长的产业。但是伴随着理论研究的逐步丰富,也有学者提出,当对文化领域所涉及的内容进行更宽泛的界定时,文化创意产业与创意产业相同(Oakley,2006)。

随着世界经济的快速发展,文化创意产业已成为一种重要的经济增长因素,是一股重要的发展力量(陈晔,2017),于是文化创意产业逐渐成为学者们的研究热点。纵观国内外文献,在对文化创意产业进行内涵界定时,都离不开创造力、知识和价值这几个主题。如国外学者博格斯指出文化创意产业不同于文化产业,具备较高的创新程度(马仁锋、梁贤军,2014)。而德雷克则认为生产满足个人象征性价值产品的产业就是创意产业,普拉特从创意产业的价值链角度将创意产业界定为连接生产、消费、制造、服务的一个客体。不同于普拉特的广义定义,科伊认为创意产业是一个产生虚拟价值的企业,而其价值基础就是基于个人的金点子。不同于前几位学者,Howkins(2001)和 Fang et al.(2006)对文化创意产业的定位更具体,并指出,考虑创意产业及产业边界,综合各研发活动所涉及的自然科学领域,文化创意产业可划分为设计、专利、版权、商标四个产业。

相较之下,国内对文化创意产业的研究起步较晚,但随着文化创意产业在国内的稳步发展,理论研究也日渐丰富,学者们对文化创意产业的内涵界定纷纷提出了自己的见解。如在《文化创意与策划》这一著作中,谢梅、王理(2015)认为文化创意产业以创造力为核心,是在全球化背景下产生的新兴产业,它是主体文化或文化因素依靠团队或者个人的技术、创意,以产业化的形式进行知识产权营销和开发的行业。同时该书还指出文化创意产业的核心亮点在创意,背景资源为文化,再去迎合大众需求,因此文化创意产品及相关产业链具备独创性及高附加值。而王柱石、王宏(2017)则提出文化创意产业是未来经济发展的支柱产业,强调通过人的智力活动对各项文化资源进行提升与创造,从而生产出高附加值的具备知识产权的产品,实现价值增值,在发达国家,文化创意产业在国家经济发展中占有重要地位。相比之下,王春光(2011)则强调了这一产业以网络技术及信息为载体,依靠人的创意、技能和才华,对知识产权进行再加工,进而实现经济效益,创造就业机会。但在金元浦(2006)看来,在全球化的背景之下,文化创意产业是一种跨国、跨行业、跨部门、跨领域重组或创建的新型产业集群,这一集群以文化艺术与经济的全面结合为自身特征,以高科技技术手段为支撑,以消费时代人们的精神文化娱乐为基础,以网络等新传播方式为主导。这一界定较为全面地概括出文化创意产业的个性特征和发展背景。对文化创意产业的定义研究不仅是学者们热衷的内容,也是地方政府的产业发展探索热点,我国各部门和各地区纷纷对文化创意产业进行了概念界定,笔者对这些观点进行了整理(如表1-1所示)。

表1-1　各部门和地区对文化创意产业的内涵界定

部门或地区	定义	行业归类
国家统计局	以创作、创造、创新为根本手段,以文化内容和创意成果为核心价值,以知识产权实现或消费为交易特征,为社会公众提供文化体验的具有内在联系的行业集群	9个大类,27个中类行业,88个小类行业,9个大类分别是文化艺术、新闻出版、广播电视电影、广告会展、软件网络及计算机服务、设计服务、旅游和休闲娱乐、艺术品交易、其他辅助服务
台湾地区	源自创意与文化积累,透过智慧财产的生成与运用,创造财富与就业潜力并促进整体生活环境提升的一系列服务	广播、电视、电影、音乐及表演艺术、视觉艺术、设计产业、广告、出版、工艺、文化展演设施、时尚产业、数字休闲娱乐、设计品牌、建筑设计产业和创意生活产业等

续表

部门或地区	定义	行业归类
香港地区	强调文化的积累和创新创意的理念	分为电子媒体类,包括软件与电子广告、电影与视像、数码娱乐等;文化艺术类与设计类,包括艺术品、表演艺术等;广告、建筑、出版与印刷等
上海	以创新思想、技巧和先进技术等知识和智力密集型要素为核心,通过一系列创造活动,引起生产和消费环节的价值增值,为社会创造财富和提供广泛就业的机会	动漫设计、时装设计、建筑设计、广告设计、工业设计、室内设计、品牌发布、工艺品制作、网络媒体、时尚艺术、影视制作

资料来源:根据相关文献整理。

除了对文化创意产业进行概念界定外,学者们纷纷基于各自的研究角度从不同层面对文化创意产业进行了研究。Sadler & Thompson(2001)和 Tabb(1995)提出文化创意产业经济的变动会影响文化商品价格与供求关系的变动,并构建了一条全新的集经济、技术、文化为一体的产业通道。实证分析同样可以运用于文化创意产业的研究,Mueller & Thomas(2001)和 Harris & Metallions(2002)就研究了文化创意产业集群和园区的必要性和作用,并用实证分析证实了结果。而国内研究主要集中在与宏观经济或其他产业的关系方面,如周蜀秦、徐琴(2007)就论述了城市或地区经济发展与文化创意产业的关系,而厉无畏、王慧敏(2006)则认为文化创意产业带动经济增长主要表现在资源转化、价值提升和结构优化上,并就此阐述了文化创意产业的实现路径。还有学者以某个代表城市为研究对象,研究了文化创意产业的产业发展,并提供了一些可行的建议和意见。

综上,无论是内涵界定还是对文化创意产业进行理论和实践探索,对文化创意产业的理论研究大多以知识产权、创意、文化、创新等为主题,本书对文化创意产业的内涵界定沿用国家统计局的定义,即文化创意产业是以创作、创造、创新为根本手段,以文化内容和创意成果为核心价值,以知识产权实现或消费为交易特征,为社会公众提供文化体验的具有内在联系的行业集群。

1.2　体育文化创意产业的内涵界定

　　体育一词最早出现在法国,卢梭于 1762 年在他的著作《爱弥儿》一书中用"体育"一词来描述对爱弥儿进行身体的训练、养护和培养等身体教育过程。体育发展至今,是根据人体机能形成、机能提高和生长发育等规律,以身体与智力活动为基本手段,以中国复杂的社会文化现象,实现提高身体素质、促进全面发育、改善生活方式、提高生活质量、增强体质与提高运动能力的一种有组织、有目的、有意识的社会活动。体育产业更是衡量一国发展的重要标志,随着国际交往的扩大,体育事业也成为国家间外交及文化交流的重要手段。

　　在我国发展过程中,从 1932 年中国第一次出席奥运会,到 1971 年推动中美两国关系正常化的"乒乓外交",再到 2008 年北京奥运会的圆满落幕,体育在中国老百姓的生活中越来越受欢迎,中国体育在世界舞台上也有了一席之地。伴随着我国体育事业的不断壮大,中国的体育产业也在蓬勃发展,体育赛事的举办、体育周边产品、体育健身逐渐受到老百姓的重视,无不彰显着我国体育产业的无限发展可能。说到体育产业,关于体育产业的界定,陈宏伟(2014)提出体育产业是相关单位、群体和个人为了某些社会目标和经济目的,生产体育物质产品和精神产品,或者为社会提供体育服务的各行业的总和。作为一个产业,体育产业具有经济效益和市场效益,但同时体育产品或活动又有增强身体素质、提高体育技能、促进人的全面发展的社会效益。而周薇(2010)对体育产业的定义则较为简洁,认为体育产业是生产体育物质产品和精神产品、提供体育服务的各行业的总和。

　　对于体育产业的分类,2015 年国家统计局发布的《国家体育产业统计分类》将体育产业分为 11 个大类,37 个中类,52 个小类,其中 11 个大类分别是体育传媒与信息服务,体育用品及相关产品销售、贸易代理与出租,体育场地设施建设,体育用品及相关产品制造,体育管理活动,体育竞赛表演活动,体育健身休闲活动,体育场馆服务,体育中介服务,体育培训与教育,其他与体育相关服务等。而学界将体育产业划分为本体产业、外围产业及中介产业 3 类(如表 1-2 所示)。

表 1-2　体育产业的分类

组成	具体门类
本体产业	体育健身业、体育竞技业

续表

组成	具体门类
外围产业	体育服装业、体育用品业、体育器材业、体育建筑业、体育旅游业、体育博彩业
中介产业	体育保险业、体育赞助业、体育广告业

相比于体育产业,体育文化创意产业结合了体育产业与文化创意产业,不仅具备体育产业的特点,还有文化创意产业的文化内涵(陈晔,2017)。但同时它又脱胎于体育产业和文化创意产业,不仅是经济发展的新增长点,也是一种低能耗高效益的新兴绿色产业(李佳川等,2017)。对于体育文化创意产业的内涵界定,同样是学者们的研究热点,有的学者如张孔军、于祥(2007)从体育文化创意产业的核心和源头出发,认为这一产业的关键在于体育文化,正是体育文化、体育资源与体育赛事三者的共同作用与紧密结合,使体育文化创意产业发展成为驱动相关产业整合的一种新兴产业,成功支撑起体育文化创意产业的完整内涵。而赵弘、梁昊光(2008)则指出日益提高的体育文化需求为体育文化创意产业提供了强有力的发展动力,丰富的体育资源为文化创意产业的发展奠定了良好的基础条件,并强调体育文化创意产业的蓬勃发展关键在于体育资源和体育文化的共同作用。伴随着人们收入水平的不断提升和闲暇时间的增加,以及对生活质量的要求越来越高,人们对文化健身的需求日益增强,这也为文化创意产业的发展创造了优越的市场空间。

杜文等(2009)在他们的研究中对体育文化创意产业的概念界定得比较全面,认为它是以体育文化创意为手段,以体育文化为核心,在全球化文化趋势和消费背景下发展而来,集经济、文化、社会等因素为一体,强调知识产权并推崇个人创造力和创新,强调体育文化对经济推动与支持的实践。还有学者从文化创意产业的核心即创造和知识产权的角度解读体育文化创意产业,如金汕(2006)就指出文化创意产业专指通过知识产权开发和运用的产业,持同样观点的还有于洋(2014),他提出体育文化创意产业是借由创造形成知识产权的,以体育特色为外在表现形式活动的总和。从知识产权开发的角度出发,世界杯、奥运会的电视版权和硬遗产软遗产、温布尔登网球赛、环法自行车赛、马拉松、阿迪达斯和耐克的销售方式等都属于体育文化创意产业的范畴;同样的,电子竞技、体育博彩、体育文化传播、大型体育运动会等体育娱乐业同样具备体育文化创意产业的特征。

还有部分学者在阐述体育文化创意产业内涵的同时指出了它所涉及的具体行业,如王柱石、王宏(2017)指出,作为文化创意产业的分支,体育文化创意产业更侧重体育产业中通过知识产权对文化资源进行提升与创造的那部分形态。同时还列出了体育文化创意产业具体的子分支,即体育文化创意产业分为有形的体育产品和无形的体育服务。其中有形的体育产品主要是指体育用品的设计开发;无形的体育服务范围则更广泛,认为体育文化创意产业就是以下这些内容的产业化活动,主要包括体育动漫、体育广告、体育出版传媒、体育赛事经营、体育会展、体育经纪、体育旅游、体育活动策划、体育互联网等。而对于体育文化创意产业涵盖的具体行业,杨双燕、许玲(2015)则将其分为内容生产、手工销售、创意服务三大门类,共包含 12 个体育行业(如图 1-1 所示),其中内容生产的产品附加值相对较高,也是体育文化创意产业中数字化程度和技术导向较高的领域,如体育影视动漫、电子竞技游戏、赛事转播、体育信息软件等;手工销售以体育特许商品和体育艺术品为代表,是传统制造与创意相结合的部分;创意服务主要包括竞技赛事、体育出版、场馆建筑、外观设计、体育广告及体育商务策划等。

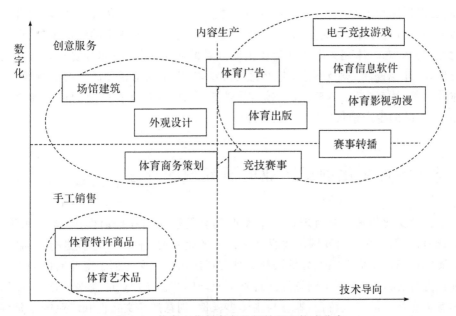

图 1-1　体育文化创意产业相关行业构成分布

相比之下,李佳川等(2017)则没有对体育文化创意产业进行细分,而是将其概括为体育动漫、体育广告、体育旅游、体育赛事电视版权和门票销售、体育竞赛表演、体育彩票及体育健身娱乐等产业化活动,同时指出体育文化创意产业是以文化创意产业和体育文化产业为基础,以体育经济、体育信息和体育文化艺术为价值核心,以体育技术、体育创意、体育文化等为重要支撑,为社会提供体育文化服务和体育文化产品的具有知识产权的高附加值的新兴产业。同样直接对体育文化创意产业进行概括的还有周薇（2010），她在梳理了国内学者们对体育文化创意产业的概念界定后，给出了自己的定义，即体育文化创意产业是推崇人的聪明智慧和创造力，在体育产业中借由科技的支撑和市场化的运作，以突出创新能力和创意为基本特征，具有高水平文化内涵的，可以被产业化的活动的总和，同时还列举了体育文化创意产业的分类，包括以体育旅游、体育赛事电视版权、体育赛事门票销售、体育动漫、体育广告、体育娱乐、体育出版等为内容的产业化活动。

通过以上梳理不难发现，体育文化创意产业起源于文化创意产业，同时又是体育产业不可分割的一部分，其发展有赖于体育产业的发展。总而言之，体育文化创意产业和体育产业、文化创意产业息息相关，但又与它们有所区别，有着独特的特点，体育文化创意产业更注重创新，更着重于体育文化给社会经济和普通大众带来的新理念和推动力。借鉴学者们对体育文化创意产业的内涵界定，本书将体育文化创意产业定义为由体育、文化、创意三者深入融合而成的产业集合体，它以运用知识产权为基本形式，围绕体育文化，借助现代化传输手段，以体育运动中蕴含的休闲性、娱乐性和注重体验为经济形态，形成带动经济发展、创造就业的新业态。体育文化创意产业主要涉及的领域包括：与体育赛事相关的场馆建设、外观设计、竞技赛事、电子竞技游戏；与文化创意相关的体育商务策划、体育出版、体育广告、体育旅游、体育影视动漫等；以及体育周边的体育特许商品、艺术品的生产销售等。

1.3　体育文化创意产业的研究现状评述

体育文化创意产业对现代城市发展具有促进作用和推动作用（李佳川等，2016a），一部分学者对我国的体育文化创意产业的发展路径和趋势进行了研究，如高峰（2017）就借助案例分析法和文献资料法从体育文化创意产业的内涵界定和产业分类入手，探索了创意经济背景下我国体育创意产业的发展，阐述了我国体育创意产业的三大特征，即参与主体多样性、创意产品文化性和产业链条延伸性，而后由理论落到实践，从产业结构、品牌保护、知识产权和产业集聚四个方面着手分析了我国体育创意产业发展存在的主要问题，最后给出体育创意产业的发展机遇和对策。蒋越（2017）则以 2022 年北京举办冬奥会为研究背景，探索了我国文化创意产业发展所面临的机遇和挑战。冬奥会背景下，我国体育文化创意产业存在基础薄弱、区域发展不平衡、体育无形资产利用率低和专业人才匮乏等挑战，并提供了一些改进的措施和方向。

　　还有学者结合具体地区体育文化创意产业的发展开展研究。如王柱石、王宏(2017)以福建省为研究对象,在分析福建省发展体育文化创意产业的优势时提出,区域优势和人文优势是福建省发展体育文化创意产业的利好条件,但同时又存在一些现实困境,最后给出了四点可行性的建议和意见。闽台地区因其独特的地理优势和多元的文化背景,其体育文化创意产业的发展有着独特的优势。谢军(2018)则是从"一带一路"的角度出发,探讨了"一带一路"与民俗体育文化创意产业的关系及其作用,他还提出"一带一路"不仅是经济倡议,也是文化倡议,借由"一带一路",民俗体育文化创意产业可以搭车传播,同时,"一带一路"也需要借由文化产业为经济、政治、社会发展铺路,提升老百姓的文化认同感和国家的文化软实力。同样是以具体地区作为研究对象,陈洪年、刘晓松(2016)则是综合运用文献资料法、逻辑分析法和SWOT分析法等研究方法,在探讨了吉林省体育文化创意产业的发展现状后,就其中存在的影响发展的各项因素、发展制约和现实问题,针对性地提出了相应的对策和措施,为吉林省进一步发展体育文化创意产业提供一些理论借鉴。还有学者以湖南省体育文化创意产业发展为研究主题(李佳川等,2017),阐述了体育文化创意产业与城市发展、经济和社会发展、人才培养和科技助力之间的关系。对比分析法也是学术研究中一种常见的方法,宋小燕、杜宾(2017)为了研究湖北地区的体育文化创意产业的发展,在分析了北京、浙江地区的文化创意产业发展后,从中提炼出有利于湖北地区体育文化创意产业发展的几点借鉴经验,最后针对湖北地区发展存在的问题,提供了几点针对性的对策。

　　产业的发展路径具有丰富性和多样性,发展过程中和其他产业或思维的融合能给产业的发展带来更多的可能性和发展空间。陈晔(2017)就以体育文化创意产业为研究对象,探索了其发展同艺术创新的融合。体育文化创意产业本就是将文化通过艺术加工后融入体育产品或服务中,而艺术创新在展现设计者的想法和灵感时,也赋予了体育产品独特的文化内涵,可以说体育文化创意产业与艺术创新密不可分。

　　从以上论述可以看出,对体育文化创意产业的研究是当下的一个热点。体育文化创意产业源于实体产业发展,因此本书认为,研究体育文化创意产业离不开具体研究对象,即某一部门或地区,结合该地区的发展现状,给出针对性的对策措施才能使研究更具有现实意义。因此本书立足浙江省的发展特点,通过对具体案例素材的分析,从体育文化创意产业出发,总结出体育文化创意产业的布局与建议。

1.4 体育文化创意产业的特征

体育文化创意产业起源于体育产业和文化创意产业,具备两个产业的特点,但同时也有着自己的独特特征。在总结前人研究成果的基础上,本书将体育文化创意产业的特征进行总结提炼,分别从产业本身、产业链特点和与其他产业关联角度阐述体育文化创意产业的特征。

(1)从产业本身来说,创新性是体育文化创意产业的根本特征,这一点从体育文化创意产业的内涵就得以体现。如前所述,体育文化创意产业重在强调知识产权,并鼓励创新、发挥人的创造力。体育文化创意产品是人的灵感、智慧和知识的特定产物,是原创性体育文化创意产品的发明和研究。在新产品的研制开发、市场分析、营销推广和生产销售中,创意灵感始终贯穿在全过程中。体育文化创意产业离开了创新,就失去了它的核心意义,变成了简单的体育产业。这种创新性表现在体育文化创意产品的研发过程中融合了人的创意和知识产权,并通过高科技手段进行传播。因此可以说,体育文化创意产业是营造创新文化的发展型产业。

创新是推动时代发展的一大核心动力。在大数据、互联网的时代,创新的重要性不言而喻。数据显示,目前全球体育产业的年产值已超过1万亿美元,体育是文化的重要组成部分,促进文化与体育的融合,可以激活传统业态,更好地推动社会经济的发展,同时也可以弘扬我国的传统文化和民族精神,推动社会主义文化的大繁荣大发展。作为体育文化创意产业的分支,体育表演业、体育广告业、体育建筑业、健身娱乐业等无不包含着人的创新性的思想元素。好的广告创意、优秀的体育建筑设计,都是集人的能动性和智慧于一体,正是其中蕴含的智力成果使体育文化创意产品或服务熠熠生辉。随着老百姓物质生活的不断富足,人们的关注点开始转向对生活品质的追求,消费需求由原来单纯的追求产品功能转向关注产品和服务背后的价值观念,即其中的创意部分或创新性所在。而体育文化创意产业就是向体育产品和服务中融入文化创意元素,使之有别于其他产品的体验。因此,创新变成了体育文化创意产业的吸睛点和产业发展的增长点。可以说,离开了创意或创新的体育文化创意产业,只能称之为体育产业或体育周边。

近两年借助强"IP"大火的影视剧、游戏等引发了人们对IP经济的广泛关注。纵观体育文化创意产业,体育IP所带来的经济效应较影视业时间久、影响大。据《福布斯》数据显示,姚明在NBA 9年的职业生涯中,通过他的努力获得近 20 亿元的收入,刘翔从 2003 年到 2014 年的收入达到了 5.35 亿元。此外,NBA 球赛、环法自行车赛、马拉松等早已经成为广受人们喜爱的体育赛事,其关注度和参与度都在逐渐提升。正是体育产业和文化创意的不断融合才促进了行业的大发展,品牌创意或 IP 创意带来的经济效应和社会效应都不容小觑。总之,创新是体育文化创意产业的核心和灵魂,是这一产业的首要特征。

(2)从产业链看,体育文化创意产业具有附加值高、知识密集型的特点。微笑曲线理论是由重要科技业者宏碁集团创办人施振荣先生提出的,曲线中间是制造,曲线两端是研发和营销,制造的附加价值低,而营销与研发的附加价值高,因此向曲线两端发展才是产业永续发展的正确路径。体育文化创意产业具备的创意创新价值,决定了其具有高附加值和知识密集型的特点。正是由于体育文化创意产业的核心是知识产权,而其发展和传播又多依靠高科技手段,可以说技术和创新构成了产业的基本依存,技术、创意与传统产业的有机融合,使得体育文化创意产品具有较高的文化附加值,从而整个产业处于产业链的高端环节。文化创意产品既能带给消费者普通物质产品的基本功能,其中的设计、研发等创意又能给消费者带来艺术、文化、娱乐等精神层面的内容,具有特定的心理体验。相比于普通的体育产品和服务,体育文化创意产业的文化和科技的附加值均较高,普通体育赛事的举办和体育产品的简单加工制作、机械化复制,只有在融入品牌体育赛事的宣传推广、具备知识产权的体育品牌营销策划、体育赛事电视转播与冠名之后才能归属于体育文化创意产业。

体育文化创意产品是以创意为亮点、以文化为核心的具有知识内涵的产品,这其中蕴含着设计者的创意和灵感。不同于传统产业,文化创意产业的发展相较于传统的劳动密集型产业更注重创意群体的知识和智慧,因此知识密集型是体育文化创意产业的又一大特征。事实上,附加值高也就意味着知识产权在产品或服务中的占比较大,劳动生产率高,产品融合了不可替代的创意。知识密集型产业对人才的要求较高,创意人才尤其是创意阶层中富有创造性的高端创新人才是推动体育文化创意产业发展的决定性因素,是支撑产业发展的核心动力。在创意发达的地区,文化创意人才占就业人数的比率高达 10%。但纵观当下我国各地区体育文化创意产业发展现状,很多地区都存在创意人才极度匮乏的情况,同时擅长体育和文化管理资源的人才更是凤毛麟角,因此我国体育文化创意产业要想蓬勃发展,人才瓶颈是必须解决的首要问题。由此可见,知识密集型既是体育文化创意产业的典型特征,同时也是制约其发展的一大因素。

(3)从与其他产业关联来看,体育文化创意产业既有高度融合性和渗透性,又有参与主体多样性与辐射性的特点。体育文化创意产业是体育文化、体育创意和体育产业三者的深度融合,不同于传统的产业形态,是经融合后适应新的产业形态而出现的创新概念。体育文化创意产业是体育产业下融合了文化产业和创意产业的不断演进的一个产业部门,最终成为一个独立的产业。体育文化创意产业以体育文创产品或服务为主体,融合其他产业的特点,将其设计创意和商业模式进行组合和碰撞,衍生出体育文化创意产业的各个分支,如体育产业和信息文化产业的融合出现了体育影视动漫业,体育产业与出版业的融合出现了体育出版业等等。通过与各行业的渗透和融合,将创意、技术、文化、产品生产和技术服务融为一体,不仅有利于产业的延伸,也大大地拓展了经济的发展空间。这种融合和渗透体现在两个方面,一是对传统产业的升级调整和融合,尽管体育文化创意产业核心在创意,但其产业发展是在服务业不断壮大和制造业充分发展的基础上形成的,是第二产业与第三产业融合发展的结果,这种融合打破了固定的传统行业和产业边界的限制,典型的如电子竞技游戏、体育影视动漫等;二是体育文化创意产业以高新技术为手段,不断对传统产业部门进行渗透,从而成为具有极大发展潜力和极强生命力的部门。体育文化创意产业的高度渗透性和融合性对促进经济高质量增长、优化产业结构具有重要意义。

体育文化创意产业的这种大融合性也意味着参与主体具有多样性的特点。不同于传统的体育产业,体育文化创意产业强调产业链中对体育信息和体育文化的创新应用,碰撞出新的想法和创意,进而创造出相关的产品和价值。在这一过程中,参与主体的多样性大大丰富。以体育赛事为例,传统媒体时代,体育赛事的播出方主要是赛事组织方和媒体人员。但随着移动互联网的兴起,传统的体育赛事演变为体育赛事的转播冠名,因体育赛事发展起来的网络游戏和电子商务等新业态,这其中的参与主体除了原有的媒体人和赛事组织方,还有广告商、软件游戏开发人员和市场营销人员等,工作内容也不仅仅是对体育文化信息的编辑、整理和复制,还有对现有资源和内容的再创造,进而衍生出体育文化创意产品或服务。体育文化创意产业的辐射性体现在文化的外部性,体育文化创意产业本身蕴含的文化内容较为丰富,如奥运会吉祥物,除了外观设计蕴含的文化知识和创意,还在一定程度上传播了传统文化,借助小小的吉祥物,成功地将体育赛事和文化知识进行传播与辐射。体育文化创意产业的辐射性还体现在网络时代,很多体育文创产品的文化观念能迅速通过网络和媒体在全球范围内传播,同时产品所蕴含的价值观念和文化内涵也会推动产品在一定的消费区域内再传播和再创造。体育文化创意产业的辐射性对推动消费结构升级和消费方式转变具有不可忽视的作用,进而推动产业发展和升级。

1.5 体育文化创意产业的基本功能

作为一个新兴产业,体育文化创意产业的发展不仅是一种新的经济增长方式,同时也发挥着促进地区经济发展和扩大文化影响力的功能。以下将从政治、经济、文化、科技四个方面阐述体育文化创意产业的基本功能。

(1)政治功能:是扩大国家或地区影响力、打造城市名片的有力渠道。从国家层面看,体育文化创意产业推动科技创新能力和城市文化的发展。体育实力的高低影响着国际地位,中国从体育弱国走向体育强国,乒乓球、羽毛球、体操等体育项目征服世界,体育的崛起是扩大国家影响力的重要因素。在体育文化创意产业方面,中国在世界电子竞技游戏领域也占有一席之地。在2018年举办的各项电子竞技比赛中,中国已经力压美韩成为世界排名第一的电竞大国,这也再一次向世界证明,中国不仅在竞技体育领域实力不容小觑,在电子竞技领域同样叱咤风云。从地区层面看,成熟的体育文化创意产业经过发展形成产业集群,有助于形成城市特色,扩大影响,逐渐发展成城市名片。如前所述,体育实力展现了一个国家或地区综合实力高低,成功举办体育赛事逐渐形成品牌,借助有效的运作和规划,可以将体育赛事中蕴含的积极因素融入城市的形象塑造中,丰富城市的吸引力,提高城市的知名度。2008年北京奥运会的成功举办,不仅带来了北京的蓝天白云,著名的体育场馆鸟巢和水立方也逐渐发展成为北京的体育建筑名片。奥运会后鸟巢用于举办演唱会和大型演出,不仅提高了场馆利用率带来经济收益,同时也有力地塑造了城市形象。

体育文化创意产业的飞速发展促进了对城市技术资源、文化资源的优化和整合,从而推动了城市核心经济资源的发展,进一步增强了城市的竞争力。体育文化创意产业的强辐射性不仅体现在对本地区其他相关产业的辐射,同时也体现在跨地区的辐射。一个地区的体育文化创意产业的发展对该地区的贡献也是巨大的,经济发展方式的可借鉴性为周边地区的发展提供了参考性的意见和可行的改革方向,成功的案例、新的商业模式都为城市和周边地区的发展提供了更多的可能性。

(2)经济功能:体现在体育文化创意产业带动地区经济发展和形成经济增长方式的多样化、拓宽就业渠道等几个方面。任何一个新兴产业的兴起都会对地区的经济发展起到极大的促进作用,体育文化创意产业也不例外。作为一个新的业态,体育文化创意产业促进了经济发展方式的多样化。体育文化创意产业离不开创意和文化,这两大生产要素对促进产业发展具有重要的积极作用,不仅给传统体育产业带来了新的活力，也带动了体育文化创意产业的变革与发展，进而促进经济的快速发展。体育文化创意产品或服务的附加价值都较高，生产过程中设计者通过文化创意和体验设计，让消费者感受到文化创意消费的过程。在这一转化中，创新改变了传统文化经济的发展方式，实现了体育文化创意产业创新的新路径。产业的健康发展对一个区域的影响是全方位的，体育文化创意产业不仅在提升城市综合竞争力和影响力方面发挥作用，同时带来的经济效益也是不容忽视的。体育文化创意产业价值链长，处于微笑曲线的两端，对资源、劳动力的需求相较传统产业少很多，是一个绿色环保的产业，因此它的经济增加值不仅体现在经济效益方面，更重要的是资源节约和环境友好方面，这是很多传统行业无法比拟的。

体育文化创意产业核心在创意，创意则离不开人。作为新的经济增长点，体育文化创意产业拓宽了人们的就业渠道，其涉及领域众多，在创业和就业方面具有很强的灵活性，带来更多的就业机会。体育艺术品的设计、体育商务的策划、场馆的建筑设计、影视动漫等行业兴起的背后涌现出一大批优秀人才，他们用创意为人们带来了视觉和听觉的良好体验，同时也体现了创意价值，使得人们的就业有更多的方向，推动人的全面发展。以奥运会为例，奥运会在带动举办城市就业方面发挥了重要作用，奥运投资创造了许多新的就业岗位，2008 年北京奥运会大约创造了 180 万个就业机会，包括从赛场设计到建设、赛事举办、安全保卫等涉及方方面面的工作岗位。

（3）文化功能：体现在传播文化创意理念、提升国家软实力和推动社会文化制度的创新等方面。体育文化创意产业是创意产业与体育文化产业相互融合的新产业，是一种以"文化创意"为核心价值理念的体育产业新形式。其中所包含的传统文化理念、创意观念在满足消费者个性需求的同时也得到了很好的传播和发扬。如福建省的闽南文化、妈祖文化和客家文化，吉林省的满族、朝鲜族、蒙古族文化等都为当地的体育文化创意产业的发展提供了很好的文化资源。体育文化创意产业以文化为根本，以思想、理念、艺术和创新为核心，是一个低投入、高产出的产业，在满足人们物质生活需求的同时也丰富和发展了人们的精神文化需求，实现了物质和精神的双丰收，进而带来良好的社会效应。

体育文化创意产业的大力发展是一个国家文化软实力的体现，文化产业是衡量国家综合国力的标志之一。体育文化创意产业，以中华优秀传统文化为基础，注入时尚因子，融入体育产品与服务，将创意技术、创意产品、体育文化和市场需求有机结合，将产品打造成弘扬中华优秀文化的有效载体，同时，在国际市场上进行传播，很大程度上提升了国家的软实力。在推动社会文化制度创新方面，体育文化创意产业在激发和提高文化消费者的创造性、创新传统文化经济发展、提升经济效益方面也做出了贡献。一种文化现象的兴起和流行,在文化传播的同时甚至能促进新的社会文化机制的形成。伴随着人们对高质量生活的追求,新兴的、健康的消费理念和方式逐渐为人们所接受,并发展成为一种全民认可的文化理念。近几年发展势头迅猛的游泳健身行业就是如此,往往文化制度的创新伴随着新的生活方式或消费方式的兴起和形成。

(4)科技功能:体现在加速科技进步和推动全民创新等方面。体育文化创意产业的这一功能也是由其基本特征决定的,创新的背后离不开科学技术,体育文化创意产业本身就包含了科技和艺术两个层面,艺术和科技的结合,催生并孕育了文化创新的新形态。体育文化创意产业的科技功能实际上是辩证统一的关系,以场馆建筑为例,一方面,建筑的设计构思是创作者的思想结晶,一些科技元素的运用使设计者更好地展示其设计理念,可以说,正是有了技术的不断更新和进步,才能使设计者的很多思路由想法变为现实;另一方面,创作者天马行空的想象也给科技的发展提供了方向,推动了技术的创新,许多发明都是来源于人们的市场需求和发明者的创意。基于产业发展的角度,体育文化创意产业的发展离不开科技和创新,也需要科技和创新推动产业的不断优化,正是体育文化创意产业需要不断发展,从而引领了许多技术的改进和创新。文化创意围绕着对科技的深度阐释,同时,文化的逐步创新也在推动科技发展,新的科技手段可以提高消费者对文化创意产品的文化内涵的理解能力,进一步提升文化需求,扩大文化消费。可以说,体育文化创意产业加速了科技的进步,同时科学技术的革新也促进了体育文化创意产业的进一步发展。

体育文化创意产业是大力弘扬创新文化的新兴产业。在全球化时代,任何一种产品、工艺、技术及商业模式的创新都有可能在市场竞争中很快被复制和模仿,因此要想立于不败之地,就必须不断创新。体育文化创意产业正是营造创新文化的发展型产业。发展体育文化创意产业,有助于在全社会形成尊重科学、尊重技术的良好风尚,培育创新创业的社会土壤。在信息高度发达的今天,已形成万众创新的新格局,一款流行的体育文化创意产品很可能是集体智慧的结晶,全民创新的时代已经来临。

第二章 体育文化创意产业的
发展状况与问题

2.1 体育文化创意产业发展的总体状况

体育产业的发展与社会经济的发展息息相关,不同的发展阶段也呈现出不同的产业发展特征。2015年丛湖平教授在"体育产业发展高层论坛"上提出,改革开放以来,我国的体育产业主要分为四个阶段:酝酿阶段(1978—1991年),起步阶段(1992—2002年),快速发展阶段(2003—2012年),新常态阶段(2013以后)。近年来,随着浙江经济的不断发展,依托快速成长和基础雄厚的民营经济,浙江体育产业发展也迎来了最好的黄金时期,体育产业的转型升级和提质增效突显成效,体育服务业的比重逐年增加。

1.体育产业

近年来,浙江省投入大量人力、物力、财力,大力发展体育产业,体育产业规模稳步扩大。体育产业总产出和产业增加值占 GDP 比重逐年增加,由 2006 年的 431.65 亿元、0.72% 增加到 2016 年的 1682.71 亿元、1.11%。其中,体育用品制造性产业依然占大部分比重,而体育健身休闲等服务性产业占比还有待提升(如表 2-1 所示)。另外,各地体育产业增加值差异较大,金华、湖州、杭州、宁波等城市产业增加值占 GDP 比重超过全省平均值(如表 2-2 所示)。

表 2-1 2016 年浙江体育产业产出和增加值
(按体育产业统计分类)

体育产业类别名称	总量(亿元)		结构(%)	
	产出	增加值	产出	增加值
体育管理活动	19.24	11.19	1.1	2.1
体育竞赛表演活动	10.29	4.93	0.6	0.9
体育健身休闲活动	93.32	47.86	5.5	9.1
体育场馆服务	49.94	32.34	3.0	6.2
体育中介服务	7.82	2.00	0.5	0.4
体育培训与教育	17.89	11.27	1.1	2.2
体育传媒与信息服务	108.49	24.36	6.4	4.6
其他与体育相关服务	67.68	32.48	4.0	6.2
体育用品及相关产品制造	1064.48	248.68	63.3	47.3
体育用品及相关产品销售、贸易代理与出租	215.14	105.00	12.8	20.0
体育场地设施建设	28.42	5.44	1.7	1.0
全省体育产业合计	1682.71	525.55	100.0	100.0

数据来源:2016 年浙江省体育产业公报。

表 2-2 2016 年全省及各市体育产业增加值情况

地区	体育产业增加值(亿元)	占 GDP 比重(%)
杭州	129.93	1.148
宁波	99.30	1.143
温州	62.14	1.218
嘉兴	42.42	1.098
湖州	36.22	1.585
绍兴	35.79	0.747
金华	59.74	1.621

续表

地区	体育产业增加值（亿元）	占 GDP 比重（%）
衢州	9.75	0.779
舟山	10.52	0.847
台州	37.52	0.962
丽水	10.76	0.889
全省	534.09	1.112

数据来源：2016 年浙江省体育产业公报。

2.体育场地

第六次全国体育场地普查和浙江省体育场地普查工作数据显示，截至 2013 年底，浙江省共有体育场地 124944 个，用地面积 11429.36 万平方米，建筑面积 1453.79 万平方米，场地面积 8123.47 万平方米。其中室内体育场地 23823 个，场地面积 493.51 万平方米；室外体育场地 101121 个，场地面积 7629.96 万平方米。2013 年末全省常住人口 5498 万人，平均每万人拥有体育场地 22.73 个，人均体育场地面积 1.48 平方米，全部高于全国平均水平（全国平均万人拥有体育场地 12.45 个，人均体育场地面积 1.46 平方米）。全省体育场地在数量上，城乡差距较小，但场地面积差距较大（如表 2-3 所示），而在地区差异上，杭州市体育场地数量最多，面积最大，但嘉兴市的人均体育场地面积位列第一（如表 2-4 所示）。

表 2-3　浙江省城乡体育场地对比

项目	城镇体育场地		乡村体育场地	
	场地数量（个）	场地面积（万平方米）	场地数量（个）	场地面积（万平方米）
室内体育场地	16375	413.35	7448	80.16
室外体育场地	53801	5494.34	47320	2135.62
合计	70176	5907.69	54768	2215.78

表 2-4 浙江省地市体育场地对比

地区	2013 年				2003—2013 年增长	
	场地数量（个）	场地面积（万平方米）	常住人口（万人）	人均场地面积（平方米）	场地数量（个）	人均场地面积（平方米）
浙江省	124944	8123.47	5498.1	1.48	89075	0.50
杭州	20420	1457.24	884.4	1.65	14134	0.23
宁波	18799	1235.22	766.3	1.61	13638	0.32
温州	14910	925.57	919.7	1.01	10684	0.28
嘉兴	9594	840.01	455.8	1.84	6758	0.92
湖州	5647	482.17	291.6	1.65	3687	0.65
绍兴	11826	782.12	494.9	1.58	7820	0.50
金华	14273	822.26	542.8	1.51	10779	0.42
衢州	5075	290.20	212.4	1.37	3553	0.60
舟山	2962	202.19	114.2	1.77	2422	1.01
台州	14722	808.13	603.8	1.34	10303	0.61
丽水	6716	278.36	212.2	1.31	5297	0.82

3.公共服务

体育公共服务的均衡发展对于城市居民的生活满意度产生重要影响。政府等相关组织对服务体系的均衡性考量能够让居民更好享受体育权利,反映出服务体系建设的良好效果。浙江省在体育事业经费支出、公共体育场地设施等方面存在区域差异(如表 2-5 所示)。

表 2-5 浙江省公共体育服务资源配置区域差异

指标	区域差异(由高到低)	指标解释
体育事业经费支出	浙北＞浙东＞浙南＞浙西	反映公共体育服务投入水平
公共体育场地设施	浙西＞浙南＞浙东＞浙北	反映体育设施服务水平
基层群众体育管理机构	浙东＞浙北＞浙南＞浙西	反映体育管理服务水平

续表

指标	区域差异（由高到低）	指标解释
全民健身活动次数	浙南＞浙北＞浙东＞浙西	反映体育活动服务水平
国民体质监测	浙北＞浙南＞浙西＞浙东	反映国民体质监测服务水平

1.其中浙东含宁波、绍兴、舟山；浙西含金华、衢州；浙南含温州、台州、丽水；浙北含杭州、嘉兴、湖州。

2.数据来源：王占坤.浙江省公共体育服务体系建设研究[D].福州：福建师范大学,2015.

2.1.1 发展机遇

1.政策导向

（1）国家层面

2007年,国家体育总局先后授予深圳、成都、晋江"国家体育产业基地"区域品牌称号。把体育文化创意产业园区的概念延伸到城市,把体育文化创意产业的内涵融入城市的整体发展。2014年,《国务院关于加快发展体育产业促进体育消费的若干意见》中强调要促进体育产业与其他产业的融合发展,丰富体育产业的业态和内容,支持体育与文化创意、设计服务等业态交叉融合,鼓励康体结合,支持体育旅游、体育传媒、体育会展、体育广告等细分业态的进一步发展。以体育设施为载体,加快体育与休闲、商业等领域的开发,打造城市运动综合体。2015年,国务院相继发布《关于大力推进大众创业万众创新若干政策措施的意见》《关于加快构建大众创业万众创新支撑平台的指导意见》,鼓励各行各业进行创新创意。随着互联网的发展普及,相关政策也激发越来越多的人才和资本涌入体育文化创意产业,互联网与各行各业的融合程度不断加深,也逐渐改变着体育资源和要素的传统配置模式。虚拟技术、大数据挖掘、网络直播等也在潜移默化地影响着消费者需求,其对于消费者的有效分析,能够将体育文化创意产业的信息内容进行精准推送,在提升用户体验的同时,提高产业的经济效益。

（2）浙江省层面

2015年,《浙江省人民政府关于加快发展体育产业促进体育消费的实施意见》指出,浙江省要大力发展运动休闲、海洋体育、体育文化创意等特色产业,以三大球为切入点,不断优化产业结构,拓展健身休闲、竞赛表演、体育旅游、场馆服务、中介培训、运动装备租赁等体育服务业,努力提升体育服务业占体育产业比重。规划建设环杭州湾等运动休闲发展带,培育创建产业融合基础好的特色体育小镇。依托浙江省独特的资源禀赋和地理优势,发展水上运动、山地运动、海洋体育等运动休闲产业,大力扶持体育传媒、电子竞技、体育影视等体育文化创意产业,借助"互联网＋体育"和"体育生活云"平台等媒介,整合构建线上线下一体化的体育商贸、交易、体验创新模式,打造体育产业动能强劲的增长点。

2016 年,浙江省体育局和浙江省发展改革委员会印发《浙江省体育产业发展"十三五"规划》。"十三五"时期是全省高水平全面建成小康社会的决胜阶段,也是体育产业快速发展的重要时期。该规划的出台对于统筹全省体育产业的各项工作,充分发挥体育产业在"两富""两美"现代化浙江建设中的积极作用具有重要意义。规划还提出全省要大力发展包括电子竞技、体育影视、体育传媒、体育动漫、竞赛表演等细分领域的体育文化创意产业,鼓励引导杭州(滨江)、东阳(横店)等地区建设一批体育文化创意产业园、体育文化创意产业集聚区。同时利用互联网平台加强对明星体育赛事、电子竞技大赛等体创活动的扶持,打造万航科技、动享网等体育文创企业和项目。积极培育电子竞技特色小镇等品牌。

2017 年,浙江省委、省政府发布的《关于加快把文化产业打造成为万亿级产业的意见》支持推动文化与体育产业的深度融合,以现有体育赛事为基础,挖掘体育文化内涵,加快推进体育传媒、体育动漫、体育表演、电子竞技等体育服务业的发展,大力加强体育周边衍生品的创意和研发,形成一批高知名度、强竞争力的品牌项目和产品,促进体育产业园、产业集群、特色小镇的兴建。

2.消费观念

新时期,我国居民消费观念随着物质生活的改善正在发生着变化。消费需求逐渐进入多样化、个性化、定制化新常态。健康意识的增强使人们的休闲型、享受型的体育消费逐年增加,在追求时尚创意的生活理念下,体育健身、赛事观赏等服务型消费也成为新时期大众消费方式。多元市场消费方式的供给侧改革,让健康生活关口前移,强身健体、生活提质、体育投资也在激发着群众参与体育消费的热情。但是大众化的体育消费和体育生活支出仍处于起步阶段,根据调查,衢州、台州、金华等浙江省六市居民家庭体育消费普遍较低,大部分在每年 500 元以下。

3.区位优势

《浙江省体育产业发展"十三五"规划》中提出,浙江省体育产业要逐渐发展出集聚态势和地域特色,构建"四区五带十群"的体育产业总体布局,以杭州、宁波、温州、金华—义乌四大都市区为"四区",以浙东滨海、浙西—浙南山区、沿钱塘江水系、沿太湖水系、沿瓯江水系为"五带",以富阳—淳安、慈溪、宁海、临海、三门、德清、永康—武义—缙云、平湖、龙泉、江山—开化为"十群"。

杭州都市区。围绕"活力杭州·运动之都"建设,发挥其在体育设施、赛事、人才、金融、创意、消费、旅游等方面的综合集聚优势,以2022年亚洲运动会和黄龙体育文化创意产业园的建设为契机,推动全产业链发展和高端要素集聚,形成以竞赛表演为核心、以全民健身和场馆服务为支撑、以体育文创为驱动的现代体育服务业都市区。

宁波都市区。围绕"杭州湾运动休闲城"规划建设,依托类别丰富的海洋资源以及全省海洋经济发展核心区的战略部署,逐步形成以运动休闲为重点,以体育培训、健身服务为亮点的海洋体育产业都市区。利用山水特色,依托东钱湖运动休闲带、象山港海洋运动休闲带,着力打造四明山户外运动休闲集聚区、宁海乡村古镇户外运动休闲集聚区和甬北慈东运动休闲集聚区。

温州都市区。围绕"国家体育产业联系点"建设,以全国社会力量办体育试点城市为抓手,着重创新体育产业发展体制机制,形成以社会力量办运动队、办赛事、办体育场馆等为引领的民办体育示范区。依托温州奥体中心,打造以举办高端体育赛事和大型节庆活动为主体的体育赛事功能集聚区。利用瓯海区良好的生态资源和区位优势,建设以体育服务业为主导的时尚运动体验和休闲功能区,大力发展龙舟、马术、滑草滑沙、露营、漂流、户外拓展等运动休闲项目。充分利用洞头海岛、海水、海滩资源,以及"全国海钓基地"金名片,做好"海"字文章,大力发展海洋休闲娱乐体育项目。

金华—义乌都市区。依托现有体育用品制造业的基础和先发优势,重点推进体育健身器材、体育休闲用品、体育运动装备等智能化、专业化发展,引导体育用品企业集群发展,形成以高端体育装备制造为核心、体育商贸和体育会展为支撑的体育用品制造转型发展示范区。以金华市体育产业创业园为核心,以永康体育装备制造企业群为生产基地,以义乌中国小商品城为营销基地,打造"一核两地"高端体育装备制造集聚功能区。体育制造业实施品牌争创战略,引导东阳和兰溪钓具、永康—武义健身休闲装备等企业集聚化、高端化发展。推进义乌小商品城、中国(永康)文教体育用品博览会,引导体育用品制造企业延伸产业链,发展服务型制造。打造永康龙山体育小镇和东阳横店健身休闲小镇,推动体育与文化、旅游等产业的深度融合。

2.1.2　建设成果

1.产业总体情况

2014年,全省体育产业总规模1209.1亿元,实现产业增加值354.8亿元,占当年地区生产总值的0.88%。2011—2014年,全省体育产业增加值年均增长率为14.8%。全省有国家级运动休闲示范区1个、国家体育产业示范基地3个、国家体育产业示范单位2个、体育产业概念股超过10家。2010—2014年,体育服务业所占比重从12.3%增加到30.1%。2013年底,全省拥有体育场地数量近12.49万个,平均每万人拥有体育场地22.73个,人均体育场地面积1.48平方米。各类赛事活动丰富多彩,影响力逐步增大。初步形成以杭州马拉松赛、北仑国际女排公开赛、环太湖国际公路自行车赛、龙游亚太汽车拉力锦标赛等为核心的精品赛事群。2015年,全省举办各类马拉松赛事130余场,助推举办地社会经济的发展。

2018年,全省体育产业总产出1683亿元,增加值526亿元,同比增长11.6%和13.4%。有省级全民健身中心24个,中心村全民健身广场(体育休闲公园)534个,社区多功能运动场585个。国家级后备人才基地18个,省级体育后备人才基地50个。国家体育产业示范基地(运动休闲示范区)5个,体育旅游示范基地1个,国家级运动休闲特色小镇3个,省级运动休闲基地17个,运动休闲旅游示范基地26个。年末,全省人均体育场地面积2.16平方米,经常参加体育锻炼人数占总人口的41.3%,城乡居民国民体质合格率保持在92.9%以上。

体育与科技、文化、健康、养老、旅游、金融等相关行业日益融合。以大数据、云计算、物联网等为代表的新一代信息技术手段与体育运动装备制造、体育服务的融合创新发展悄然兴起。以山地户外、海洋体育、航空运动、冰雪运动为主题的运动休闲业态蓬勃发展,并逐步成为中国最佳运动休闲目的地。以体育基础设施为载体,建立城市体育服务综合体,修建开发一批体育主题公园,推动体育与环保、健康、旅游、时尚等领域的融合发展。浙江省还大力发展"互联网+体育"产业,构建了国资控股的体育互联网平台"呼啦伴伴",以公益理念服务体育产业,整合线下分散的体育资源,如体育场馆、体育培训、体育赛事、体育健身等,通过新媒体的方式方便快捷地向市民发布。另外,围绕数字浙江建设,积极推广钉钉应用,截至2018年,省体育局"浙政钉"注册用户达到218万人,激活率100%,日均消息发送150条,周平均活跃率为62%,并将"建设数字化运动休闲旅游精品线路和全民健身地图、建设全省公共体育服务大数据中心和全民健身网上公共服务平台"纳入《深化数字浙江建设方案》,大力推动户外运动产业数字化建设,户外职能信息服务平台初步建成。

2.体育园

全国体育园的发展历程,按照时间顺序大致经历了改革开放初期江浙沿海地区企业自发集聚、20世纪90年代政府园区引导、2006年深圳认证国家首个体育产业示范基地建设、2017年特色小镇规划、2018年阿里体育在杭州规划首个城市休闲综合体(阿里体育园)五个阶段(如图2-1所示),每个阶段都有其鲜明的特点,同时也体现了体育产业不断发展壮大的历史脉络。从最初的企业自发形成到未来的新型城市休闲空间,体育文化创意产业正在以其强大的产业魅力一步步走进我们的日常生活。

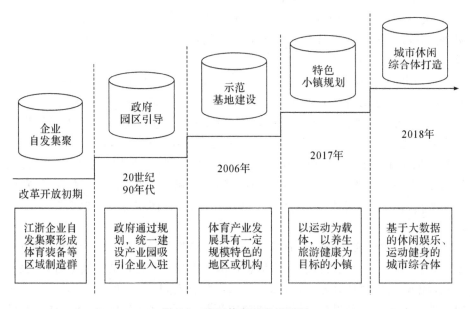

图 2-1 我国体育园发展历程

浙江省凭借其丰富的社会资本,在体育产业发展,包括体育文化创意产业发展中,走在全国的前列,从最初发达的商贸使众多的体育制造业企业自发形成区域的集聚,到体育特色小镇,甚至是体育文化创意产业园的建设,都以其敏锐的触角体现了浙江速度,形成了浙江模式。

(1)黄龙体育文化创意产业园

2010年10月,浙江省第一个以体育文化创意为特色的产业园——黄龙体育文化创意产业园正式挂牌,浙江也是在全国第一个提出产业园概念的省份。

2011 年 8 月,《黄龙体育文化创意产业园专项规划》全面征求意见,该专项规划基于国际视野、中国经验和黄龙实际,抓住浙江省委、省政府建设文化大省和体育强省以及杭州市委、市政府创建"创意之都"和"生活品质之都"的战略机遇,利用黄龙挂牌体育文化创意产业园的政策优惠和独特的区位资源优势,整合体育、文化、艺术、影视、创意、时尚等多个业态,通过打造四大功能区、十大主题板块,来凸显体育文化创意产业园的形象和气质。凝练高品质、高效益、高附加值的运营项目和产品服务,提升黄龙体育中心的核心竞争力,积极促进黄龙与杭州文化创意产业及浙江省体育产业的互动共生(薛文标等,2014)。

以体育运动为载体、文化为基础、创意为核心、产业为最终落脚点,以举办大型时尚体育运动赛事为纽带,引进国际顶级时尚体育运动项目和全国乃至世界知名体育运动品牌。通过时尚体育运动项目与文化创意产业的结合,努力将黄龙区域打造成为以体育用品的设计研发、体验、展示、交易和品牌传播为主,以时尚体育文化休闲为辅的体育产业聚集区。

在体育产业商务区、体育健康运动区、体育创意展示区、体育和谐文化区、体育时尚娱乐区、数字体育生活区的基础上,到 2020 年把黄龙体育中心建设成为杭州市民运动休闲的乐园、浙江体育产业总部基地、长三角最具影响力的体育文化艺术中心、中国体育创意产品研发与展示基地、国家级体育文化创意产业基地和具有国际品质和影响力的电子竞技平台和数字体育娱乐体验中心。

(2)体育特色小镇

从 2016 年 7 月住房城乡建设部、国家发展改革委员会、财政部联合发布《关于开展特色小镇培育工作的通知》,到 2017 年 5 月国家体育总局发布《关于推动运动休闲特色小镇建设工作的通知》,至此,以产业为核心,项目为载体,集运动休闲、健身娱乐、旅游养生、教育培训等为一体的体育特色小镇概念随之被推广。根据国家体育总局的通知描述,体育特色小镇应该具有体育特征鲜明、文化气息浓厚、产业集聚融合、生态环境良好、惠及人民健康等特点。根据区域特色和体育产业发展情况,不同地区体育特色小镇类型也有所差异,主要以体育休闲类、体育度假类、体育探险类、体育养生类等为主题。

截至 2018 年,浙江省体育类的特色小镇已有 5 个,分别是绍兴柯桥酷玩小镇、嘉兴平湖九龙山航空体育小镇、建德航空小镇、龙泉宝剑小镇、上虞"e 游小镇"。除此以外,还有杭州富阳永安的"飞翔小镇"、德清莫干山的"裸心小镇"、宁海胡陈的户外运动小镇等 12 个正在培育的特色小镇创建单位。随着更多城市的体育特色小镇建设落成,"体育＋"文创的发展模式将逐渐丰满,不仅是旅游,文化设计、康体医疗等领域也将与体育共同融合迸发出火花。浙江省莫干山"裸心小镇"、柯桥酷玩小镇、金华新能源汽车小镇、莱茵达女子足球俱乐部训练基地4个小镇被评为2018年度最佳运动休闲特色小镇。

在全民健康理念的宣传和普及下,体育特色小镇正朝着健康、体育、旅游、休闲等为一体的方向发展,在识别当地市场需求的前提下,以区域特色资源为开发基础,优化产业链,通过提供极具特色的服务和产品,丰富体育消费供给。

绍兴柯桥酷玩小镇计划打造旅游小镇、运动小镇、产业小镇。在2019年北京举行的SportIN大会及体育BANK颁奖盛典上,其被评为2018年度最佳运动休闲小镇。小镇区域内有国家AAAA级风景区"柯岩—鉴湖—鲁镇"景区、乔波滑雪场、鉴湖高尔夫球场等旅游休闲资源,可以满足不同运动爱好者的需求;此外,小镇还将建设酷玩城市综合体、若航直升机场、天马赛车场、毅腾足球训练基地、鉴湖水上运动基地等,成为时尚酷玩的运动天地。

嘉兴平湖九龙山航空体育小镇将建设航空运动体验园、赛马马球赛车运动体验园、星海湾国际安养基地、海角城堡养老养生基地、九龙山阿平汉国际学校等项目。以"体育运动+养生养老"特色旅游度假区为开发模式,以运动健康为主题,并通过举办马球、赛马、高尔夫、帆船等国内外大型赛事以及论坛峰会,拥有较高知名度,拓展消费群体更广的大众化健康休闲运动项目(特色小镇产业建设联盟,2017)。

建德航空小镇通过规划初步形成了包含以建德千岛湖通用机场为核心的通航服务区、以卜家蓬工业平台为核心的通航制造区、以横铁航空主题公园和新安江玉温泉为核心的通航休闲区三大特色产业区块的航空小镇概念,区域规划、产业定位、功能设置和空间布局逐渐完善,形成自己的特色竞争力。

龙泉宝剑小镇的规划坚持产业、文化、旅游"三位一体",凸显龙泉宝剑特色,打造成为历史悠久、文化内涵深厚、主题鲜明的宝剑文化小镇。包括观光朝圣、休闲度假、高端专项和夜间节事的特色旅游小镇、国际刀剑产业小镇,注重传统和现代并进,成为产品和技术创新的中国刀剑产品创意制造中心、世界知名的刀剑产品出口基地。

上虞"e游小镇"建设以泛娱乐类信息经济产业为主导,打造"一轴三心四区":以串联各功能区的复兴路为轴线,以小镇客厅、互联网创新中心、文化经济中心三大核心区为主要抓手,以不同需求为依据重点打造游戏综合体验区、互联网创意产业区、生活配套服务区、文化艺术展示区四大功能区域。

(3)体育文化公园

体育文化公园的发展经历了从最初的普通公园,到把自然景观和体育设施相互结合的新型公园,随后逐渐演变为兼具带动地区经济发展与运动健身为一体的,以体育训练、体育表演、竞技比赛、运动健身、休闲旅游等融合的主题类公园。按照项目不同可以分为水上项目类、海滩项目类、山地休闲项目类、综合性项目等,满足广大群众和市场的不同需求。

① 南落马营体育文化公园

该文化公园与传统的体育产业园区不同,是杭州首家由政府和民企合作搭建的集全民健身、产业孵化、品牌展馆、智库中心、休闲娱乐等为一体的体育产业平台。公园理念新颖、模式创新,不仅有满足市民多样化需求的体育基础设施,比如健身房、多功能体育馆、体能训练馆、真人 CS 等满足祖孙三代人的家庭式体验项目,还有引入社会资本投资的产业领域,能够满足市民休闲娱乐、健身运动、体育培训等,节假日和工作日晚间的满场人数一直在 85％以上。未来园区将体育影视、体育传媒、体育培训、全民健身场馆、体育品牌馆、体育俱乐部等业态综合发展作为努力方向,并设立体育产业研究智库中心,与体育专业类高校开展多方合作,锻造核心智力资本,为杭州市各类体育复合人才储备、体育科技研发等作出示范引领。

② 浙江省部分城市体育文化公园

浙江省依托自身独特的地理环境,依托山水优势,打造绿色发展、低碳环保的生态体育设施,将文化创意和体育公园建设相结合,形成了特色的体育文化公园(如表 2-6 所示)。这些公园在完善体育基础设施的同时,将当地特色的传统文化、城市文化等融入其中,让居民在享受体育锻炼的过程中,烘托体育文化的兼容并包。

表 2-6　部分城市体育(文化)公园

名称	占地面积 (万平方米)	设施	配套设施
杭州市城北体育公园	45.00	小型综合体育馆、门球馆、游泳馆、足球场、篮球场、网球场、排球场等	餐饮店、娱乐设施、紧急医疗救护等
金华月亮湾体育公园	144.70	篮球场、门球场、足球场、网球场、乒乓球场、羽毛球场、排球场、健身跑道等	滨水栈桥、林间木栈道、观江大挑台、百花亭等
舟山市海洋文化体育公园	23.73	游泳馆、网球馆、综合训练馆、体育馆等	商店、停车场等

数据来源:郑霞,沈婷.生态需求视角下温州城市体育公园发展研究[J].浙江体育科学,2015,37(4):32.

3. 大型体育赛事

经过近几年各地市的积极申报，浙江省主办或承办全国及国际各类大型体育赛事的频次也逐年增加（部分城市品牌赛事如表 2-7 所示）。但是根据边才茹（2016）的调查显示，多数浙江省居民很少或从来不参加当地组织举办的体育活动、赛事等，因此体育赛事的普及率还有待提升，不仅仅是为了举办而举办，而是要以赛事的举办为契机，提升居民健康锻炼意识。

表 2-7　浙江省各地市体育品牌赛事

序号	地区	品牌赛事
1	杭州	世界短池游泳锦标赛、杭州马拉松赛、横渡钱塘江、WBC 世界拳王争霸赛、CBA 中国男子职业篮球联赛和中国足球超级联赛（杭州赛区）
2	宁波	宁波国际马拉松（杭州湾）、北仑国际女排公开赛、鄞州国际网球挑战赛、真武魂 WBK 极限格斗挑战赛（江东区）、宁海徐霞客国际山地马拉松赛、世界 XCAT 摩托艇锦标赛中国系列赛
3	温州	中国羽毛球超级联赛（温州赛区）、洞头国际矶钓名人邀请赛暨全国海钓锦标赛总决赛、温州马拉松赛、龙湾全国网球公开赛和短道汽车拉力赛、平阳全国武术锦标赛、浙江自行车系列公开赛（文成站）
4	湖州	环太湖国际公路自行车赛、亚洲专业山地自行车比赛、全国 BMX 极限运动表演赛、东方雅逸极限山地速降赛、全国极限运动大赛、华东地区职业车手汽车场地越野赛
5	嘉兴	环太湖国际公路自行车赛、世界轮滑运动会、世界斯诺克巡回赛海宁公开赛、大使杯国际马球邀请赛、王者杯国际马球赛、亚洲马球俱乐部联赛、嘉兴马拉松赛、全国女排联赛（嘉善赛区）、全国轮滑锦标赛、中国海宁速度轮滑公开赛、超级杯速度赛马、全国青少年高尔夫球巡回赛、尖山高尔夫球王球后全国争霸赛、中国高尔夫球希望赛、高尔夫中巡赛—美巡赛中国系列赛、浙江省高尔夫队际赛
6	绍兴	国际划联皮划艇马拉松经典赛、皮划艇马拉松 2017 年世界杯和 2019 年世锦赛、国际泳联花样游泳大奖赛、绍兴鉴湖国际马拉松赛

序号	地区	品牌赛事
7	金华	横店马拉松赛、义乌马拉松赛、CBA 中国男子职业篮球联赛（义乌赛区）、汽车全国锦标赛、全国桥牌混双公开赛、永康全地形车比赛、富士杯钓鱼大赛、武义摩托车比赛、山水生态四项赛
8	衢州	"烂柯杯"全国围棋冠军赛、亚太汽车拉力锦标赛中国（龙游）拉力赛、国际地掷球锦标赛、全国攀岩新星赛、国家（常山）山地自行车赛、全国新年登高健身大会
9	舟山	环舟山群岛国际女子公路自行车赛、舟山群岛国际海钓邀请赛、全国沙滩足球锦标赛、全国大帆船邀请赛、国际海岛马拉松赛、全国徒步大会、国际海岛山地越野挑战赛
10	台州	台州国际马拉松赛、世界女子围棋团体锦标赛、全国象棋国手赛、天台山全国山地自行车爬坡赛、中国・三门环蛇蟠岛山地自行车越野公开赛
11	丽水	中国国际跳棋国际公开赛、世界自由式轮滑锦标赛、全国速度轮滑锦标赛、全国山地竞速挑战赛

数据来源：《浙江省体育产业发展"十三五"规划》。

　　虽然近几年浙江省的体育赛事进入井喷期，各地市争相举办各类体育赛事，但稳定的品牌赛事依然较为缺乏。尤其是相较于上海、广东、江苏等体育强省（市）来说（如表 2-8 所示），还有很大的提升空间。

表 2-8　浙江与体育强省（市）品牌赛事对比

地区	体育赛事
上海	世界一级方程式锦标赛（上海站）、国际田联钻石联赛（上海站）、中超联赛（上海申花、上海上港主场）、ATP 上海网球大师赛、第五届和第八届全运会、2007 女足世界杯、2011 世界游泳锦标赛等
广东	中超联赛（广州恒大、广州富力主场）、CBA 联赛（广东东莞、深圳、广州主场）、深圳国际女子公开赛、第六届和第九届全运会、2010 亚运会等

续表

地区	体育赛事
江苏	中超联赛（江苏苏宁主场）、CBA 联赛（江苏、同曦主场）等、第十届全运会、2014青奥会、世界乒乓球（2015）和羽毛球（2018）锦标赛等
浙江	CBA 联赛（浙江广厦、浙江稠州银行主场）、北仑女排系列赛事、2007 女足世界杯、2018 世界短池游泳锦标赛等

资料来源：倪方隅，杨明.供给侧改革背景下浙江省体育竞赛表演业发展对策研究[J].浙江体育科学,2019,41(4):21-26.

2.1.3 细分行业

1.体育健身娱乐业

体育健身娱乐业作为体育产业的主体,是以体育健身娱乐项目作为中介,以体育信息技术、物质资料等为基本要素,为参与者提供内容和形式多样的满足其健身娱乐需求的产品和服务,同时也是实现体育自身价值和意义而开发、生产和提供健身娱乐劳务的行业(王乔君、于波,2008)。经过调查发现,浙江省体育健身娱乐休闲市场以杭州、宁波、温州为核心区域,地方民营经济参与意愿较为明显,但健身娱乐场所以中小规模居多。在市场需求方面,消费者分布呈现层次性,以事业单位、公职人员为主,消费动机呈现多样性和多重性特点,健身操、健身器械成为健身娱乐的首选。资金、社会、时间等成为制约人们参与体育健身娱乐的主要因素。未来,可以将体育、文化、旅游等产业相结合,以体育健身娱乐业提升目的地旅游品位,同时促进文化产业的快速发展。

在工业化和城市化的进程中,体育健身娱乐业成为体育产业和经济社会发展的新兴支柱产业。作为服务性行业,要时刻根据消费者的时变需求,提供适合于不同人群的健身娱乐产品。目前,浙江体育健身娱乐业相关专业人才还比较缺乏,在市场预测、供给管理、服务能力等方面存在差距,影响消费者的体验感知,造成市场需求端的滞后和较低的信任感知,没有办法根据不同层次的市场需求及时反应。体育健身业或健身消费的发展升级是体育健身娱乐业价值创造回归的关键节点,随着居民物质消费生活水平的提升,居民的健康理念、健身投资、康体娱乐等意识普遍增强,市场空间和前景广阔。

2.体育传媒业

体育产业与传媒产业的融合虽然在我国起步较晚,但随着我国大量大型国际、国内体育赛事的举办,以及传媒技术、手段等的快速发展,两者的融合越来越紧密。体育精神、体育文化在传媒的带动下,走进了更多的家庭和消费者的生活,扩展了体育文化的时空边界,让人们更加快捷快速了解到体育产业的发展状况。加之我国网民数量众多,日活跃用户数较高,体育传媒业拥有巨大的市场空间,姚明、李娜、孙杨等体育明星的出现也成为体育传媒发展的动力源和助推器。体育创意与传媒理念的交叉融合,为人们的精神文化生活带来了新鲜的活力。而浙江作为体育大省,截至 2018 年,浙江省有国家队运动员 140 名、教练员 18 名,共获世界冠军 14 个、亚洲冠军 32 个、全国一类比赛冠军 80 个,更是涌现出了短跑运动员谢震业、游泳运动员"大白杨"孙杨、"洪荒少女"傅园慧、女排队员周苏红等,他们的体育明星带动效应为体育传媒业提供了无限的财富。

体育动漫作为体育传媒的重要领域,其发展对于体育文化和精神的传递起到举足轻重的作用。通过夸张和幽默的艺术元素,从各个侧面把体育事件和理念融入其中,在娱乐之余感染、打动观众,传递体育动漫灵魂,带动体育运动活力,拉近体育与大众之间的距离,渲染全民运动的体育氛围。

2016 年,以世界杯亚洲区出线资格的比赛为主线,中国队 1 比 2 惜败,在冲击世界杯的梦想再次破灭的情况下,浙江策划推出了《黄金一代》体育动漫作品,开创了浙江省体育动漫新起点。作品表达了国人对中国足球的祝福和期望,也反映了当下足球少年的良好精神面貌和坚定的足球信念。

2017 年,在第十三届中国国际动漫节动漫游戏商务大会上,浙产体育动漫再次推出系列作品《干霄》。作品同样反映足球少年的成长人生,在他们为足球梦想奋斗的过程中,享受足球人生,传递足球精神,引导观众形成积极向上的运动理念。此外,体育题材的动漫作品把团队配合、相互协作、努力拼搏、阳光健康的竞技体育精神融入其中,能够在一定程度上激励青少年奋发有为,树立健全的体育人格,点燃运动梦想。

在体育广告方面,随着全国大型体育赛事的举办,综合与单项体育赛事、全民参与健身赛事等都会成为广告商的机会。近年来,我国竞技体育社会化和职业化不断推进,体育广告内容和形式也越来越丰富,体育明星不断涌现,其明星效应成为赛事宣传和广告创造价值、企业形象提升的新增长点。互联网等新媒体的出现,成为体育广告投放的加速器。在赛场装饰、赛事转播、新闻评论、氛围营造等各个领域都能看到体育广告的身影。体育广告以更加亲民的方式融入大众,把赛事理念、健身理念、企业理念等潜移默化传递给广大显性和隐性体育消费者。

3.体育旅游业

文化创意产业与旅游产业的融合催生了新的市场消费空间,根据不同的发展模式可以分为体育主题游、休闲养生健康游、体育节庆游、体育内涵创意游、体育休闲观光游等。随着经济的发展和人民消费水平的提高,以北京奥运会等赛事带动的体育旅游正在成为人们休闲观光的新选择。依托赛事文化、特色的地区体育文化,不断进行文化创意和服务质量协同升级的体育旅游在激烈的市场竞争中稳步前行。旅游不仅借助文化创意的包装提升了产品服务形象,对于旅游企业和旅游目的地的转型调整也有所助力;同时,文化创意借助旅游的载体更好地进行传播,其高附加值和高体验性能够在旅游的助推下更具象体现。

浙江省作为沿海省份,要抓住海洋经济上升为国家战略的契机,结合自身海岛、海滩、海岸等地理环境资源优势,大力发展以运动、竞赛、健身、娱乐为一体的海洋体育旅游业。根据浙江省统计局数据,全省海岛 2904 个,海岸线 6715 公里,拥有丰富的滨海旅游资源。全省要充分发挥资源效益,依托各地区特色,大力发展滨海体育休闲业,比如游艇俱乐部、海钓基地、帆船基地等。经过各地市的探索和开发,也逐渐形成了一批运动休闲旅游示范基地和运动休闲精品线路(如表 2-9、表 2-10 所示)。

除了自身的内部优势,产业发展还要考虑到外部的竞争环境。浙江海岸相对于海南、青岛等地还有差距,并且受季节性气候影响明显。因此,浙江要提早进行海洋经济的统筹规划,积极整合省内海洋体育休闲旅游的相关产品,优化空间结构,把海洋休闲与海洋观光、海洋养生等体验相结合,着力培育滨海体育休闲度假、海洋体育文化传播、海洋节庆竞赛三大类旅游产品;以渔歌、背渔网等浙江传统体育文化遗产为元素,把设计理念融入产品开发中,提高海洋体育休闲旅游的参与性、竞赛性、娱乐性(刘海洋,2015)。

表 2-9 浙江省运动休闲旅游示范基地、优秀项目

类型	名称	休闲旅游类别	类型	名称	休闲旅游类别
示范基地	湘湖旅游度假区	帆船、皮划艇、沙滩真人CS、公路自行车、垂钓	优秀项目	百丈镇	湖畔露营
	达蓬山旅游度假区	山地自行车、露营、真人CS、冲浪、登山		雁荡山灵峰景区	登山
	九龙湖旅游度假区	帆船、皮划艇、山地越野、登山、滑草		雅林	自行车骑行
	东方仰义乡村俱乐部	高尔夫、垂钓、草地网球		幸福谷	丛林拓展
	泽雅大峡谷	皮艇漂流、户外拓展、高空溜索、真人CS		绿水尖	高山滑雪
	仙龙峡运动营地	峡谷漂流、攻防箭、皮划艇、棒球		玉苍山	登山徒步
	中南百草原景区	真人CS、湿地漂流、卡丁车、户外拓展		莫干山久祺国际骑行营	山地骑行
	九龙山旅游度假区	航空运动、马球、速度赛马、马术、游艇、高尔夫		安吉大里	户外拓展
	覆卮山运动休闲基地	攀浪、骑行、漂流、登山		城山沟景区	自行车速降
	锦林佛手运动休闲旅游基地	马术、卡丁车、射击、CS		海宁潮缘黄湾	定向
	神仙居景区	飞拉达、扁带挑战、登山		唐溪草芦山地马术俱乐部	马术
	黄龙景区	彩弹射击、骑行、高空拓展、水上项目		乔波冰雪世界	室内滑雪
优秀项目	大明山	高山滑雪		绿地庄园	户外拓展
	戴村绿道	登山		武义千丈岩	滑雪
	福林山汽车公园	赛车		武义大斗山飞行营地	滑翔伞
	燃擎赛车乐园	卡丁车		辉煌马术俱乐部	马术
	永安山	滑翔伞		浮盖山	漂流
	绿谷龙观步道	登山		东方运动城	滑冰
	宁波铭泰国际赛道	赛车		瑶源垂钓中心	竞技垂钓
	嘉绿庄园	垂钓		鹿栏晴沙	沙滩休闲运动
	伏龙山	滑翔伞		天悦湾	水上飞鱼
				精功通航舟山基地	固定翼飞行体验
				天台水云间	丛林CS
				华顶国家森林公园	运动养生
				王者部落	户外拓展
				三溪天门坪	漂流
				畲乡绿道	徒步

表 2-10 浙江省运动休闲精品线路

序号	线路
1	龙川湾运动休闲基地(山地自行车)—文渊狮城景区(水上运动)—瑶汾线绿道(骑行)—千岛湖方盛农乐园(滑草)
2	萝卜洲湿地运动休闲(骑行)—安哥拉农庄(垂钓)—桃园村落景区(定向)—纪龙山神仙峰(攀岩)
3	香樟花园(竹筏漂流)—永嘉书院(户外拓展)—大若岩百丈瀑(登山)
4	江南天地(滑雪)—大竹海(登山)—藏龙生态旅游(滑道)—环太湖赛道(山地自行车)
5	盐官百里钱塘生态绿带(重走长征路户外拓展)—芳草青青房车营地(房车露营)—盐官古城(观潮定向)
6	东方山水乐园(室内沙滩)—浙江国际赛车场(赛车)—若航直升机基地(飞行)
7	安基山滑翔伞基地(滑翔伞)—江南大峡谷(漂流)—括苍山景区(越野)
8	神仙居景区(飞拉达)—永安溪绿道(骑行)—淡竹休闲谷(徒步)

数据来源:浙江省体育局网站。

4.体育竞赛表演业

2018 年 12 月,国务院办公厅印发《关于加快发展体育竞赛表演产业的指导意见》指出,鼓励发展以体育竞赛表演企业为主体,以旅游、交通、餐饮等为支撑,以广告、印刷、现场服务等为配套的产业集群,形成行业配套、产业联动、运行高效的体育竞赛表演产业服务体系,培育一批体育竞赛表演产业集聚区。引导传统制造业企业进军体育竞赛表演装备制造领域,促进体育赛事和体育表演衍生品创意和设计开发。产业本身要致力于形成产品丰富、供需匹配、结构合理、基础扎实、发展均衡、生态绿色的脉络体系。体育竞赛表演业已经成为很多地区体育产业的支柱性产业,产业的经济效益和社会效益不断提升,借助大型体育赛事的覆盖面和影响力,其不仅能够提升举办城市的综合实力,还能够带动体育产业的相关产业进行联动发展。由于其辐射范围广,体育竞赛表演业被称为体育产业最闪耀的明珠。

地处长三角的浙江省的体育竞赛业市场主要集中在杭州、宁波这两个经济相对发达的地区,在区域分布上呈现不均衡现象。能够承办大型体育赛事的城市和基础设施建设存在滞后,同时居民的收入水平和消费水平、城市体育文化理念等都会影响体育竞赛表演业的整体发展。浙江省要尽快以杭州、宁波、温州等中心城市为带动,逐渐向周边辐射,形成由点到线,由线到面的体育竞赛表演业市场。浙江省的体育竞赛表演业主要集中在体育竞赛,举办单位以经营性为主、公益性为辅,以营利为目的,通过收取门票和广告为主要形式,包括精英赛、职业联赛等;另外,也包括以公益性为主、营利性为辅,为了提升城市体育文化理念、满足精神文化需求为主的比赛,比如亚洲杯、全运会等。各城市可以根据自身体育设施基础水平、城市发展规划、体育人才储备等实际情况,有选择地举办各类大型体育赛事及竞赛表演(如表 2-11 所示)。

表 2-11　浙江省体育竞赛表演业的市场定位与选择

城市	可举办的赛事
杭州	奥运会部分赛事、足球世界杯、世界锦标赛、亚洲杯足球赛、全运会、各类联赛、一级方程式赛车、省级市各类比赛
宁波	世界锦标赛、亚洲杯足球赛、全运会、各类联赛、省市级比赛
温州	全运会部分赛事、各类联赛、部分单项赛事、省市级各类比赛、部分邀请赛
嘉兴	各类联赛、部分单项赛事、省市级各类比赛、部分邀请赛
湖州	等级略低的联赛、部分单项赛事、省级各类比赛、部分邀请赛
绍兴	各类联赛、部分单项赛事、省市级各类比赛、部分邀请赛
金华	等级略低的联赛、部分单项赛事、省市级各类比赛、部分邀请赛
衢州	等级略低的联赛、部分单项赛事、省市级各类比赛、部分邀请赛
舟山	部分单项赛事、海洋体育赛事、休闲体育赛事、部分邀请赛
台州	部分单项赛事、海洋体育赛事、部分邀请赛
丽水	部分单项赛事、休闲体育赛事、民族传统体育赛事

资料来源:应继华,沈锡昂,康志辉.浙江省体育竞赛表演业区域布局优化研究[J].浙江体育科学,2011,33(1):31-53.

《浙江省体育产业发展"十三五"规划》中明确要求,要建立健全体育赛事评估机制,引进一批适合在浙江省举办的、市场前景较好的国际单项体育赛事。积极鼓励全省各地市打造"一市一品""一县一品"体育赛事。充分发挥市场的活力和作用,建立完善赛事举办的机制和条件,引导社会力量参与,逐渐形成赛事举办的社会化、专业化、普及化氛围。

据统计,2018 年全省共有 60 项赛事被纳入《浙江省重点培育品牌赛事名录库(2018)》。此外,省体育局大力推进职业俱乐部和职业联赛发展,逐步形成以赛事带动的体育竞赛表演产业规模化,用品牌发挥引领作用。

大型国际体育赛事的举办,已经不仅仅是一场单纯的体育竞技盛会,其对推动举办城市的环境、体育设施建设、促进各种体育产业及当地的经济发展,包括提升城市形象和在国际上的影响力上都具有重要的意义。比如,2008年北京奥运会通过设计师的创意设计,把中国传统的汉字文化、玉文化、图章文化、卷轴文化等元素借助现代的时尚审美理念,融入奥运会的图标奖牌、吉祥物、火炬等产品装饰中,把中国传统文化和北京城市形象推广到全世界。

体育竞赛表演业在我国体育产业结构中,还是一种政治文化活动,缺少市场介入的商业化运行,导致体育竞赛表演业落后于体育产业的其他细分产业。虽然随着北京奥运会的成功举办,各种商业赛事开始形成一定的产业规模,各地也成功举办了一系列国际国内赛事,但从整体情况来看,其运营模式仍然是对国外商业模式的模仿,并没有形成基于中国传统文化和基本国情的具有中国特色的体育竞赛表演模式,所以内部矛盾与问题不断。

2.2 体育文化创意产业发展的市域状况

2.2.1 政府管理模式

1.上层规划

政府层面在积极制定政策和文件,正向引导体育文化创意产业的健康可持续发展。比如在《浙江省体育产业发展"十三五"规划》中要求,浙江省要努力推进产业融合,以打造中国最佳运动休闲目的地为目标,发展山地户外、海洋体育、冰雪运动等运动休闲业,满足人民群众日益增长的精神文化需求和对健康的渴望。另外,优化创新浙报传媒和横店体育结合的"体育+文创"模式,在体育影视、体育动漫、体育传媒等领域注入新鲜血液和活力。

在规划中多次提到,要大力推广政府和社会资本的合作,积极鼓励社会资本参与体育场馆建设与运营,比如小型化、多样化的足球场地设施,能够有效建设一批便民利民的健身活动中心等公共体育设施。同时鼓励社会力量举办各类群众性体育赛事,在市场经济条件下,调动社会积极性与创造性,逐步形成以社会力量为主体,多种经济成分协同发展的良性体育产业格局,努力创办"民办体育发展先行区"。

2. 浙江"PPP"模式

浙江依托雄厚的经济发展水平,在体育文化创意产业发展过程中有着得天独厚的优势。近年来,尤其是在公共体育基础设施建设中,政府积极引入"PPP"(Public-Private-Partnership)模式,积极响应财政部颁发的《关于推进政府和社会资本合作规范发展的实施意见》,大力发挥社会资本和社会力量在城市公共服务中的供给和作用,极大程度地降低政府投资建设成本。

浙江省在选择社会资本的过程中,严格审核建设运营方资质,在注册资金等方面对运营方把关,并在全国 PPP 综合信息平台上,对项目建设等信息全流程公开,方便进行透明化监督。对于运营方面,企业也能够通过"PPP"模式,提高企业的社会效益和经济效益;对于政府方面,不仅节省了相关费用的支出,同时活化了体育基础设施的利用效率,方便了普通群众体育健身的现实需求。比如龙游县全民健身中心,在"PPP"模式的影响下,不仅为居民提供了硬件以及软件上的支持,同时运营企业通过场馆使用的低消费甚至免费模式吸引人流量,再借助体育健康培训等形式把流量变现,从而实现运营的循环化。

3. "PPC"模式

在体育特色小镇建设方面,徐浩然(2018)提出公共部门与私人部门合作的"PPC"(Public-Private-Cooperation)模式:通过契约承诺以及信任关系的建立,打造经营、营销、建造等私人发展财团,和财务、规划等地方经济发展部门联动,在公共、私人债务融资等方面形成合力,居民、企业、政府的管理机构对小镇实施运营管理,充分发挥小镇的运营自主权,进而实现协同发展、共同治理的目标。

2.2.2 各地市体育文化创意产业发展状况

1. 杭州

杭州作为省会和东方休闲之都,依托西湖、大运河等地理人文等条件,渲染体育运动氛围,大力发展体育旅游、竞赛表演,形成都市体育旅游核心、品牌赛事集聚副中心、大运河体育文化传播轴、"三江两岸"特色运动发展轴、浙西山地户外运动区块、大明山冰雪运动区块、千岛湖水上运动区块、建德航空运动区块和富阳运动休闲体验九大功能区。借助山地和水域大力增加登山、骑行等体育休闲运动;以杭州国际马拉松、全运会、游泳锦标赛、亚运会等赛事的举办,提升群众参与意愿,宣传城市文化,扩大城市影响力、吸引力(宋凯,2017)。在 2018 年,阿里体育与杭州江干区政府合作,采用 PPP 项目建设模式,建成以电竞馆为核心的阿里体育园,形成以电子竞技、全民健身、文化创意、休闲娱乐为一体的城市休闲区域,打造新型运动综合体。借助阿里巴巴大数据,为市民提供场馆内部卡路里换卡币、实时身体数据等服务,打造智慧体育新项目。

杭州有得天独厚的天时地利人和优势,近些年的体育产业与文化创意的融合也成果初显。从 2011 年黄龙体育文化创意产业园到 2016 年上城区南落马营体育文化公园(体育文化创意产业园区),杭州的体育文化创意产业的探索和尝试一直走在全省前列,也在为全省各地的体育产业发展起到领航导向的作用。从 2017 年的全国学生运动会到 2018 年的世界短池游泳锦标赛,尤其是 2022 年的亚运会,对于杭州城市形象、基础设施、精神文化等方面的提升起到了很好的助推作用。在改造和建设的场馆等基础设施上融入杭州特色,彰显杭州文化,为亚洲、为世界呈现杭州形象。杭州城市居民不仅整体素质高,还体育人才辈出,比如田径运动员谢震业、游泳运动员孙杨等,他们在全国乃至全世界都拥有相当的知名度和影响力,对于杭州城市宣传以及体育文化氛围营造起到了很好的助推作用。他们发挥的体育明星辐射带动效应,为杭州体育文化创意产业的本土发展提供了独一无二、亲民亲善的资源优势。

大型体育赛事的举办对于杭州而言已经不仅仅是体育设施的完善,同时也是城市公共交通、网络环境等公共设施的全面升级,为杭州全体居民更好的生活提供了便利。此外,居民又能够享受竞技体育的魅力,在潜移默化中形成体育价值观念,形成良好健康的生活方式,进而在全民素质、城市形象等方面增强竞争力。尤其在体育产业融合发展方面,大型体育赛事更是功不可没。亚运会的举办,将大力促进杭州体育产业向着更好更有利的方向发展,在与旅游、健身、文化创意等产业的融合中,逐渐形成以体育竞赛表演和体育健身休闲为主导,体育场馆服务、体育教育培训、体育传媒与信息、体育用品及相关产品制造等为支撑的六大板块格局(常德胜,2018)。

2.宁波

宁波迎着改革开放的春风,经济发展水平迅速提升,大众的消费观念更新较快,健康绿色生活理念深入人心。根据《宁波市人民政府关于加快发展体育产业促进体育消费的实施意见》(甬政发〔2016〕1 号),宁波要利用自然资源禀赋,形成"一县一品一特色""一城二带三区"的体育健身休闲市场,探索"公园＋体育"的社会体育场地建设。引入社会资本支持体育场馆的建设和管理,推动体育产业与文化、旅游、创意、设计服务等产业融合,延伸产业链,创新产业业态,打造产业集聚区,提升产业的辐射效应。依托国际网球赛、国家女排主场等传统赛事,继续争取国内、国际大型体育赛事落户宁波,以赛事促进城市品牌提升,营造竞技表演、全民健身的良好氛围。

近年来,宁波市委、市政府始终重视体育产业发展,从政策、人才、基础设施等各个方面着力打造东方文明之都,积极推动宁波体育文化事业的快速发展。其中根据《关于加快推进开放揽才产业聚智的若干意见》(甬党发[2018]42号)和《关于实施"泛3315"引进支持急需紧缺高层人才的意见》(甬党办[2017]75号)文件,大力引进文化(体育)人才和团队,支持高层次人才和团队在文化艺术、文创经营管理、体育等领域在宁波的创新创业,包括引进竞技体育高水平运动员和能够培养高水平运动员的教练和团队。建成的江北体育文化综合体(江北全民健身中心),是以体育为载体,形成包括文化、健康、休闲、娱乐、餐饮等为一体的城市综合消费新空间,是博物馆式的运动场所,将体育文化展示、体育历史溯源、体育人物宣传等相关元素融入体育公园、商业街区、体育设施等各个角落。体育文化综合体打破了传统大型体育场馆的运营模式,通过体验式的商业形态增强习惯性消费群体规模,探索体育导入型消费,将各种运动项目爱好者以及相关组织作为细分目标客户,围绕其家人和朋友一起活动的情况,制定共同参与消费的运行方案,有针对性地进行组合式消费推荐。比如丈夫运动健身,孩子体育培训,妻子美容购物等,形成"体育+"的消费升级。

此外,宁波积极构建体育旅游产业圈。2018年,宁波市出台《宁波全域旅游发展领导小组关于加快体育与旅游融合发展的实施意见》,依托都市区、西部山区、东部滨海区、东钱湖、梅山湾等板块,开发体育旅游产业集聚区、体育旅游精品赛事、体育旅游精品线路等。意见还明确指出,宁波将大力举办或承办国际排联新联赛、CBA赛事、宁波国际马拉松等,通过融入旅游元素打造精品赛事品牌。其中宁波已经连续多年举办国际女排系列赛事,随着北仑体艺中心的建成,北仑更是成为中国女排的福地。其中的综合训练馆、水疗室、恢复室等都是量身定做,是女排运动员训练、比赛的主场地,见证了中国女排的很多精彩时刻和成长历程。

3.温州

温州依托独特的地理位置,结合传统的吴越文化和南拳文化,进行体育文化的创意与整合,激发传统体育文化的活力和生命力,打破时空限制,帮助体育文化更好地走进人民生活;通过了解区域体育生存生态,大力开发体育文化项目,使得体育文化创意产业的发展精品化、特色化。温州还依托独具特色的山地资源,积极推动户外运动赛事的举办,比如"中国·温州国际山地户外运动挑战赛"等有影响力的赛事。这些举措不仅增强了举办城市体育赛事的能力,同时也正向渲染了城市体育文化氛围,打造了健康生活的城市理念。

温州近年来结合地域特色,大力发展生态型体育文化公园,依托良好的海洋文化和商贾文化,把精明能干、敢想敢闯的"温州精神"融入体育产业规划中,在有形中彰显无形的温州传统文化和享誉海内外的商业文化。通过整合,围绕主题文化进行提炼、重构和精选,让传统文化、地域文化融入体育文化中,用创意型的理念打造有文化特点的"生态型主题体育公园",让广大人民群众在和谐的体育文化环境中放松身体和心灵,消除城市紧张的生活节奏。比如七都体育主题公园、西洲体育主题公园、瓯海体育公园等,融合南拳体验、温州棋院等特色地域文化资源,成为体育健身、休闲娱乐等为一体的城市体育公共设施。

此外,温州积极打造鹿城时尚体育小镇,为生态旅游、户外运动、休闲度假、健康养生、科普教育等一体化的体育小镇。依托西郊森林公园、仰义水库等优质资源,大力发展运动休闲、体育文化创意等特色产业;温州奥体小镇以万达广场、大罗山等为优势资源,发展都市休闲运动、竞技体育赛事、综合配套服务等业态,构筑"体育＋旅游""体育＋文化""体育＋教育""体育＋休闲"的综合业态。同时,温州借助强大的社会民营资本力量办体育,并和国家体育总局合作成为全国社会力量办体育的试点城市,进一步实现体育让生活更美好的目标。

4.嘉兴

嘉兴作为长三角的重要城市,依托杭州、上海周边的区位优势,便利的高铁等水陆交通为嘉兴集聚了大量优秀的人力资本,有利于获取最新的行业信息,完善体育产业链的整合。"十二五"末,嘉兴就已成功创建省级体育强市,并且全市有6个县(市、区)获得省级强县(市、区)。嘉兴始终立足当地资源特色,大力开发大众体育运动项目,开展充满趣味性、娱乐性的体育活动,促进全民健身氛围的形成。以"嘉兴市全民健身周"为契机,定期举办体育赛事活动,积极扶持体育产业创优培育工程,以项目为平台加速体育产业发展。此外,重点关注落实体育健身休闲业、体育竞赛表演业、体育培训业的"三培育"计划。嘉兴有着良好的体育基础设施,人均体育场地面积超过全国平均水平,居民可支配收入较高,给体育文化创意产业的发展提供了较好的硬件以及软件环境。

根据《嘉兴市体育事业和体育产业发展"十三五"规划》,嘉兴着力打造"一个定位,两个目标,三大发展,四个原则,五大工程"。其中"一个定位"为"打造动感禾城,建设健康嘉兴","两个目标"为基本建成体育公共服务均等化示范区、体育事业和体育产业发展走在前列。遵循需求导向、协同融合、创新驱动、依法治本原则,坚持大力发展群众体育、稳固发展竞技体育、加快发展体育产业三大目标。同时实施全民健身服务惠民措施、竞技体育实力提升计划、体育产业提档升级转型、人才强体基础保障工程、青少年体育振兴行动五大工程。通过网络覆盖,实现 15 分钟健身圈,进行常态化健身指导。以体育竞赛表演业和运动休闲业作为突破口,以体育特色小镇、运动休闲基地建设为载体,培育品牌体育服务业,丰富产业形态。尤其依托嘉兴特色优势,比如党的诞生地特殊历史地位和意义,重点建设"红船精神"体育践行区;以乌镇为核心的世界互联网大会永久落户下的"互联网+体育"试点区;依托武术、船拳、舞龙等民族传统体育项目优势的民族体育文化展示区。此外,着力构建不同层次的运动休闲示范基地、精品路线等。大力发展体育培训业、体育旅游业、体育彩票业、体育特色小镇等,丰富体育产业的多元化转型。通过设立体育产业发展"智库",探索建立体育创客中心,培养孵化体育文化优秀人才和项目。

5.绍兴

绍兴市委、市政府提出要打造"国际赛会目的地城市",在民办公助校园体育竞技、民间资本进入体育产业等方面形成"绍兴样本"。绍兴依托发展良好的民营企业,在赛事冠名、体育设施建设上借力,着力打造氛围浓厚的体育文化环境。比如浙江天马集团投资建设浙江天马赛车场;浙江骆驼针织有限公司致力于研发足球比赛中防止球员拉拽的运动手套等;浙江喜临门冠名绍兴国际马拉松赛;绍兴古越龙山集团冠名 2018 女排世俱杯,社会资本与赛会经济相互结合,扩大了民营企业的知名度,同时也为体育赛事和产业发展注入活力(吴海明,2018)。

2018 年,绍兴市也发布了《2018—2025 绍兴体育产业发展目标》,其中提出到 2025 年,绍兴要基本达到以体育用品制造业为核心,体育竞赛表演业为引领,体育运动休闲业、健身服务业、彩票业为支撑的目标,重点发展"体育+旅游""体育+文创""体育+健康"等多产业融合发展体系,形成政策引领、市场运作、社会参与、融合发展的产业发展格局。在绍兴市中北部打造有影响力的体育产业示范园区,建设镜湖运动休闲主题公园、特色街区、体育博物馆等地方特色的体育设施,并在柯桥区形成高端运动休闲项目集聚区,在上虞区形成体育特色小镇集聚区。

6.湖州

湖州近年来通过整合资源,积极引进和承办各类大型赛事,比如第六届环太湖国际公路自行车赛、中美男子篮球对抗赛、"生态杯"全国羽毛球邀请赛等,提升了湖州城市的影响力和吸引力。此外,湖州大力发展体育运动休闲业,其中安吉县中南百草原景区被评为 2015 年浙江省运动休闲旅游示范基地,大力推进莫干山户外运动基地,积极引进全球首个"探索极限基地"——"象月湖"户外休闲体验基地等。以各区县已有的体育中心为基础,打造体育产业集聚区,借助多元化运营模式,提高大型体育场馆利用率(边才茹,2016)。

2018年湖州市吴兴区文体中心投入运行,中心包括文化馆、图书馆、体育馆、教育培训中心、健身娱乐中心、商业中心等,不仅能够承办各类大型体育赛事,同时更是周边市民运动健身、休闲娱乐的新场所。作为湖州首个体育众创空间,文体中心以体育为核心产业,通过发展体育运动、体育培训、体育文化、体育零售、休闲健身、主题餐饮等,将文化、体育、商业融为一体,提升周边乃至湖州市的新体育业态水平。

2.3　体育文化创意产业发展的问题分析

2.3.1　政策制度不完备

1.体制机制不完善

首先,由于体育文化创意产业涉及的门类较多,因此主管部门繁杂,各政府主体间并未达成协同一致,导致在制度建设上存在地区壁垒,给行业发展带来了很大的阻碍。比如体育旅游需要体育局和旅游局的合作,如果各个部门各自为政,标准不一,则很难合力做好体育赛事或者体育文化创意产业相关工作。

其次,行业的市场化程度较弱。政府过多的干预导致整个行业缺乏创新活力,市场活跃度低下,由此带来融资困难、宣传力度薄弱、品牌价值未挖掘等影响行业发展的问题。并且很多政府部门只是为了举办体育赛事而举办,并未进行长期的可持续性规划,导致赛事结束后场馆闲置、民众抱怨等现象,这种滞后的组织体系和产业观念不仅造成资源的严重浪费,同时未能给体育文化创意产业的健康发展创造良好的条件。

最后,缺乏统一规划运行的机制。新时期体育文化创意产业的发展离不开不断更迭的大环境。目前浙江省的体育文化创意产业还停留在较为初级的发展阶段,没有把大数据技术、互联网思维、新媒体观念等渗透进去,缺乏统一的规划运行机制有效整合各方主体,不断优化产业链的运行效率。

2.法律法规不健全

体育文化产业包括赛事转播权、承办权、冠名权、动漫衍生品知识产权等无形资产,法律法规的不健全将导致行业的规范化管理缺乏依据和相应的保护。

没有健全的法律法规作为保障,体育文化创意产业的发展就容易产生结构失衡、资源浪费、重复建设等问题,让本来就处于初级发展阶段的产业体系没有发展的方向。比如知识产权是创意产业的核心竞争要素之一。近年来,在文化创意产业快速发展的同时,盗版、侵权、山寨等现象屡见不鲜。个别企业习惯性地钻法律漏洞,造成行业的不良竞争。

体育文化创意企业的土地使用、税收融资、投资准入、审批程序、体育产品的研发营销等等,都需要相应的法律法规作为支撑,来确保其有序发展。而法律法规的不健全会造成体育文化创意市场的发展动力不足,部分有潜力的企业无法在政策法规方面得到有效的支持,积极性和主动性受到打击,社会其他主体参与产业建设的意愿也会受影响,进而影响体育市场创新活力。

2.3.2 人才队伍不充沛

体育文化创意产业作为新兴的朝阳产业,具有高附加值和高知识型特点,人才储备是产业可持续成长的动力源泉。人作为最活跃的因素,也是体育文化创意产业的第一生产要素,甚至是产业技术、创意等等资源的智力保障。没有人才,一切都是纸上谈兵,好的创意不仅需要人才创造,同时也需要人才转化成市场需要的商业价值。文化创意需要大量的灵感碰撞,本质上是内容产业,而内容的核心就是以文化创意作为产业的核心竞争力,所以创意内容的产生需要多元化专业人才保驾护航。

从前期的创意产生到内容的宣传营销,不论是创意人才还是管理人才,都对产业的发展起到至关重要的作用。一场国际性体育赛事的举办,不仅需要体育方面的人才,更需要擅长科技、文化、管理、营销、艺术等各个领域的综合性人才;一件体育产品,不仅仅需要制造业人才,更需要研发包装等专业团队。目前由于体育文化产业处于起步阶段,又加上本身是多学科性交叉融合产业,我国体育文化创意产业的人才分布不均衡、错配流失现象还比较明显。不仅在数量上无法满足产业可持续发展的需要,在质量上和能力层次上也难以保障产业的现实需求。产业链的不同环节、不同层级的人才结构严重不合理,跟产业的发展现状类似,大部分从业者处于基层的生产制造环节,高端的文化创意人才极度缺乏。因此人才队伍较为薄弱,在一定程度上也制约了产业的进一步发展。

据了解,在浙江省内,截至 2017 年,共有普通高等学校 107 所,包含独立学院 22 所,高等专科职业学院 51 所,但除了体育大类,目前只有少部分本科院校开设了体育经济与管理(浙江大学、浙江工业大学、浙江工商大学、浙江财经大学、杭州电子科技大学、浙江师范大学)、休闲体育(浙江大学、宁波大学、浙江师范大学、杭州师范大学)、社会体育指导与管理(浙江师范大学、杭州师范大学钱江学院),毕业生人数和浙江体育行业发展无法匹配,远远不能满足行业的需求,人才储备和培养较为薄弱。

2.3.3 产业融合不深入

体育产品、体育市场的完善取决于国家各个产业之间相互融合的程度。体育文化创意产业作为融合交叉产业,信息技术、网络应用、电子技术、文化艺术、市场营销等贯穿在产业发展的整个价值链中,需要各方的通力合作才能呈现体育文化创意产业的迭代前进。比如体育赛事需要表演创意、电子信息等高科技的加入,宣传需要设计、营销的加入等,但目前产业的发展更多的还是依靠体育产业本身,并未与其他产业进行很好的补充,文化创意方面还有所欠缺。

体育文化创意产业链的延伸性更是能够让其发挥巨大的经济扩散效应,对于教育、旅游、传媒等行业起到了很好的带动作用。比如《欧盟国家体育促进经济增长就业率研究报告》中给出了欧盟国家体育与相关行业经济发展关联系数(如表 2-12 所示),其中关联系数越大,则体育文化创意产业的经济扩散拉动效应越大。但是,目前我国体育文化创意产业的产业链延伸性较弱,无法对其他行业产生一定的经济扩散效应。

表 2-12 欧盟国家体育与相关行业经济发展关联系数

相关行业	主要项目	关联系数
教育	人员培训	1.40
建筑	体育场地设施	2.06
公共管理	安保及咨询	1.66
旅游	旅行社代理	2.07
高新科技	研究开发	1.53
新闻传媒	出版物与媒体	1.71
保险	运动保险	2.11
金融	金融中介	1.48

资料来源:高峰.我国体育创意产业发展研究[J].体育文化导刊,2017(10):106-110.

2.3.4 产业集群未形成

体育文化创意产业链条的各方主体如果相互割裂,则链条绩效的最大化就难以实现。各个部门和主体之间如果在地域上过于分散,则不利于相互交流,沟通成本和协同成本的增加容易导致标准不一,使相关体育赛事等活动方增加交通、时间等成本,影响市场效率,无法发挥体育文化创意产业的综合效应和带动效应。

作为产业集群载体的体育文化创意产业园在我国较为缺乏,大部分以文化创意园为主,体育产业或体育创意只占其中一小部分。另外,缺少对文化创意、运动培训、产业孵化、体育旅游等资源整合的有效体系,在人才、资本、政策、场地上未形成统一体。体育文化创意产业园区将原有的资源进行重新组合再利用,使之在地理范围上形成整合后的完整产业链,带动吸引消费增长,促进体育产业的快速发展。而园区的缺乏或不合理规划会导致产业协调不足,无法形成合力发展,多呈现自发和无序状态,体育赛事等的同质化严重,产业布局相互重叠。

晋江市以城市发展转型为契机,提出"建设国家体育产业基地,打造中国体育城市"的战略规划,建设体育产业集聚区。发挥原有体育产业所形成的优势带动作用,推动城市的全面进步。截至 2017 年,晋江市体育用品上市公司达到 21家,并且 2 家企业获批国家体育产业基地示范单位,1 家企业成为 2016 年里约奥运会官方赞助商,2 家企业成为中国奥委会赞助商,以安踏、贵人鸟等为代表的制鞋、纺织服装等体育相关产业集群产值突破千亿大关,"品牌之都"名副其实。但是以晋江为代表的体育用品产业集群还是凤毛麟角。所以体育文化创意产业的边际示范效应和带动作用还没显现出来,市场价值无法有效开发,集群规模化发展还有待加强。即使是经济、文化、社会效益较高的体育赛事之间也相对独立,产业创意功能区与赛事本身没有进行强关联性的规划和设计,导致赛事举办与产业集聚的脱离,经济效应、集聚效应未实现最大化。

2.3.5 产业发展不均衡

1.区域不均衡

不论是品牌赛事、大型国际赛事,还是体育基础设施建设,省内主要资源集中在杭州、宁波、嘉兴等地,目前还处在散乱的点状城市间,没有很好地形成区域辐射。并且城镇间的发展也存在差异,城市的体育文化氛围明显要好于乡镇,人民群众能够享受的赛事、体育表演等资源明显存在差异,城市居民能够更便利地享受到这些体育文化盛宴。

2.产业结构不均衡

我国的体育产业结构整体发展不均衡,仍以体育用品装备等制造业为主,体育服务业占比较小。根据统计,2016年全年体育产业规模中,体育用品和相关产品制造业总产出和增加值最大,分别占到了总产出和增加值的62.9%和44.2%,体育服务业(除去体育用品和相关产品制造业、体育场地设施建设外的其他9大类)的总产出和增加值分别占到了总产出和增加值的33.4%和35.9%(杨磊,2018),虽然相对于2015年的20.8%有一定的提升,但仍然远远低于欧美发达国家的同期水平,几乎与发达国家呈倒置情况,产业结构严重失调。

体育传媒、体育服务、体育赛事、休闲体育等属于体育产业上游,盈利空间大,而体育制造和销售则处于产业下游,产业产出较小,无法形成有效的核心竞争力。我国大多数体育企业还处于产业链底端,以体育用品的生产制造为主,生产成本高且附加利润低;链条高端的设计、创意等行业企业明显不足。因此我国体育产业仍面临着"制造型"向"服务型"的转变,而体育文化创意产业在体育服务业发展中蕴藏着巨大的市场空间和发展潜力。

2.3.6 资源开发不充分

文化资源是体育文化创意产业取之不尽的动力源泉。不同的区域特色、不同的历史脉络、不同的传统文化,甚至不同的地理特色,都可以成为文化创意的灵感来源。体育文化创意产业是体育文化、体育赛事、体育资源三个要素相互耦合作用的结果,其中体育文化能够得到智力资本的科技支撑,在市场化运作中实现体育文化创意的经济价值,还能够给社会带来新型健康理念和生活方式。

体育文化创意产业也是"体育、文化、创意"交叉的产业,其中文化是灵魂,同时也是基础。以文化底蕴为基础的体育创意,才能更加凸显其市场价值和品牌延伸性,同时还能够提升品牌的辐射能力和亲和力。从现有的体育文化资源开发和利用的情况来看,浙江省虽然有国际马拉松、女排、自行车赛等赛事,但仍存在挖掘不够深入、不细致,利用不合理,缺乏技术创新和全民参与互动的趣味性体验等现象,国际化影响力有待提升。

文化资源优势没有得到充分的开发和转化,缺乏创新和创意,马拉松等赛事千篇一律,未与其他城市形成差异化发展方向。创意文化、信息技术、网络虚拟等手段的不足无法有效激发文化企业的市场活力和营利能力,也无法将传统的体育资源优势转化为可持续发展的核心竞争优势。而科学技术是体育文化创意产业发展的翅膀,通过科技的支持和传播,可以将传统的体育资源升华为新的经济增长点。

　　浙江省不仅地理地貌丰富,还坐拥一定数量的知名沿海开放城市,另外历史悠久,商贸发达,再加上孙杨、谢震业等世界知名体育明星,可开发的体育文化资源众多。但目前的体育赛事也好,体育传媒也好,和其他地区相比独一无二的创意元素太少,并没有通过体育文化创意产业的提炼和研发,让这些体育文化资源焕发出新的生命力,成为浙江省新的对外宣传的名片。

　　此外,浙江省拥有众多的传统体育文化资源,既有国家级非物质文化遗产(如表2-13所示),也有省级非物质文化遗产(如表2-14所示)。这些极具地方特色的传统体育文化瑰宝,不仅见证着浙江的历史文化变迁,更是浙江省体育文化创意产业取之不尽的源泉。比如集健身、舞蹈、曲艺于一体的余杭滚灯,强身健体、防身自卫的五常十八般武艺,被称为中国式斗牛的民族体育活动嘉兴掼牛,具有乡土文化特色的缙云迎罗汉等。如此丰富的传统体育文化资源远远没有被开发利用,没有被赋予新时代的文化内涵,缺乏有效的科技创意手段提炼创新。

表2-13　浙江省传统休闲体育项目列入国家级非物质文化遗产项目

项目名称	项目地点	项目级别
余杭滚灯	杭州市余杭区	国家级第一批非物质文化遗产
线狮(九狮图)	永康市、仙居县	国家级第一批扩展非物质文化遗产
端午节(五常龙舟胜会)	杭州市余杭区	国家级第一批扩展非物质文化遗产
翻九楼	杭州市、东阳市	国家级第二批非物质文化遗产
调吊	绍兴市	国家级第二批非物质文化遗产
十八般武艺	杭州市余杭区	国家级第三批非物质文化遗产
迎罗汉	缙云县	国家级第三批非物质文化遗产
嘉兴掼牛	嘉兴市南湖区	国家级第三批非物质文化遗产
高杆船杂技	桐乡市区	国家级第三批非物质文化遗产

　　资料来源:郭怡,江育恒.传承与整合:基于浙江本土资源的传统休闲体育文化研究[J].重庆工商大学学报(社会科学版),2014,31(2):138-144.

表 2-14　浙江省传统体育休闲项目列入浙江省级非物质文化遗产项目

项目名称	项目地点	项目级别
迎大旗	磐安县	浙江省第二批非物质文化遗产
问凳	景宁畲族自治县	浙江省第二批非物质文化遗产
十八罗汉	仙居县	浙江省第二批非物质文化遗产
罗汉班	义乌市	浙江省第二批非物质文化遗产
瑶山秋千	淳安县	浙江省第二批非物质文化遗产
后宅高跷	义乌市	浙江省第二批非物质文化遗产
秋千	淳安县（富山露台）	浙江省第二批扩展非物质文化遗产
水浒名拳	宁波市北仑区	浙江省第三批非物质文化遗产
内家拳	宁波市鄞州区	浙江省第三批非物质文化遗产
岳家拳（岳武穆柔术）	金华市	浙江省第三批非物质文化遗产
南拳	天台县、乐清市、平阳县、永嘉县（天台皇都南拳、乐清南拳、平阳白鹤拳、永嘉瓯渠上新屋南拳）	浙江省第三批非物质文化遗产
常山猷辂拳	常山县	浙江省第三批非物质文化遗产
武林活拳	杭州市拱墅区	浙江省第三批非物质文化遗产
舟山船拳	舟山市普陀区、岱山县	浙江省第三批非物质文化遗产
练市船拳	湖州市南浔区	浙江省第三批非物质文化遗产
新前武术	台州市、台州市黄岩区	浙江省第三批非物质文化遗产
遂昌茶园武术	遂昌县	浙江省第三批非物质文化遗产
上宕功夫	缙云县	浙江省第三批非物质文化遗产
凳花	龙泉市	浙江省第三批非物质文化遗产
抢头杵	金华市婺城区	浙江省第三批非物质文化遗产
传统儿童游戏	舟山市普陀区	浙江省第三批非物质文化遗产

项目名称	项目地点	项目级别
渔民传统竞技	舟山市普陀区	浙江省第三批非物质文化遗产
大纛旗	桐乡市	浙江省第三批非物质文化遗产
叠牌坊	磐安县、永康市、缙云县（磐安叠牌坊、永康打罗汉、缙云迎罗汉）	浙江省第三批非物质文化遗产
三塔踏白船	嘉兴市南湖区	浙江省第三批非物质文化遗产
开天门	龙泉市	浙江省第三批非物质文化遗产
水火流星	慈溪市	浙江省第三批非物质文化遗产
十五巧板	平阳县	浙江省第三批非物质文化遗产
赶野猪	景宁畲族自治县	浙江省第三批非物质文化遗产
操石磉	景宁畲族自治县	浙江省第三批非物质文化遗产
天罡拳	建德市	浙江省第四批非物质文化遗产
鹰爪功	杭州市下城区	浙江省第四批非物质文化遗产
十八般武艺	临安市	浙江省第四批非物质文化遗产
船拳（西溪船拳、南湖船拳）	杭州市西湖区、嘉兴市南湖区	浙江省第四批非物质文化遗产
龙舟竞渡	宁波市鄞州区、温州市	浙江省第四批非物质文化遗产
精武拳（械）技	余姚市	浙江省第四批非物质文化遗产
舞方天戟	桐乡市	浙江省第四批非物质文化遗产
赵家拳棒	诸暨市	浙江省第四批非物质文化遗产
大成拳	金华市金东区	浙江省第四批非物质文化遗产
武当太乙拳（宋氏门）	常山县	浙江省第四批非物质文化遗产
灵溪奚家拳	天台县	浙江省第四批非物质文化遗产
打油奏	天台县	浙江省第四批非物质文化遗产

续表

项目名称	项目地点	项目级别
小坑七星拳	三门县	浙江省第四批非物质文化遗产
菇民防身术	龙泉市、庆元县、景宁县	浙江省第四批非物质文化遗产
翻九楼	泰顺县	浙江省第四批非物质文化遗产
南拳(温州南拳)	温州市鹿城区、龙湾区	浙江省第四批非物质文化遗产
线狮(草塔抖狮子)	诸暨市	浙江省第四批非物质文化遗产

资料来源:郭怡,江育恒.传承与整合:基于浙江本土资源的传统休闲体育文化研究[J].重庆工商大学学报(社会科学版),2014,31(2):138-144.

第三章　体育文化创意产业的市场竞争力分析

3.1　体育文化创意产业的供给与需求

3.1.1　体育文化创意产业的供给端分析

1.产业政策环境不断优化

作为新兴绿色产业,体育文化创意产业成为国家大力发展的产业之一,国家层面和地方政府层面都给予了大力支持。在产业政策方面,我国已经制定了一系列支持、鼓励文化创意产业的政策,主要有财政部、文化部等10部委联合发布的《关于推动我国动漫产业发展的若干意见》;中宣部、中央文明办、教育部、民政部、文化部的《关于运用传统节日弘扬民族文化的优秀传统的意见》;财政部、中宣部联合发布的《关于进一步支持文化事业发展的若干经济政策》;财政部、海关总署、国家税务总局《关于文化体制改革试点中支持文化产业发展若干税收政策问题的通知》;五部委制定《关于文化领域引进外资的若干意见》;文化部发布《文化建设"十一五"规划》等,产业政策的不断完善为体育文化创意产业的发展营造了优越的产业发展环境,加大了产业供给。

地方政府层面,以浙江省为例,2017年10月23日,浙江省委、省政府发布《关于加快把文化产业打造成为万亿级产业的意见》,在意见中提出文化体育产业推进计划。推动文化与体育产业深度融合,提升体育产业的文化内涵。支持品牌赛事、体育传媒、运动休闲、体育培训、体育表演、智力体育、体育影视、体育动漫、电子竞技等体育服务业发展。加强对品牌体育赛事文化内涵的深度挖掘,培育一批知名度高、竞争力强的运动品牌。促进体育衍生品创意和设计开发,打造文化体育产业集群。引导建设一批文化体育、智能体育产业园和集聚区,争创一批国家级运动休闲特色小镇。

2.企业产值不断提升,对未来预期呈现良好态势

根据国家统计局的数据,2018 年全国规模以上文化及相关产业企业营业收入增长 8.2%。从大的产业环境看,中国体育产业人口和产值保持增长趋势,预计 2025 年产业人口将达到 5 亿。中国体育产业产出增加值逐年上升,2017 年达到 7811 亿元,增长势头明显。目前,体育产业已形成上游资源生产、中游产业运营与传播和下游产品到达的完整产业链,同时融合新业态形成了新的经济效益增长极。在利好政策的驱动下竞技体育、场馆服务等相关产业积极转型,同时智慧场景的打造也将为体育产业带来新的机遇。

另外,党的十八大以来,中国文创产业发展态势良好,得到国家政策、经济、社会、科技等条件的支持。随着消费升级,以及全民文化意识的提升,文化创意产业总体营收规模不断扩大,供给呈现缺口。根据艾媒咨询的数据显示,中国文化创意产业的发展具有以下趋势:传统文化通过科技呈现更高级的文明,5G 发展为文创产业带来更多机会,基于大数据的文化创作正在普及,区块链文化版权保护发展等。企业的发展前景使得企业对未来的预期持乐观态度,有利于产业供给。

3.全民创新意识强

"大众创业、万众创新"出自 2014 年 9 月夏季达沃斯论坛上李克强总理的讲话。李克强提出,要在 960 万平方公里土地上掀起"大众创业""草根创业"的新浪潮,形成"万众创新""人人创新"的新势态。自此以后,结合"互联网＋"新趋势,众多产业都逐渐融入互联网新思维,体育文化创意产业也不例外。从数据层面看,2018 年中国手机游戏用户规模达到 5.65 亿人、音乐客户端用户规模达到 5.43 亿人、动漫用户规模达到 2.76 亿人,体育文化创意产业的供给正呈现出大众创新的趋势。

网络的发展和互联网的普及不仅催生了许多新的业态,如"网红经济"等,也为体育文化创意产业的发展注入新动力。全民参与、全面创新的氛围正在逐渐形成,许多体育文化创意产业的创意设计采用征集的形式,激发消费者不断创新思路和想法,同时这种参与热情也推动了体育文化创意产业不断发展。体育文化创意产业的产业供给也在逐渐打破企业的边界,不再局限于具体的企业形式,

人人皆有创意,人人皆可创业,在全民创新的大浪潮下,体育文化创意产业的供给端表现出遍地开花的趋势。

3.1.2　体育文化创意产业的需求端分析

1.消费者的收入水平不断提升

国家统计局的数据表明:2018年全国居民人均可支配收入28228元,比上年增长8.7%,扣除价格因素,实际增长6.5%。全国居民人均可支配收入中位数24336元,增长8.6%。全年全国居民人均消费支出19853元,比上年增长8.4%,扣除价格因素,实际增长6.2%。按常住地分,城镇居民人均消费支出26112元,增长6.8%,扣除价格因素,实际增长4.6%;农村居民人均消费支出12124元,增长10.7%,扣除价格因素,实际增长8.4%。全国居民恩格尔系数为28.4%,比上年下降0.9个百分点,其中城镇为27.7%,农村为30.1%。2018年全国居民人均消费支出中,用于教育文化娱乐的占比为11.2%。

回归到地方层面,根据2018年《浙江省国民经济和社会发展统计公报》的数据,2018年全省居民人均可支配收入为45840元,比上年增长9.0%,扣除价格因素增长6.5%。按常住地分,城镇和农村居民人均可支配收入分别为55574和27302元,增长8.4%和9.4%,扣除价格因素分别增长6.0%和7.0%。全省居民人均可支配收入中位数为40085元,比上年增加2747元,增长7.4%。消费方面,全省居民人均生活消费支出29471元,比上年增长8.8%,扣除价格因素增长6.4%。按常住地分,城镇和农村居民人均生活消费支出分别为34598和19707元,增长8.4%和8.9%,扣除价格因素分别增长6.0%和6.6%。从中不难看出,消费者的人均可支配收入在逐年上升,人均消费支出也在不断上升,收入增加刺激的消费需求也在不断提升,消费者有更多的可支配收入用于生活消费的方方面面,对体育文化创意产业的需求也同样在提升。

2.消费者追求高质量的闲暇生活

随着社会经济的发展,人们的收入和生活水平在不断提高,消费需求也必然随之产生变化,主要体现在消费观念和消费方式的变化。消费观念上,人们更加注重生活质量的提升,绿色消费的意识在不断增强,体现了对文化生活等精神层面而非物质层面的追求,同时更加注重身体健康;消费方式上,更加合理化,消费者愿意在丰富精神生活、增强身体素质方面投入更多。伴随着人们收入水平的不断提升和闲暇时间的增加,以及对生活质量的要求越来越高,人们对文化健身的需求日益增强,这也为文化创意产业的发展创造了优越的市场空间。

以浙江省健身活动为例,根据 2018 年浙江省全民健身活动状况大数据的调查结果,2018 年全省经常参加体育锻炼人数比例达到 41.3％,与 2017 年相比,增长 3.2 个百分点,其中杭州最高,达到 44.2％(如图 3-1 所示),运动有利健康的意识大幅传播。浙江老百姓参加体育锻炼的目的前三位是:一是增强体质,占比 30.1％;二是增加体力活动,占比 21.9％;三是丰富业余生活,占比 15％。随年龄增长,增强体质、防病治病的比例增高。由此引发了一波健身热潮,浙江省政府相关部门也先后发布了《浙江省全民健身实施计划(2016—2020 年)》《浙江省体育发展"十三五"规划》等政策文件,我国健身行业的市场规模也有望突破千亿大关,消费者偏好的改变拉动了体育文化创意产业的需求。

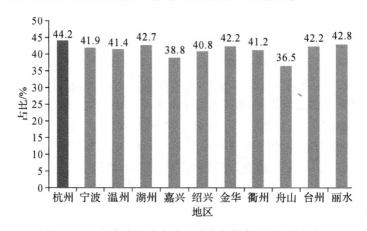

图 3-1　2018 年浙江省各市经常参加体育锻炼人数比例

3.消费者规模不断增加

需求理论表明,消费者规模会对消费者需求产生影响,当消费者的数量增加时,需求随之增加,反之则减少。如前所述,体育文化创意产业的消费者规模在逐年递增,放宽至体育产业,中国体育产业规模呈现不断扩大态势,预计 2025 年将超过 5 万亿元。中国体育消费新兴业态发展迅猛,场馆服务、体育培训、体育赛事总体规模不断扩大,2018 年分别达 1808.3 亿元、564.1 亿元和 2500.0 亿元。

从中国体育产业发展看,不断增长和参加锻炼的人群促使体育消费市场规模稳步增长,到 2020 年中国体育消费市场达到 1.5 万亿元。数据显示,2017 年中国体育用品和相关产品制造总产出占体育产业总产出的 61.4％,超过一半的体育产业产出为体育用品和相关产品制造。2018 年阿里"双十一"体育消费总额达 60 亿元,同比增长 17.6％。以安踏、李宁等中国本土运动品牌营收业绩看,得益于线上线下业务发展,2018 年安踏营业收入达到 241.0 亿元,相较 2017 增长 44.4%;李宁集团电商业务营收占比约为 21.0%,同时虎扑识货、KEEP 等内容电商也逐渐崛起。艾媒北极星互联网产品分析系统数据显示,2019 年 3 月,KEEP App 月活用户数量超过 1500 万人,环比增幅 4.9%;识货 App 月活用户数量超 100 万人,环比增幅 6.3%,中国体育消费新型业态发展迅猛。此外,场馆服务、体育培训、体育赛事总体规模不断扩大,"体育+"工程促进体育与传统旅游、文化产业的跨界融合都开始成为体育消费的新兴发力点。

综上所述,无论是供给端还是需求端,伴随着产业政策环境不断完善、企业产值不断增加和消费者收入水平及消费者规模的不断提升,体育文化创意产业的供给与需求均表现出较好的发展趋势,这也为产业的蓬勃发展奠定了良好的市场基础。

3.2 体育文化创意产业的产品价值链

3.2.1 体育文化创意产业的产品价值链构成

产品价值链分析法最早是由著名经济学家迈克尔·波特提出的"价值链分析法",他把企业内外价值增加的活动分为基本活动和支持性活动(如图 3-2 所示)。其中基本活动涉及产品生产、销售、进向物流、去向物流、售后服务。支持性活动涉及研究与开发、采购、计划、财务、人事等,他们共同构成了企业的价值

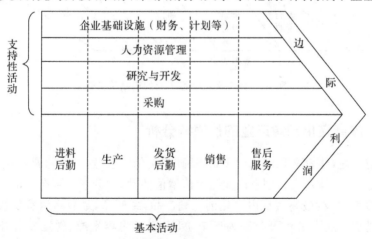

图 3-2 波特价值链模型

链。但在这些价值活动中,并不是每一个环节都会产生价值,只有某几个特定的价值活动才能真正创造价值,这些活动被称为价值链上的"战略环节"。因此,企业要想在市场中保持竞争优势,就是要保持在价值链上"战略环节"的优势。当运用价值链法分析企业的核心竞争力时,企业要密切关注和培养在关键环节上获得核心竞争力,要特别关注企业的资源状态,从而形成企业在市场上的竞争优势地位。企业的优势可以来源于企业间合用价值链或协调带来的最大化效益,也可以来源于价值活动所涉及的市场范围的调整。

但与传统的产业不同,体育文化创意产业更注重文化创意与体育相关的产品生产或服务提供,以知识创造为主,因此企业的生产经营活动始于创意策划而非进料后勤。此外,体育文化创意产业的价值链还有两个突出的有别于传统产品价值链的特点:一是文化创意的设计需要借由高技术的处理和加工才能使其价值得到显著提升,因此研发和设计成为体育文化创意产品生产的基本活动。而保证技术处理和研发顺利进行的前提是具有创新意识和创新能力的人才,因此人力资源不是价值链中的支持活动而是基本要素投入。二是在体育文化创意产业的产品价值链中,除了创意设计占主导地位外,市场营销和产品推广会对产品价值链的增值过程起到关键性作用,这也是由体育文化创意产业高附加值的特点所决定的(如图 3-3 所示)。

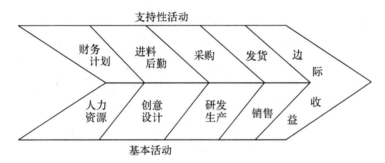

图 3-3　体育文化创意产业的产品价值链

3.2.2　体育文化创意产业的价值链分析

如前所述,体育文化创意产业始终围绕"文化创意"这个主题展开,结合其产品价值链特点,体育文化创意产业的价值增值活动以"创意—生产—市场"(习哲馨,2016)为主线,最终实现由文化创意到产品,到商品,最后到消费品及衍生品的演化过程。这个过程可分解为五个阶段:创意内容生成、创意投资开发与生产、创意推广与销售、创意消费与体验、衍生品开发这五个阶段。

　　创意内容生成是体育文化创意产品的生产前提，在该阶段主要依靠创意者的灵感和智慧来塑造产品的核心价值，因此作为知识经济的产业，人才是体育文化创意产业的首要资源。广义的创意人才包括艺术家、音乐家、建筑师、科学家、演员、设计师、文学家、画家及其他知识型专业人士，对体育文化创意产业而言，创意人才主要有设计师、画家、建筑师及广大富有创新思维和创新内容的产品消费者，他们为体育文化创意产品的设计贡献了许多宝贵的创新思路。

　　在创意投资与开发阶段，主要的参与主体是生产商，通过对前期创意内容及创意作品的筛选，借由高科技手段和现代化管理方法对创意产品进行制作生产，是将创意内容转化为市场化实体产品的重要环节。这一阶段是体育文化创意产业的产业化初期阶段，在这一阶段，零散的创意通过实物体现，进入产业化、规模化的生产通道。同时，不同类型的企业在这一价值增值过程中履行的职能各不相同，可以将企业分为辅助服务类企业和生产类企业。

　　到了创意推广与销售阶段，产品价值需要通过运营商这一参与主体来进行宣传与增值，运营商通过有计划的营销和传播活动，将体育文化创意产品打开市场，使得消费者知道并了解产品特点和内在价值，这是创意内容市场化的第二步，运营商通过挖掘产品特点，宣传产品属性，满足消费者现有需求或挖掘消费者潜在需求，引导、培育消费者群体，使产品中蕴含的文化内涵、体育内涵和文化理念为消费者所接受并产生购买意愿。这一阶段所涉及的企业主要有销售商、媒体运营商和贸易商等。

　　在创意消费与体验阶段，参与主体变为消费者。营销的过程就是满足消费者需求或挖掘消费者潜在需求并使之得到满足，因此消费者是整个产业价值链存在的前提。在体育文化创意产业的市场上，消费者借由产品或服务表达自我价值观念、实现自我价值、满足精神需求，这是整个市场的基础。同时，消费者体验是产品改进的动力和方向，体验信息也在市场上得以传播，传递了产品的内在创意和思想，进而形成新的社会潮流，使体育文化创意产品可以进一步实现价值增值。在当下的许多新兴业态中，消费者的创意或观念甚至成为产品灵感来源，消费者变身为创意活动的主体。

　　衍生品开发阶段是产品价值链的扩展和延伸，体育文化创意产品在原有的生产创造销售基础上进入一个新的循环。价值创造过程中价值链越长，所产生的价值就越大。衍生品的开发加速了产品价值链的扩张，实现由点到面的蜕变，而且衍生品往往也是高附加值产品，进而实现了体育文化创意产品的价值最大化。

　　体育文化创意产品的价值在各个产业链上的各环节之间进行传递和增值，最终呈现给消费者产品或服务的形式。价值链上创意内容是首要，是整个产品的灵魂，生产制作使灵感创意市场化、实体化，销售与推广则是宣传解说产品价值的过程,消费者体验最终使产品价值得以实现,同时也成为产品改进的方向来源,衍生品开发则帮助体育文化创意产品进入一个新的循环,也是扩大内在价值的过程。

3.3 体育文化创意产业的外在表现力和内在支撑力分析

要探讨体育文化创意产业的市场竞争力,除了分析它的供给与需求、产品价值链外,还需要探讨体育文化创意产业的外在表现力和内在支撑力。结合体育文化创意产业的特点,外在表现力主要分析市场影响能力、价值创造能力和产业提升能力,内在支撑力主要是分析信息技术、人力资源及企业文化。

3.3.1 体育文化创意产业的外在表现力分析

1.体育文化创意产业的市场影响能力

体育文化创意产业尽管不是金融业等国民经济的支柱产业,但因其产业特性发挥了部分社会文化传导功能。体育文化创意产业的市场影响能力主要表现在两方面:一方面,其受产业政策的影响较大。体育文化创意产业在一定程度上揭示地区产业政策倾向,若公共管理部门对其倾注精力较多,结合该地区的体育文化背景,则能得到较好的发展,对居民生活和市场影响较大。另一方面,体育文化创意产业同其他产业关联较大,因此有着牵一发而动全身的市场影响能力。一个地区的体育文化创意产业若发展较好,则其关联产业也能被相应带动起来,从而产生产业间的联动效应。

以体育赛事为例,一场大型体育赛事的举办同时能带动新闻业、制造业、广告业、会展业等的发展。随着我国举办各种大型体育赛事能力的提高,体育文化创意产业作为体育产业新的增长点也呈现出良好的发展态势。浙江黄龙体育中心是一个集健身娱乐、体育比赛、餐饮住宿、文艺表演、购物展览和商务办公于一体的多功能场所,是目前浙江省功能最全、规模最大的现代化体育设施,也已成为浙江省和杭州市标志性建筑之一,体育馆则以独特的建筑形态,充分表现其意境。黄龙体育中心地理位置优越,四周环境独特,景色宜人,交通便利,生活方便,与浙江大学、浙江图书馆、浙江世贸中心同处一个区域之中,杭州旅游集散中心亦设立于此,是杭城得天独厚的体育、文化、商贸、旅游等交汇之地,处在黄龙商务圈之中。此外,黄龙体育中心历来是浙江省举办国内外大型高端体育赛事的主要场馆。近年来主要承办了 FIFA 2007 年中国女足世界杯、2008 年亚足联亚洲杯预选赛、FIBA 2008 年斯坦科维奇洲际篮球杯赛、FIVB 2008 世界男排联赛以及中超联赛等一系列重大赛事。随着黄龙体育中心的逐步完善,其周边发展起来的休闲娱乐、购物展览等也逐渐火热起来,带动了整个黄龙商务圈的经济发展。

2.体育文化创意产业的价值创造能力

体育文化创意产业的价值创造能力不仅仅体现在发挥产业价值和经济价值方面,总的来说,它的价值创造能力表现在政治、体育、经济和科技四个方面。在政治方面,一个地区体育文化创意产业的发展往往决定着文化"软实力"的高低,如北京在成功举办奥运会后其政治影响力在国际舞台上有了很大提升。在体育方面,体育文化创意产业与体育产业息息相关,其产业发展和价值创造既受体育产业的影响,同时作为后起之秀也在影响和改变着地区的体育发展,使体育更加大众化、多元化和亲民化,为体育和体育产业赋予了更丰富的内涵。在经济方面,作为一个新兴绿色产业,其所创造的经济价值是不容忽视的,同时体育文化创意产业以其超强的辐射能力带动关联产业的发展,为中国经济市场的可持续发展贡献了力量。在科技方面,体育文化创意产业离不开创意,而将创意产业化和市场化就需要科技的支持,这也在一定程度上催生了科技的发展。

浙江省2019年《政府工作报告》中提出了加快建设杭州—宁波—温州国家自主创新示范区,提升高新区,打造科技城,联动推进杭州城西科创大走廊和钱塘江金融港湾建设,培育宁波甬江科创大走廊的战略。省委副书记、市委书记郑栅洁三次强调,文创港是甬江科创大走廊的重要组成部分,对于提升城市形象品质、完善中心城区功能、集聚高端创意人才、带动产业转型升级都有重大意义。近年来,"文化+"成为产业创新的一股新潮流,宁波文化港作为昔日宁波传统支柱产业的聚集地,是20世纪曾经辉煌的港铁联运的发源地,借助文化元素包装,重新策划产品,使之产生与一般的商业品牌不同的效益。宁波文创港尚在开发,万景文旅结合文旅案例为宁波文创港万景文旅服务客户寻求商业合作。相信文创港建成后将同步带动宁波地区的政治、体育、经济和科技的发展。

3.体育文化创意产业的产业提升能力

体育文化创意产业的产业提升能力主要表现在提升产业基础能力和产业链水平两个方面。首先,产业基础能力是指基础零部件、基础材料、基础工艺、基础技术。中国社会科学院工业经济研究所研究员李晓华认为,产业基础能力是在价值链和产业链上游对产业发展具有决定性影响和控制力的能力。作为新兴环保产业,体育文化创意产业对基础零部件、基础材料、基础工艺和基础技术要求相比其他制造业企业要低,看似其对产业基础能力的提升作用不大,但作为极富创意的产业,将创意或者想法理论化或市场化就需要基础工艺、技术和材料等的支撑,这从一定程度上间接提升了产业基础能力。其次,体育文化创意产业的产业链水平的提升作用主要表现在体育文化创意产业极强的产业集聚和产业关联效应,因其产业特性同文化产业、创意产业等存在着密不可分的关系,对提升上下游关联产业发挥着较好的带动作用,从而推动了产业链水平的提升。

3.3.2 体育文化创意产业的内在支撑力分析

随着互联网技术的发展,体育文化创意产业开始进入人们的视野并得到充分发展,全球体育文化创意产业蜂拥而起,中国尽管起步稍晚,但近几年在相关部门的扶持下发展前景一片大好。从体育文化创意产业的内在支撑力看,信息技术、人力资源和企业文化都在影响着体育文化创意产业的发展。

1.体育文化创意产业的信息技术分析

从发展因素入手,信息技术对体育文化创意产业的推动作用是巨大的。体育文化创意产业中的创意部分是对传统文化的再创造,一方面,调整了传统体育文化产业的发展方向,促进经济增长的同时优化产业结构;另一方面,信息技术的融入增加了传统体育文化产业的文化附加值。同时,体育文化创意产业对信息技术的要求也是较高的,很多创意因素都需要信息技术或互联网技术做支撑,互联网技术的发展和网络的普及为体育文化创意产业创造了得天独厚的传播条件。

以北京奥运会的主会场中国国家体育场(鸟巢)为例,鸟巢坐落于奥林匹克公园建筑群的中央位置,地势略微隆起。它如同巨大的容器,高低起伏的波动的基座缓和了容器的体量,而且给了它戏剧化的弧形外观。这些构造共同汇聚成网格状,从而形成一个由树编织成的鸟巢。鸟巢在设计时并没有被数码屏幕和过于强调技术的大跨度结构所束缚,同时又能满足体育场所有的技术要求和功能要求。这样的设计为北京奥运会创造了史无前例又独一无二的标志性建筑,场馆的空间效果简洁古朴,同时又独具创意。国家体育场设计大纲对体育场馆设计的要求是:"国家体育场的设计应充分考虑以信息技术为代表的,包括新材料和环保等技术的高新技术。在节能、智能化、建材、环保、通信、建筑、结构、信息和景观环境等方面,通过采用先进的、可靠的、成熟的高新技术成果,将国家体育场建设成为一个具有信息服务的通信手段、坚实可靠的安全保障、以人为本先进舒适的比赛环境特点的新型场馆。在设计中体现奥运场馆的科技先进性和时代性,使其成为展示中国高新技术成果和创新实力的一个窗口。"

2.体育文化创意产业的人力资源分析

依托于信息技术,体育文化创意产业的发展有了更好的传播途径和市场化技术,但创意始终离不开人才,因此人力资源也是体育文化创意产业发展的关键内在支撑力之一。总体来看,体育文化创意产业对人力资源的需求主要体现在管理人才和创意人才方面,纵观各区域体育文化创意产业的发展现状,人才缺口是共性发展劣势。一方面,各大高校和科研院所对体育文化创意人才的输出不足,鲜有高校有对口专业,这从源头上限制了体育文化创意产业的人力资源发展;另一方面,体育文化创意产业在国内尚处于成长阶段,人才配备、资源配置等都有待完善,管理人才所具备的管理经验不足,难以结合各地区个性特征开展管理工作。此外,人才引进工作较难开展,因我国各地区经济发展水平差异较大,尽管都出台了相应的人才引进政策,但效果不尽如人意,制约了当地体育文化创意产业的发展。

近年来,宁波的人才引进工作取得一定成效,在引进人才、留住人才方面可谓大动作、大手笔不断。比如对顶级创业创新项目最高资助1亿元、谋划了甬江科创大走廊等一批创业创新平台等,都旨在吸引人才、帮助人才成长。2019年4月20日,"谷雨"时节,宁波市举办人才日活动,面向青年人才发布了人才新政、启动了青年人才社区和青年驿站。2019年宁波市最新人才政策出炉,其中,高层次人才不仅发放15万~800万元的安家补助,对于自引进之日起3年内,在宁波首次购买家庭唯一住房的各类人才,还给予购房总额20%,最高20万~60万元的购房补贴。宁波市此次发布的人才新政,涉及高层次人才、基础人才、应届毕业生和硕士研究生、青年精英人才和青年留学归国人才。新政的主要内容是安家补助和购房补贴。2018年,宁波人才净流入率达10.1%,居全国第二位,其中,九成人才去了民营企业。

3.体育文化创意产业的企业文化分析

相比于信息技术和人力资源,作为体育文化创意产业的内在支撑力,企业文化所发挥的支撑作用看似不明显,但不难发现体育文化创意产业因其产业特性,在企业文化内涵上具有一些共性的特点。首先,体育文化创意产业核心在于创意,而创意人才或创意想法的诞生需要一个开放包容的文化环境作为外部条件,因此体育文化创意企业的企业文化离不开开放包容。其次,由于体育文化创意产业同时兼具公共产业的色彩,许多体育文化创意项目的牵头和举办都是由政府部门主导,因此它同时又有其他纯市场化产业所不具备的政治性。再者,随着国家"市场在资源配置中起决定性作用"的号召,体育文化创意产业也逐渐呈现出政企合作的模式,因此合作也是体育文化创意产业的企业文化内涵之一。

以鸟巢的建造为例,以前的体育场馆建设都是社会公益项目,大多由政府投资,主管部门经营,当出现财务亏损时由政府予以补贴,导致许多体育场馆在建成后成为政府财政的"拖累"。北京决定改头换面,面对史无前例的最大规模体育场馆建设,在参考国外先进经验的基础上,以市场经济的思维方式,积极探索"政府引导、市场化运作"模式,加快机制和体制创新。同时,为吸引投资商,除国资公司代表政府投资 58% 外,北京在拆迁、土地转让等方面给予大幅度优惠措施,以解决投资商对国家体育场投资额度大、赛后运营成本高的担忧。

最后,伴随着"大众创业、万众创新"的全民创新浪潮的兴起,体育文化创意产业得到了较好的发展,"人人皆有创意,人人皆可创新"极大程度地助推了体育文化创意产业的蓬勃发展,因此大众化和创新也是体育文化创意产业或企业具备的企业文化内涵。

3.4　体育文化创意产业的市场结构与竞争力

3.4.1　体育文化创意产业的市场结构分析

所谓市场结构,是指某一市场中各种要素之间的内在联系及其特征,包括需求者之间、市场供给者之间、供给和需求者之间以及市场上现有的需求者、供给者、正在进入该市场的供给者之间的关系。根据产业经济学的研究理论,市场结构分析主要围绕市场集中度、进入退出壁垒、产品差异化、市场需求增长四个方面进行。

1.市场集中度过高,产业结构不合理

市场集中度是指特定市场中最大的企业所占的销售份额。纵观我国体育文化创意产业的地域分布,不难发现,我国的体育文化创意产业存在东部和沿海地区蓬勃发展而中西部地区发展缓慢的现象,呈现出由东到西逐渐减弱的趋势。从产业结构看,体育文化创意产业中的某几个产业在某些地区发展势头迅猛,而其他相关产业发展则较为滞后。从空间结构分布上看,体育文化创意产业主要集中在省会或中心城市,表现出由中心向周边城市扩散的特点。究其原因,主要有三点:第一,我国的经济发展历来呈现出东强西弱的局面,东部沿海地区借由地域优势和交通便利及很多历史因素一直是经济大省或经济大市,经济的发达必然意味着人均可支配收入处于较高水平,消费者有更多的收入投入文化体育方面;第二,经济发达地区人才也较为集中,而体育文化创意产业离不开创意人才,这也使得东部地区有经济实力和人才资源的双重加持,产业得以具备良好的发展环境;第三,自改革开放以来我国经济发展就有先富带动后富的特点,大的

省会城市、中心城市具备较好的资源可以发展,体育文化创意产业又属于第三产业,需要一定的经济基础,因此才会呈现出由中心辐射周边的现象。以北京奥运会为例,奥运会不仅带动了北京市的体育文化创意产业的发展,同时其影响力也逐渐辐射到周边地区乃至周边省(区、市)。

2. 进入退出壁垒较高

进入壁垒(Barriers to Entry)是指某个产业内现有企业对刚刚进入的新企业和想要进入的企业而言所具备的某种优势的程度。也就是说,新企业和想要进入的企业与产业内现有企业竞争时面临的种种劣势。进入壁垒是现实进入者和潜在进入者首先需要克服的困难,同时在某种程度上保护了产业内企业。退出壁垒(Barriers to Exit),也叫退出障碍,是指企业在退出某个行业时所遇到的困难和要付出的代价。当出现企业业绩不佳、市场前景不好时,产业内现有企业想退出该产业,但迫于各种因素阻拦,企业资源无法顺利转移。退出壁垒分为向其他产业转移时的退出(主动或自觉)和破产时的退出(被动或强制)两种。首先,体育文化创意产业的进入退出壁垒均较高,进入壁垒方面,体育文化创意产业的资金门槛较高,一个大型体育场馆的建成或大型体育赛事的举办都需要政府或企业具备一定的资金实力,且项目的投入到产出存在一定时间间隔,规模不足的企业可能无法满足资金链需求;其次,获取项目资源的门槛较高,以北京奥运会为例,申奥成功是几代人的付出和努力,且很多项目大多是政府投资或招标生产,一般和运营能力强、行业经验丰富的大企业合作;再者,品牌壁垒较高,体育文化创意产业的兴起都将带起一阵文化浪潮,而这很难复制和模仿,因为各个地区经济发展、文化特色不尽相同。从退出壁垒看,由于前期投入较大,因此企业或政府选择退出时所付出的沉没成本较高,很多资源难以顺利转移。

3. 产品差异化越来越大

产品差异化是指企业在为客户提供产品时,通过各种产品设计或服务引起客户偏好的特殊性,使客户能够将它与市场上现有同类产品进行有效区分,从而使企业在市场竞争中占据优势地位。我国的体育文化创意产业的产品呈现出较大差异化的特点,这也是由市场集中度决定的。从地缘因素看,每个地区的体育文化创意产业具备各自的地区特色,产品之间差异化较大且难以复制和模仿;从产品因素看,体育文化创意产品的核心在文化创意,而创意是人的思想智慧的结晶,具有不可替代性,创意人才也具有不可复制性,因此产品与产品之间差异化较大;从品牌看,体育文化创意产业的品牌效应较强,一些好的体育文创品牌在形成品牌效应后,经过经营管理不断发展壮大自己的品牌,而品牌价值和品牌理念也逐渐深入人心,形成独有的品牌特色被消费者认可和接受;最后,体育文化创意产业除了提供产品外还有一部分是提供服务,而服务带来的用户体验因人而异,因而提供的服务差异化也越来越大。

4.市场需求逐步增加

市场需求分为消费需求和投资需求两个方面,投资需求是一定时期内全社会形成的固定资产投资和存货增加额之和,消费需求是指消费者对以劳务或商品形式存在的消费品的欲望和需求的满足。在市场经济中,消费需求的满足离不开市场交换,生活资料和生产资料都是商品,随着社会生产力不断发展,企业向市场提供的产品或服务质量越来越好,数量越来越多,消费者的消费需求进一步被满足。消费需求方面,如前文所述,当前体育文化创意产业作为一个新兴产业,在国家产业政策的大力支持下前景一片大好,无论是供给端还是需求端都表现良好,市场规模在逐步扩大且存在较大的发展空间,需求端也因消费者人均可支配收入和人均消费的逐年递增和国家消费升级的引导而呈现出较大的需求缺口,消费者消费观念和方式的转变推动了产业的进一步发展,因此市场需求在逐步增加。市场投资需求方面,政府是体育文化创意产业的主要投资者,伴随着国家政策的引导和扶持,政府也在致力于打造具有良好社会效应的项目或产品,以提升城市软实力,申办各项大型赛事就是如此。此外还有部分企业和个人也是体育文化创意产业的投资主体,在大众创业、万众创新的号召下,体育文创也表现出新的活力。总体来看,消费需求和投资需求都在逐步增加。

3.4.2 体育文化创意产业的竞争力分析

竞争力分析是指企业在市场竞争中,通过获取外部资源,并加以综合利用,培育自身能力和资源,从而在实现自身价值的同时为消费者创造价值。在竞争性市场中,当一个企业能够比其他企业更有效地为市场提供商品和劳务时,企业就能够获得声望和经济效益。竞争力分析更多的是以企业为研究对象,研究方法中以SWOT分析最为常见。所谓SWOT分析,即基于内外部竞争条件和竞争环境的态势分析,就是通过调查列举,分析企业所处环境的外部机会威胁、企业自身的优势和劣势等,将结果以矩阵形式排列,最后以系统分析思想,对各种因素进行匹配分析,从而得出决策结论。因此本小节将以浙江省为研究对象,探讨浙江省发展体育文化创意产业所具备的优势、劣势、机会和威胁。

1.优势(Strengths)

浙江省既是经济大省,也是经济强省,发展体育文化创意产业有着天然的资源优势和区域优势。经济优势上,浙江省相关部门近几年在大力部署体育文化创意产业,在冰雪、汽摩赛车、击剑等老百姓接触不多的项目上都出现了非常丰富的体育产品,大大提升了老百姓参加健身休闲活动的热情。省会杭州无论是经济实力还是城市综合软实力在全国都名列前茅,2018 年 2 月杭州首个体育文化创意园落地于杭州上城区南落马营 9 号。这个占地 3 万多平方米的大型体育公园——南落马营体育文化公园已经成为秋涛路沿线的一道风景,公园有篮球、足球、橄榄球、真人 CS、舞蹈等运动项目,老仓库、老铁轨、集装箱等设施,整个体育公园工业风十足。资源优势上,浙江省的体育文化底蕴深厚,许多大型体育赛事都在浙江举办,宁波北仑还是中国女排的训练基地。截至 2018 年底,全省共拥有国家体育产业基地 12 个,各类省级及以上体育小镇 14 个,参加中国顶级职业联赛俱乐部 19 家,A 股上市体育企业 4 家,均位居全国前列。拥有全国唯一的国家级运动休闲示范区(杭州富阳区)和首个社会力量办体育试点城市(温州市)。在致力打造品牌体育赛事方面,已经发布的《浙江省重点培育品牌体育赛事名录库(2018)》,共有 60 个赛事入库。同时积极引进国际重大体育赛事长期落户浙江,支持各办好国际排联女排世俱杯赛、国际排联新联赛(北仑站)等赛事,支持浙江广厦、浙江绿城等职业体育俱乐部做大做强。在 2017—2018 年赛季 CBA 总决赛中,浙江广厦获得亚军,创球队历史最好成绩。

2. 劣势(Weaknesses)

尽管浙江省发展体育文化创意产业有很大优势,但同样也面临着未形成集群效应、整体发展不均衡和创意人才缺失的问题。尽管个别城市表现突出,但纵观全省,还是存在发展不均衡的局面,产业集群尚未形成。体育文化创意产业要想持久发展,就要建立起完善的体育文化创意链条,形成集群效应,才能实现 1+1>2 的效果,但成功的体育文化创意产业园区或大型赛事的举办都有其独特的地缘优势和个性特征,省内各个地级市在经济实力、文史资源等方面差距较大,难以复制和模仿,因此集群效应难以形成。此外,产业链条还不完善,整个产业链上只有一个或几个环节经济效应和社会效应较好,其他配套产业尚不能同步跟进。创意人才上,中国大多地区普遍存在创意人才输出不足的现象,浙江尽管坐拥好几所全国重点高校,但当前从事体育文化创意产业的人员大多从体育院校毕业,知识体系较为单一,而体育文化创意产业所需的是综合性复合人才,对人的整体综合素质要求较高,游戏设计开发、影视制作、动漫设计等专业技术型人才和广告传媒、会展营销、出版发行、经纪中介等经营管理性人才存在较大缺口,毕业生的实际创新能力有待考量,难以满足产业发展需求。

3.机会(Opportunities)

无论是国家对体育文化创意产业的扶持还是浙江省对体育产业的重视,当前浙江省的体育文化创意产业都处于重要的战略发展机遇期。国家体育总局、国家发展改革委员会发布的《进一步促进体育消费的行动计划(2019—2020年)》(以下简称《计划》)中提出,2020年,全国体育消费总规模将达1.5万亿元,人均体育消费支出占消费总支出的比重显著上升,体育消费结构更为合理。目前的机遇主要有国家政策导向支持、双创战略的实行以及互联网浪潮的兴起。体育文化创意产业是朝阳产业,浙江省不遗余力打造体育强省,民办体育活跃,体育需求旺盛,跨界融合加速,各业态全面发展,体育用品制造业集聚提升,运动休闲与海洋体育产业特色突出。"十三五"时期产业发展,浙江提出了创新体制机制、培育壮大市场主体、优化产业结构布局、增加体育服务供给、激发体育消费潜力、构建"四区五带十群"的体育产业总体布局、打造"国际运动休闲目的地"品牌等未来产业发展举措。双创战略和"互联网+"浪潮的兴起,不仅激发了一大批创业企业和创业者的热情,同时也掀起了全民创新的热潮,"互联网+"时代下人人都是自媒体,都可以成为"网红",这也为体育文化创意产业的融合发展带来新的发展机会。

4.威胁(Threats)

浙江作为经济强省,在发展体育文化创意产业上与周边地区相比还是存在差距。杭州与上海相隔不远,但上海既是金融中心,也是许多大型赛事和重要会议的举办地。2010年世博会的举办让上海成为全球的焦点,更加吸引了外商对体育文化创意产业的投资和创意人才的涌入。再看邻省江苏,省会南京作为六朝古都历来文化底蕴深厚,发展体育文化创意产业有着天然的文史资源优势,苏州近几年无论是经济发展还是城市建设发展势头强劲,文化建设也是有声有色。浙江省整体发展和江苏省还是存在差距,在发展体育文化创意产业方面,无论是资源优势还是地域优势都存在一定威胁。

3.5 杭州黄龙体育文化创意园价值链分析

3.5.1 黄龙体育文化创意园价值链整体情况

文化产业集聚园的核心是产业集聚,以企业总部为中心,完善产业链的产业集聚。黄龙体育文化创意园通过形成不同类产业的交易基地,完善上下游企业配套设施,使得相关产业的收入达到最大规模,借助先进的行业技术水平,拉动当地其他产业共同发展。此外,通过核心企业的入驻,加强对原创产品和自主知识产权产品的开发,提升创意园的品牌形象和影响力。

根据集健身休闲、电子竞技、体育培训、体育艺术品、体育赛事、演出娱乐等融合的定位,黄龙体育文化创意园要想获得可持续发展,除了依托杭州的地缘优势和文化积淀外,采取产业链方式是其不二选择,利用文化资源的持续投入,开发创造内容深度,扩大产品的市场价值,增强相关产业的市场附加值。通过实行内在产业链、协同产业链、整合产业链互为补充的形式,集中进行体育文化创意产品的研发、展示、销售、保险、服务等一系列环节。

1.内在产业链

也称纵向产业链。多种产业共享一种产业资源,延伸产业链价值。比如以体育人物故事为线索或创意,创作小说、漫画、影视节目、动画游戏等,不仅有产品销售,同时通过授权媒体播出,其中的肖像和形象授权其他产业使用,开发衍生产业。

2.协同产业链

也称横向产业链。依托某一细分行业或者体育赛事,增加相关行业的市场收入。比如黄龙体育中心举办绿城主场比赛,除了门票收入以外,还会大大提升体育场周边的餐饮、相关体育产品、纪念品等的销售。

3.整合产业链

也称配套产业链。指的是通过某一个项目或产品的开发运行,整合优化与此相关的人才、资本、配套等要素,使得优势资源形成集聚效应,减少项目开发中的协调、沟通等成本,实现 $1+1>2$ 的增值。

3.5.2　黄龙体育文化创意园的运行

1.以市场为导向的创新

创意是体育文化创意产业发展的源泉。但没有价值的创意始终无法发挥其经济效益,而检验创意是否具有价值很重要的方法就是市场需求。因此,黄龙体育文化创意园要以市场为导向,时刻关注消费者的时变需求,了解用户真实想法,甚至让用户参与到前端的创新中来,以产业集聚、资源整合的优势将创意转化为商品。

2.以体育赛事文化为核心的创新

在如今互联网快速发展的社会,文化已经不单单是几句口号,其自身所具有的意识形态属性和产业商品属性决定了其巨大的挖掘空间。黄龙体育中心本身就以举办大型体育赛事著称,因此黄龙体育文化创意园应该以此为切入点,提炼体育赛事的文化内涵,找到其内在强大的人文活力、人文气息、人文精神,把体育赛事的举办和城市形象提升相关联,找到赛事文化的经济效益和社会效益的结合点,以赛事文化为媒介,强化市民的健康生活理念、行为观念,并以此提升城市文化内涵。以赛事文化提升城市形象,以城市魅力吸纳赛事举办,形成相互促进的螺旋上升关系,在建构巨大的城市合力的过程中逐渐形成城市的文化核心竞争力和软实力。

3.5.3 黄龙体育文化创意园的发展

1.建立集群产业链

体育文化创意产业是集体育、文化、创意、技术等于一体的众多要素的融合,单一的某一资源无法形成合力,所输出的产业价值非常有限。因此黄龙体育文化创意产业园要借助杭州的人才、资本、土地、政策等优势,积极整合优势条件,形成相互依赖、相互作用的集群产业链,为新思想、新内容、新产品的开发创造基础。

2.进行全产业链整合

从源头到最终消费端,从供给链到需求链,黄龙体育文化创意园要打造全产业链整合模式。以产品研发为开端,到产品制造,到产品销售等,从供应商到制造商,到销售商,形成产品到用户的网链结构,实现信息流、物流、资金流的有效运行。通过专业化的管理,加强各环节之间的沟通和交流,形成耦合效应,以市场来检验体育文化创意产品的价值,以产品来满足消费者的体育消费需求,增强产业链绩效,扩大对外竞争优势。

3.6 2008年北京奥运会福娃产品价值链

2008年北京奥林匹克运动会是体育文化创意产业的代表和典范。从鸟巢、水立方等奥运场馆的设计与建设到开闭幕式的精彩呈现,从绿色奥运、科技奥运、人文奥运的三大理念到福娃的横空出世,无处不体现着体育文化创意之光。

　　福娃是北京奥运会的吉祥物,创意来自奥林匹克五环和中国元素的完美融合,从形象到名字,无不体现着中华文化。其独创的知识产权和巨大的市场发展空间,为其带来了广阔的价值属性。在北京奥组委授权的全国各地的6300多家特许商品零售店里,和福娃相关的玩具、服饰、文具、纪念章等商品深受人们喜爱。其带来的经济价值更是奥运会收入的重要组成部分。其从创意征集到产品销售,各个环节都很好体现了体育文化创意的方方面面(如图3-4所示)。

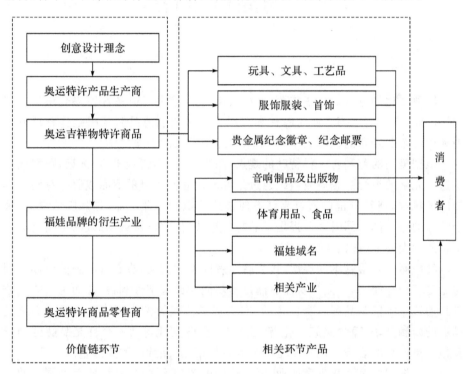

图 3-4　北京奥运会文化创意——福娃经济产品价值链

资料来源:周薇.我国体育文化创意产业发展问题研究[D].沈阳:沈阳体育学院,2010.

　　在人文价值方面,福娃不仅仅是一个公仔形象,其更代表了深远的中华文化和广泛的奥林匹克精神。对中国传统文化中的"福"文化进行了深入挖掘,在现代审美的基础上和吉祥物进行了淋漓尽致的结合,以时尚感的载体展现了传统艺术的魅力,让中国的民族文化更好地走出去,更好地向世界传播中国形象和中国故事。

第四章 体育文化创意产业的品牌战略

体育文化创意产业是集体育产业、文化产业、创意产业等相互融合渗透的综合性产业，具有高度的产业跨越性和关联性。文化创意品牌战略是体育产业发展和相应企业经营的核心竞争力，是未来蓬勃发展的力量之源。

根据美国的菲利普·科特勒的观点，品牌是一个名称、术语、标记、图案或者是这些元素的组合。企业或组织通过品牌的建立使自身的商品或服务有别于其他同类机构，消费者也能通过品牌方便快速地识别企业产品，是品牌形象、品牌个性等的综合体。同时他还提出了品牌要想获得持久、深远、有效的影响所必须具备的六大要素（如图 4-1 所示）。

其中属性是最基本的层次，代表着品牌的本质含义，决定着品牌的内涵。利益是对于顾客而言，产品本身能够满足其功能性或情感性利益，进而主动购买或参与消费。价值是品牌本身包含的、向消费者传递的价值观或消费观。文化是品牌的内涵升华，蕴含民族文化、产业文化、企业文化等等。个性是品牌区别于其他同类产品的表现。用户则是品牌的目标市场，品牌的购买力量。

本书根据体育文化创意产业的实际情况，在菲利普·科特勒六大层次的基础上融入创意元素，提出体育文化创意品牌各要素之间的相互关系以及可持续发展的现实要求（如图 4-2 所示）。创意的本质属性决定了其自身价值，也是产业本身的核心所在，是品牌建立和发展的根基。其中文化和个性是两者的内在要求，品牌必须保有产业、企业、地区等等的文化意义和独特之处，而文化和个性的确定离不开创意的支撑。进而创意品牌转化为一定的经济效益和社会效益，满足相应细分市场用户的实际需求。此外，用户本身的需要以及观点又能够反向作用于品牌的文化和个性，从而让品牌自身的发展更加贴近市场。

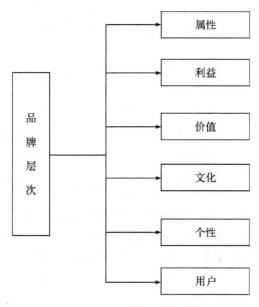

图 4-1 品牌的六大层次

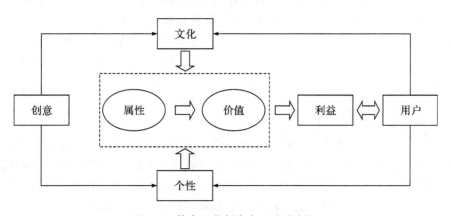

图 4-2 体育文化创意产业品牌内涵

4.1 体育文化创意产业的品牌吸引力

通过不同层次的组合和提升,品牌吸引力被张幸(2017)看作是吸引消费者购买产品,使用产品以及享受产品所提供服务的一种具有磁性的力量。它可以向外发出具有磁性的强大频率,吸引身处同一频率的消费者,使两者相互共振,达成交易。品牌以消费者为导向,让消费者主动地认知并形成购买。

吸引力的着力点和核心就在于企业或组织对消费者内在需求的把握,以及品牌是否能让消费者产生消费习惯,双方的价值追求是否一致,从而发挥品牌的影响力。两者契合程度越高,则品牌对消费者的吸引力越大。除了内部的一致性以外,外部的独特性也是品牌吸引力的重要一面,能在市场竞争中增加消费者的识别,增强亲近度和好感度。两者是品牌区别于其他品牌的有力武器。所以,在某种程度上,品牌吸引力也是对品牌本身的一种评价,吸引力大小,代表着该品牌被消费者认可或接受的程度。所以认知、理解、信任、偏好、购买行为、重复购买这一系列环节就是品牌吸引力不断提升的过程。

根据 TNS 的研究,品牌吸引力的来源主要有八个:专业诀窍(Know-how)、动力(Momentum)、差异化(Differentiation)、情感(Emotion)、象征含义(Symbolism)、需求联结性(Nexus)、接触渠道一致性(Alignment)和品牌整体性(Unity)。通过这些动力源可以帮助企业更好建立品牌 IQ,形成品牌优势。

4.1.1 品牌吸引力的构成

了解品牌吸引力的构成可以帮助品牌企业或组织更好、更有针对性地采取措施,找到差距,提升品牌形象和忠诚度,感知消费者的真实心理和需求。品牌吸引力的构成主要分为六个方面:对于品牌的认知、总体评价与综合评价、对品牌的价值判断、满意度、稳定性消费习惯、向其他人推崇与介绍(江敏华、郑亚苏,2008)。

1.品牌的认知

对品牌的认知是了解品牌的基础。想要获得消费者的品牌忠诚,就要使消费者对品牌有全面的认知和感受。体育文化创意产业很多品牌无法让观众或消费者产生购买行为,在很大程度上也是由于人们对于该品牌的认知不够,而认知不足的原因可能是品牌营销的缺失。比如体育特色小镇,相对于一些其他游乐型景区或乐园,像方特、宋城等,可能大部分浙江人根本不知道这些小镇的位置和项目内容,消费自然也就无法形成。

2.总体评价与综合评价

消费行为的产生很大部分来自消费心理,而对品牌的评价是影响消费心理很重要的一个方面。从品牌的外观形象到品牌产品或服务的整体质量,包括品牌的价值、消费者需要的满足程度,甚至与其他同类品牌的比较优势,都会成为评价的指标。因此体育文化创意产生之前,就要与观众或消费者沟通,了解他们的真实想法和需求,以顾客或需求为导向的创意所形成的产品才能具备吸引力,获得市场影响力,从而转化为经济收入。

3.品牌的价值判断

品牌产品或服务的价格必须与其自身价值相匹配,过高或过低都会影响购买行为的发生。消费者的判断虽然有时会有些主观,并且个性化需求也各有差异,会根据自己的标准进行对比判别,但品牌本身的价值还是根基。如果品牌具有无可比拟的价值优势,与消费者的价值观也能够很好地契合,价格只要在合理的区间上下浮动,消费者还是乐于接受的。除非品牌本身价值太弱,完全与消费者需求、市场导向脱钩,或者价格明显高于其价值内涵,在市场经济下,消费者的选择还是理智的,会显著减少购买行为。

4.满意度

满意度是形成品牌忠诚的重要基础。值得注意的是,满意度还是品牌本身和消费者心理预期之间的差值。差值越小,则品牌与消费者心理预期越接近,满意度越高,反之则满意度越低。其实满意度高也代表了消费者对品牌的信任和好感,对品牌安全的信任,对品牌形象的好感。此外,满意度还是消费者形成消费习惯以及向他人进行品牌推荐的基础,如果体验过后不满意,则很可能只是一次性消费。比如在体育文化创意产业园或城市体育综合体进行体育消费时,如果一些体验项目的效果不如消费者预期,或者没有什么新意,价值判断也很差,则其对消费者的吸引力就会大打折扣。

5.稳定性消费习惯

当消费者对一个品牌产生忠诚度时,其就会形成稳定性消费习惯,消费频率、消费行为都会大大增加。品牌甚至会成为其生活的一部分,在一定程度上它已经不仅仅是一件产品,更多可能是一种精神文化消费。不只是消费者的价值观会成为品牌产品研发的出发点,品牌的价值观同样也会影响消费者的价值观,引领消费心理,产生现象级的产品或销售。比如对于一些体育项目的粉丝或追随者来说,固定周期的赛事的举办,甚至对于自己喜爱的体育明星的稳定性消费习惯,都会增加其在这类体育赛事的金钱和时间的投入,他们会通过各种渠道观看比赛,或者买体育明星的一些周边产品,这些都会达成消费交易。

6.向其他人推荐与介绍

向其他人推荐与介绍是品牌口碑传播的有效渠道。消费者会很乐意向身边的同事或朋友介绍自己对某些品牌的体验感知,希望与亲朋好友分享这种消费的快乐和经验,介绍购买渠道,更有甚者把这种分享作为自己成就感的体现和与人沟通交流的切入口,成为彼此兴趣探讨的话题,包括一些经典品牌产品或经典比赛场次,都会勾起一代人的回忆。比如耐克产品在青年消费群体中的广泛占有率无不与这种推荐介绍有关,这种基于一定社会关系的一传十、十传百的口碑传播,甚至比网络、电视等渠道的营销更能产生具有稳定消费行为的忠实消费者,通过赢得很多初次消费者的信赖,形成由点到线到面的裂变式的快速传播,迅速扩大品牌影响力和知名度。

4.1.2 提升品牌吸引力的维度

消费者对品牌的熟悉度和共鸣程度形成了品牌吸引力模型。熟悉度代表了消费者对品牌的认知和了解。共鸣指的是消费者对品牌传递出来的形象所产生的认同的心理反应。它是消费者和品牌之间的情感连接,又有行动承诺,通过认同最后达到对品牌的忠诚。其中行动承诺既可以是重复的购买或参与,也可以是向周围的人推荐。

按照两个维度的高低之分,形成四个区域的二维坐标,分别是第一类Ⅰ(高熟悉度,高共鸣),第二类Ⅱ(低熟悉度,高共鸣),第三类Ⅲ(低熟悉度,低共鸣),第四类Ⅳ(高熟悉度,低共鸣)(如图 4-3 所示)。其中品牌形象在很大程度上影响了品牌共鸣的程度,而品牌标识影响了品牌熟悉度。

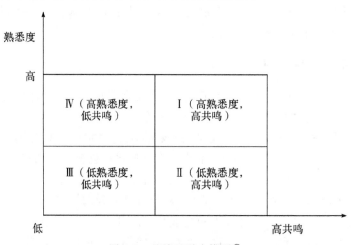

图 4-3 品牌吸引力模型①

---

① 可参见路易斯·罗杰尔."佛罗伦萨"与"比萨":提升品牌吸引力的两个维度[N].中华建筑报,2014-12-30(12).

在体育文化创意产业中,属于第一类高熟悉度、高共鸣的赛事有 2008 年北京奥运会的吉祥物、会徽、口号等。奥运会本身就是一个高共鸣的体育赛事,而充满中国元素的福娃等衍生品、中国印、同一个世界同一个梦想等,则成为品牌标识,让普通观众更加了解奥运会。因此,这类产品的品牌吸引力会在品牌形象和熟悉度的双重作用下形成合力,为赛事本身带来可观的社会效应和经济效应。

第二类低熟悉度、高共鸣的体育产品的典型例子就是李宁品牌。品牌形象因为李宁本人在职业生涯期间的辉煌成就而获得了普通消费者的好感和共鸣,再加上肩负着中国体育品牌向前发展的重任,消费者对品牌形象的共鸣较高。但李宁品牌在发展过程中,相对于耐克、阿迪达斯等,始终未能在中国消费者中,尤其是年轻消费者群体中占据较高的市场地位,没有爆款的产品或营销创意,导致李宁品牌的吸引力始终不温不火。此类产品应该尽快建立有辨识度的品牌标识,避免品牌形象的进一步损失以及吸引力的消失。

第三类是低熟悉度、低共鸣的吸引力组合。在体育文化创意产业发展的初期,此类组合的产品比较多。由于一味追求速度和模仿,缺乏一定的创意性或独特性,导致赛事或品牌在问世之初缺乏吸引力,既不能让观众产生情感等共鸣,无法建立对品牌的感知体验,同时也没有特色的品牌标识增加熟悉度。比如千篇一律的城市马拉松赛事,虽然每年都在举办,但既没有其他竞技体育中涌现的体育明星,也没有品牌文化作为支撑,导致其品牌定位受到局限,吸引力可能仅限于小范围中。赛事可以与体育旅游等结合,全程参与的选手可以获得相关景区的门票优惠或具有城市文化创意的纪念品,甚至形成赛事生态,通过积分获得城市相关交通、餐饮等服务的折扣体验,把城市文化融入进去,增添趣味性,扩大吸引力范围。

第四类是高熟悉度、低共鸣的体育产品。比如很多单项赛事在中国普及传播的初期,可能并没有太多的观众了解赛事本身,但当这类赛事中有具有国际影响力的高水平中国运动员出现的时候,很多观众会因为这些体育明星而关注赛事,可能很多粉丝只关注这些有代表性的体育明星参加的赛事,而不是比赛本身,所以对于赛事形象的共鸣程度还不是那么高。像我国有国际影响力的单项赛事体育明星李娜、姚明、中国女排等。所以这些赛事或产品需要做的就是通过体育明星的带动效应,大力普及并宣传营销,找到其与观众的共鸣。

4.1.3　品牌吸引力具备的特征

1.独特性

品牌的独特性是体育文化创意品牌在众多鱼龙混杂的市场上吸引顾客的首

要因素,而独特性最基础的就是原创性。体育文化创意必须强调原创的重要性,拒绝抄袭,既为了保留行业内最基本的知识产权不受侵犯,同时更是品牌可持续的起点,也是品牌本身声誉、影响力的保障。尤其是在如今体育赛事、体育产品等井喷式发展的情况下,更要守住行业的底线和规则。品牌的独特性还能够影响消费者的品牌联想,让消费者在做出相关决策时能够从品牌记忆的网络中提取出相应的元素,从而匹配到具体的品牌中,增强消费者购买的意愿和可能性。

2020 年东京奥运会的会徽在 2015 年 7 月发布后一周,就被指抄袭比利时一家剧场的标识,并于同年 9 月份被停用。此次事件也由于奥运会的巨大影响力而备受网民关注,不仅触碰了体育文化创意产业的底线,更是对 2020 东京奥运会的举办形象产生不可估量的后果,让本该在世界范围内传播的标识,负面影响了赛事的举办甚至是国家形象。

创新同样是品牌独特性的表现方法。2013 年南京青年奥运会就进行了网络火炬的传递,实现了奥运会历史上的一次创新。采用“实体传递与网络虚拟传递”相结合的做法,在世界范围内,通过游戏互动等方式让更多的人参与到传递中,这是一项在互联网时代与时俱进的举措。

近年来,国际大型体育赛事的中心逐渐向中国转移,不论是单项赛事还是综合性赛事,越来越多的国际组织倾向并满意于赛事在中国的举办。如果把中国看作一个大型体育文化创意产业品牌,那中国这个品牌的吸引力也具有独特性。发展中的中国作为世界上最大的消费市场,不仅体育消费市场空间巨大,具有强大的消费力水平,能够为体育产业的发展提供循环动力;而且随着综合国力的提高,广大居民对体育文化创意产业的需求逐步扩大,消费意愿高涨。此外,中国作为文明大国,有独特的文化元素和符号,是有别于西方国家独一无二的竞争力,再加上不断提升的人力资本,中国品牌正在世界体育市场中逐渐找到自己的方向。

2.系列化

系列化是体育品牌不可忽视的战略措施。系列化的产品和元素,能够强化品牌形象,扩大品牌影响力,刺激消费者购买或者提高群众参与程度。一旦品牌确立了良好形象,则需要体系化维护,打破机械化的单调重复,通过反复刺激和宣传,强化消费者的品牌记忆。如果仅仅是为了某一个产品设计一个品牌形象,当企业多元化发展后,品牌之间的割裂会让消费者产生错觉,无法形成对品牌的统一认知。同样,如果仅仅是为了举办赛事而举办,尤其是对于具有连续性的系列赛事,每年都重新设计标识、吉祥物的话,则会降低群众对赛事本身的熟悉度,不利于品牌的长久发展。

耐克的产品众多,但始终坚持运动产品的开发。比如跑鞋中使用了缓震科技、质感灵敏的 Zoom 系列,自然贴合的 Free 系列,柔软灵敏的 Lunarlon 系列等,通过功能和材质的不同进行划分,让消费者更有针对性地进行选择。包括运动员与技术完美结合的 Air Jordan(空中飞人)系列,借助篮球史上的巨星迈克尔·乔丹的影响力,生产的已经不仅仅是鞋这种商品,更是一种文化标识,一种一代人的回忆。从 1985 年开始,产品升级更是多达几十代,每一代产品都能让篮球爱好者疯狂追逐。

3. 文化性

品牌代表着一种时尚、一种生活方式,是用户集体情感的载体,是文化的象征。而这种生活方式、企业理念、消费习惯渗入到产品、赛事、活动、市场行为中,就是品牌文化。体育品牌的文化性是体育文化创意产业软实力的决定性因素,同时还是产业高附加值的重要表现,更是品牌得以广泛传播的中坚力量。品牌文化的内涵是品牌价值的核心,决定着品牌的外在形式。品牌活动、赛事、产品可能是更新换代、动态变化的,但是品牌文化一旦形成就是永恒的、持久的、稳定的、延续的。品牌文化力是通过品牌所展现的文化价值迎合公众的意识形态、生活习惯等,让公众在内心认可,进而在行为上参与购买,所以是吸引用户的最根本砝码。

作为全球性的体育盛会,奥运会涉及范围之广、参与人数之多使其成为影响力巨大的体育赛事。由于各国文化的差异,交流上会产生距离,而共有的文化理念可以缩小差距,产生情感共鸣。2008 年北京奥运会的会徽"舞动的北京"由中国印"京"字、毛笔书写的"Beijing"以及"2008"三部分组成。其中囊括了中国传统文化印章的经典符号,是中国人民智慧的结晶,以人的形状传递人文奥运理念。同时还有汉代竹简文字风格的书法,以独特的风格向世界传递出了中国古代文明之精华。

2013 年南京青年奥运会不仅是一场体育盛会,一场竞技体育的比拼,更是一场体育文化的传播。按照国际奥委会要求,运动员将全程参加技能发展、幸福与健康的生活方式、社会责任等相关的青奥会文化教育活动,通过不同国家间文化的交流互动,让青年人形成健康的生活方式,让奥林匹克体育精神融入日常生活当中。

又如 2010 年广州亚运会中王老吉的品牌文化营销,很好地传播了其作为国家非物质文化遗产的广东凉茶代表的理念,在国际性大赛中对于岭南文化中凉茶文化的展现和推广,使喝凉茶逐渐融入国人的消费习惯,获取了巨大的市场吸引力。青岛 2019 年世界休闲体育大会的吉祥物"西西"就是以在青岛莱西境内出土的,世界上年代最早、实体最大的杖头木偶"西汉大木偶"为原型设计的,体现了当地深厚的传统文化和历史内涵。

4.可传播性

体育文化传媒业作为体育文化创意产业的重要组成部分,在当今这个网络互联、自媒体发达的时代有着举足轻重的作用。不只是大型体育赛事的举办需要体育传媒的推广营销,体育制造业、体育用品更是需要通过可识别的品牌元素,利用体育传媒的渠道树立自身的品牌影响,借由体育传媒让更多的消费者了解产品的价值和属性,是品牌深入人心、在消费者心中提升熟悉度和美誉度的有力武器。

从大型体育赛事的口号、吉祥物、理念等,到体育产品的标识、广告语,都能够为赛事或产品获得可观的关注度,通过各种各样的媒体平台传播到消费者心中。比如 2008 年北京奥运会的口号"同一个世界,同一个梦想",不仅仅体现了奥林匹克团结、友谊、进步、和谐、梦想的普世价值观,更因这种对仗的形式朗朗上口,简洁响亮,加之在主题歌曲中运用"One World One Dream",让优美的旋律配以文字的魅力,以中英文组合的方式在世界范围内得到了广泛的传播,传播了奥林匹克精神,同时也传播了中华民族致力于和平发展、共享文明成果的大爱理想。

体育运动品牌从广告的场景到广告语的形式,在很大程度上决定着其传播的广泛深入程度和持久性。比如从耐克的"Just Do It"到阿迪达斯的"Nothing is impossible",到中国体育品牌李宁的"一切皆有可能",这些体育品牌都在广告的创意之初就融入了体育运动的理念,包括公司的企业文化,使这些口号在世界范围内收获众多粉丝。简洁的"对勾"和"三条纹"的标识设计,使其在年轻人的世界中站稳脚跟。口号和标识甚至已经超越品牌名称,很多消费者一看到标识或者聊起那些经典广告语,马上就能想到相应的体育品牌。

5.亲和力

品牌亲和力是对于某品牌所产生的亲近感、熟悉感、信任感,并愿意购买或参与其中的意愿或情感度量。当一个体育用品或体育赛事成为人们生活中的一部分时,每当商品出现或系列赛事定期举办的时候,广大群众愿意花费一定的时间和金钱去消费,成为追随的趋势时,说明该品牌具备一定基础的亲和力。亲和力不仅能够为体育文化创意品牌本身带来更广阔的市场,包括体育用品的销售量、赛事的上座率、直播的收视率、周边产品的销售量等等,同时也能够让广大消费者更加舒适、更加享受地观看比赛或享受服务。亲和力已经逐渐成为体育赛事拉近与观众之间距离,人性化地营销,甚至是体育品牌战略的必备条件。

而吉祥物就是文化沟通的生动载体,把本地的动物、传统文化等借助现代的审美运用在卡通形象上,传递出体育精神健康活泼或生机勃勃的正面积极向上的理念,给观众带来一种感染力和正能量。让原本可能只有专业运动员才能参加的竞技赛事和观众产生亲近感,为残酷的比赛增添了很多温馨的瞬间和记忆。在2008年北京奥运会中,吉祥物福娃分别象征着"鱼、熊猫、奥运圣火、藏羚羊、京燕",代表着"繁荣、欢乐、激情、健康、好运"的美好祝福,而5个组合的形式也象征着五谷丰收、阖家团圆、和谐美好的意义,体现了中华文化海纳百川的博大胸怀和包容胸襟。用我们身边的元素能够引起中国观众的情感共鸣,还能够用活泼的形象吸引外国观众对中国文化的好奇心。

腾讯体育在品牌亲和力上也是创新不断。依托其强大的平台效应和大数据优势迅速崛起,腾讯体育社区进行的新颖的互动营销成为其发展的有力武器,互联网成为其与用户交互的桥梁,让用户在自己喜欢和擅长的空间里"大展身手"。凭借QQ、微信社交平台的海量用户,腾讯品牌以体育赛事转播、明星热点事件挖掘等优质的内容和流畅的技术优势网罗了大量品牌忠诚度和黏性极高的体育用户。比如因科比退役事件,开展"你想对科比说的话"活动,充分发挥科比的体育明星效应增加社区的话题关注度和点击量。通过腾讯平台的流量渠道使体育社区发挥强沟通作用,实现平台与用户的一对一互动沟通,以及社群内共同爱好者的兴趣交流,并形成了体育新闻等信息的精准推送。

此外,腾讯体育还强力吸引其他品牌的合作。在2015年NBA"圣诞大战"中联合魅族手机举行"3分球活动",每进一个3分球就送一台手机。与康师傅共同打造"我师主场"社区,把康师傅的线下消费者转化为社区线上的用户,形成O2O的良性循环。还打造"师傅说""运动装备"等社区兴趣圈子,抓住时下热点话题进行口碑传播,多渠道了解用户偏好,用丰富的趣味性的方式构建"会员制"生态留住用户(侯庆彬、陈晔,2018)。

4.1.4　影响品牌吸引力因素分析

1.城市综合服务水平

体育文化创意产业是多个产业综合的交叉产业,因此需要协调、沟通的政府、企业主体较多,需要高水平的服务作为保障。尤其是在国家大力提倡创新创业的背景下,国家级、省级、市级等层面出台了很多的资金、土地、人才、税收、贷款等优惠政策,需要政府层面做好宣传和引导。在服务型政府最多跑一次的办事理念下,如何让企业或机构在最短的时间内高效完成任务,是吸引品牌的第一要务。品牌赛事委员会关于选择举办城市、赞助商的支持等都会受到城市综合服务水平的影响。

2.基础设施可进入性

在互联网时代,体育文化创意同样需要高标准的科技型人才,要求城市具备高水平的基础设施。比如城市交通的通达性、网络的通达性、体育文化创意产业园的配备情况,甚至对于相关人才引进后,住房、医疗、子女教育等的保障都是参与体育文化创意产业品牌建设从业人员较为关注的方面。有没有体育文化创意产业园区或相关的产业集聚区域,园区内的基础设施或配套设施是否完善,也在一定程度上影响产业的发展和集聚的效果。此外,城市基础设施的建设程度还影响体育赛事等的举办。交通发达的城市不仅使运动员能够更加便捷地从世界各地到达现场,也可以使观众更加舒适地观看比赛,使人们不会因为交通拥堵等原因降低品牌认可度。消费者可以通过各种各样的交通工具方便地到达体育特色小镇,特色小镇不仅在体育项目上让消费者感受到体育运动的魅力,同样在餐饮、住宿、购物等各个环节上都给消费者良好的体验。

3.政府支持力度

现代社会,作为服务型政府,既是社会事务、社会管理的主要参与者,同时也是公共服务的重要提供者。政府不仅可以通过政策法规规范约束体育文化创意产业市场,为品牌加入提供良好健康的发展环境,还可以借助顶层规划对产业内的人才、资金、税收、土地等资源进行合理分配和优化配置,推动优质、专业的资源有效流向体育文化创意产业,为创意品牌的形成提供保障。

(1)政策法规

不仅仅是体育文化创意产业,其实我国目前对于文化创意产业本身的品牌保护就比较薄弱,创意 LOGO、标识、商标、吉祥物等被随意山寨、模仿、盗用,甚至出现盗版比正版本身的"商业价值"更大的扭曲现象,严重影响了创新创意的活力和积极性。或者是创意主体疏于品牌保护,本身维权和自我保护意识不强;或者是由于缺乏相应的政策法规,创意者对侵权无能为力。而较低的行业门槛也使部分缺乏职业道德和操守的从业者扰乱了行业秩序,更有可能破坏品牌的成长和价值。

产业结构政策的调整也能影响体育文化创意产业的品牌养成,成为产业发展的政策依据和战略选择。当政策导向为产业发展带来更多优质的资源时,也为品牌的形成奠定了很好的基础。国家的创新创业政策和环境对于原创性的鼓励和支持,不仅为体育制造业的提质增效和向产业链高端迈进带来福音,对于体育服务业者来说更是创意设计形成的资源池。

（2）整体规划

一个产业或行业的发展离不开政府的规划。政府工作报告以及五年规划中是否提及则很大程度上决定了很多行业从业者的倾向。处于萌芽期的体育文化创意产业未来有很大的市场空间，统一的规划可以为产业发展带来广阔前景。政府层面规划的缺失一方面给予了体育文化创意产业无限的自由，创意的触角可以有更多方向的可能性，有更多的领域和市场可以尝试；但另一方面，由于缺乏整体规划，也让体育文化创意产业本身的健康发展失去了参照。由于产业本身的融合性和交叉性，支持性规划体系的缺位导致相应企业对于扶持导向无法把握，无法清晰看到产业的利好空间，创意品牌更无从谈起。

4.产业集聚效果

由于我国的体育文化创意产业目前还处于发展初期阶段，大部分的创意想法或创意行为都属于个体的行为，因此，不论是创意内容本身的质量还是创意转化的商业价值，其力量还比较薄弱。比如就大型体育赛事而言，大部分赛事举办后的盈利能力都十分欠缺，所以只能依赖商业赞助，而大部分的赞助商本身与体育产业关联度不大，其赞助目的也仅仅是为了扩大产品或企业影响力，并不能真正参与体育赛事本身的内容创意。

由此，一场赛事的举办虽然是很多细分行业合力的结果，但是各个主体之间由于地理、时间、交通、沟通等过于割裂，成本支出增加导致只能完成自己利益相关的那一方面，而缺乏整体性的协同合作和规划。从而生产出来的产品或服务可能并不符合消费者当下的价值观，或仅仅是红极一时的现象级产品，昙花一现后没有可持续的设计延续，产业集聚的效果没有显现，体育创意永远处于低级阶段，大大影响了创意品牌的产生或吸引力。甚至会形成恶性循环，产业集聚效果不明显，无法产生品牌产品或企业，也无法吸引外来的有影响力的品牌，又进一步抑制了体育文化创意产业的发展，产业发展无优势，产业集聚也无动力。

5.品牌本身的属性

体育创意品牌本身的文化积淀和创意内涵决定了其价值属性。如果一个体育文化创意具有很好的内容，但在缺乏系统规划的前提下，一味追求短期获利，还在品牌孵化初期就盲目进入市场，则势必会影响品牌的可持续性。可能短期内品牌能够显现一定的吸引力，从长期发展的角度看，则不利于品牌战略的扩大和优势的层层积累。

品牌文化是群众或消费者认可品牌的重要影响因素，也从内涵上决定了品牌的价值和未来发展。品牌文化要达到物质与精神的高度统一,才能让用户在了解或享用产品服务的同时感受到品牌魅力,才能提升用户的黏性和忠诚度。同时品牌文化也反映了消费者的价值观、生活方式和消费习惯。比如安踏的核心价值观是"品牌至上,创新求变,专注务实,诚信感恩"。

品牌要想长久存在并产生可持续性的影响力,要通过专业的研发和营销,用科学技术的手段,推出创新性的品牌产品,树立与众不同的品牌理念,差异化品牌价值,避免同质现象。同样是体育特色小镇或体育文化创意产业园等,只有寻找与其他小镇差异化的品牌定位,才能在市场竞争中逐渐壮大。比如绍兴柯桥酷玩小镇主要的定位和方向为体育旅游,"酷玩"新时尚;嘉兴平湖九龙山航空体育小镇的运动健康、养生、疗养;杭州建德航空小镇的航空主题、航空项目的航空休闲体验旅游;龙泉宝剑小镇的宝剑产业链;上虞"e"小镇的互联网游戏、电竞等主题特色,虽然都是体育特色小镇,但他们彼此的品牌定位和发展方向有独特的竞争优势,成为吸引消费者的亮点(如表4-1所示)。

品牌定位同时还决定着企业或产品的核心竞争力,同质化的品牌容易导致低水平的竞争,导致投入和产出无法形成正比,不能有力占据市场份额,使企业或品牌失去竞争优势。比如千篇一律的城市马拉松,缺乏创新的传统体育赛事等等都没有相应的品牌定位,我国的体育文化创意品牌赛事或品牌企业与发达国家的同类产业水平还有很大的差距。

表 4-1　浙江省体育特色小镇、体育文化公园、体育文化创意产业园品牌定位

类别	名称	品牌定位
体育特色小镇	绍兴柯桥酷玩小镇	旅游小镇(体验传统小镇的地方风情),运动小镇(引领"酷玩"运动新时尚),产业小镇(打造体育旅游产业生态链)
	嘉兴平湖九龙山航空体育小镇	主攻运动健康,打造"浙江省第一家运动/体育主题"的特色小镇。九龙山健康产业的特点在于"体旅联姻、动静结合",以动态的健身休闲和户外运动方式为主,通过运动休闲产业来带动相关的康复、疗养、养生及度假、会议、文化等功能的发展,具有真正鲜明的产业特色和资源的异质性
	杭州建德航空小镇	以发展航空运营和航空主题乐园等服务业为切入点,通过传播航空文化,营造航空氛围,形成通航人气集聚,从而逐步发展并形成航空制造、航空服务和航空休闲旅游等通航全产业链

续表

类别	名称	品牌定位
体育特色小镇	龙泉宝剑小镇	"文化＋产业＋旅游＋社区"四位一体融合发展的特色小镇,以中国最大的"宝剑博物馆"为核心,辐射带动宝剑文化、休闲旅游、铸剑体验、宝剑销售等产业发展
	上虞"e游小镇"	培育以游戏、电竞、影视等数字内容为核心的泛娱乐类信息经济产业,打造引领全国的网络游戏之都、长三角数字内容创意产业中心和全省互联网应用示范小镇
体育文化公园	杭州南落马营体育公园	历史与现代交融,体育与文化相融合,集全民健身、休闲娱乐、体育运动、创意创业为一体的城市记忆、体育文创集聚空间
	杭州城北体育公园	集休闲娱乐、体育运动、生态环境于一体,融合了大型赛事比赛、体育培训、居民健身等的"生态型体育"综合体
体育文化创意产业园	黄龙体育文化创意产业园	集科研、经济开发的综合性产业基地,是一个同时能够体现社会效益、经济效益和人才效益的高端品牌区域

6.品牌延伸

品牌延伸是指企业根据品牌名称,推出新产品的做法。品牌延伸不仅仅是新产品快速进入市场的重要手段,同时也是品牌战略的重要部分。通过品牌延伸进一步增加品牌吸引力,强化品牌效应。消费者的心理和需求会根据社会多方面的变化而变化,这就要求品牌必须能够推陈出新,了解当下需求和现实状况,不断推出满足消费者需求的产品和服务。而品牌延伸在推出新产品的同时大大降低了其进入目标市场的调研、宣传、推广等成本,增加产品新款式、新包装等的市场接受程度,减小市场风险。如果始终坚持一种产品策略,则很有可能被竞争对手超越。由此可见,品牌延伸是保证长期顾客信赖和品牌忠诚的有效策略。

比如体育鞋服类品牌制造商——耐克公司,其在产品设计、广告宣传等方面不断优化创新,处处体现着体育创新创意理念,产品符合人体运动学原理、体感好、舒适等特点,把体育运动文化融入产品和市场营销中,成功打开了多个国家市场的大门。耐克通过不断推出新产品来满足消费者的需求。比如其运动鞋就有 Force 系列、Dunk 系列、Blazer 系列、Air Max 系列、Free 系列、Woven 系列等等,每一种鞋子的细分类别或每一个系列又不断更新换代(如表 4-2 所示),极大地巩固了耐克的品牌效应和品牌忠诚。

表 4-2　耐克足球鞋系列和 **NIKE AIR** 科技系列

类别	名　称	年　份	优　点
系列足球鞋	Nike Mercurial	1988	比皮革更轻、更薄材质,黏性涂层增加控球体验。
	Nike Match Mercurial	2000	减轻球靴重量,金属铜渐变为黑色鞋头、KNG-100 材质鞋身等外观独特性
	Nike Mercurial Vapor	2002	鞋楦更符合人体自然脚型,新技术提升速度感
	Nike Mercurial Vapor II	2004	鞋跟处面积增大的足跟锁定设计优化了贴合感,为双脚提供缓冲
	Nike Mercurial Vapor III	2006	Teijin 微纤维应用于鞋面,脚踝处增加填充物优化贴合度,鞋底自带注入式鞋钉
	Nike Mercurial Vapor SL	2008	碳纤维打造鞋体
	Nike Mercurial Vapor IV	2008	流线型的鞋面,符合空气动力学的冲刺鞋钉
	Nike Mercurial Vapor Superfly	2009	超薄的 Teijin 材质和耐克飞线技术鞋面,轻质防滑鞋钉和碳纤维外底
	Nike Vapor Superfly II	2010	根据不同压力和场地状况伸缩的鞋钉,碳纤维鞋底
	Nike Mercurial Vapor Superfly III	2011	鞋底脚趾摩擦区,三片式鞋钉
	Nike Mercurial Vapor VIII	2012	玻璃纤维外底采用抓地系统,鞋钉旁拱璧支撑设计,波状鞋楦
	Nike Mercurial Vapor IX	2013	全天候控制技术鞋面,玻璃纤维构成的轻质鞋底等
	Nike Mercurial Superfly IV	2014	Flyknit 技术减少脚步和足球之间材料,提升触感,中帮动态贴合鞋领等
	Nike Mercurial Superfly V	2016	完全符合足底轮廓的鞋楦,单层外底,有限元分析、数据纹理分析等应用于设计中等

类别	名　称	年　份	优　点
Nike Air 科技系列	Air Max	/	应用于跑鞋或篮球鞋
	Zoom Air	/	冲击气垫,贴近地面,提高稳定性
	Air Sole	/	最基本气垫,应用于运动鞋
	Air Force 1	1982	根植于篮球运动,宏大、耐久、超越、豪迈、连贯、纯粹等

　　但是品牌延伸也是一把双刃剑,品牌延伸的新产品和原生品牌具有专业性、关联性、整体性,则品牌延伸就能为原生品牌带来强化效果;反之,就可能产生负面影响,造成品牌淡化,甚至损害已经建立起来的原生品牌形象。当企业没有品牌定位,为追求多元化或盲目扩大市场时,对消费者的心理需求不了解,产品或创意就有可能有悖于消费者的心理定位或预期,淡化品牌特性。因此品牌延伸前提是对品牌的实力有足够把握,并且新的创意符品牌核心价值观,切不可无方向延伸,带来品牌吸引的反效果。

4.1.5　体育文化创意产业品牌吸引力情况

1.体育特色小镇

　　杭州建德航空小镇。规划面积 3.57 平方公里,其中建设用地面积 1.39 平方公里。2016 年 1 月,被列入浙江省第二批特色小镇创建名单;2017 年 7 月,被住建部评为国家第二批特色小镇。截至 2016 年底,建德航空小镇已引进无人机院士工作站、低速风洞实验室、零部件制造、整机组装、飞机维修、飞行员私(商)照培训、空中救援训练、航空护林、空中游览等数十个重大项目。目前已吸引上海东方通航、国网通航等 9 家通航单位进驻机场,依托小镇的资源整合和优势初步形成了拥有飞行员私(商)照培训、空中巡线、空中救援训练、航空护林、空中游览、飞机维修等业务的通航产业集聚。近年来,建德航空小镇积极招商,实现多方联动,已相继引进浙江省机场集团通航产业总部、中航材浙江省航空应急救援中心、浙江传媒学院航空学院、虹湾通航维修基地、恒大温泉和即将签约的涵盖科研运营、休闲旅游、通航制造等总投资近百亿的 12 个项目。

　　2018 年 1—10 月,小镇共接待游客 45 万余人次,其中省外游客占比达到52.8%,增长趋势明显。截至 2018 年底,小镇入驻企业达到了 547 家,吸引了 20余位高端人才,拥有省级企业研发中心 25 家,博士后、院士等工作站 4 个。自

2015 年创建以来,航空小镇累计完成固定资产投资 28.22 亿元,实现税收 2.3 亿元,引进 5000 万元以上项目 41 个,总投资达 186.3 亿元。

2.品牌赛事

奥运会作为世界最高水平的品牌体育赛事,是体育文化创意产业中举足轻重的代表,是以文化为基础的大型创意活动。其举办前期、期间、后期所涉及的体育建筑、文化理念、衍生产品等都是最能够展现举办国体育文化创意的形式和手段。由此可以看出,奥运会在某种程度上已经不只是一场体育竞技,更是一场文化大餐,是举办国文化软实力的集中体现,是文化吸引力不可替代的渠道和平台,不仅增加举办国国民对本国文化的认同感,同时更让世界观众了解举办国的文化形态。

2008 北京奥运会开启了我国体育文化创意产业发展的新篇章。北京奥运会的体育文化创意理念和元素一直影响并推动着行业的探索。比如吉祥物"福娃"、国家体育场"鸟巢"、国家游泳中心"水立方"、开幕式、闭幕式等,奥运会期间举办的文化节、戏剧舞蹈演出、奥运村的文化体验等,在视觉设计、文艺表演、活动策划方面都是体育文化创意的最好表现。

其中,开、闭幕式完美呈现了中华五千年文明的成果和结晶,让传统的民族文化在现代灯光等科技的渲染下,焕发出新时代的魅力。汉字的魅力、天下大同的和谐理念、对外交流的"丝路"文化,历经千年沉淀的古老文化借助现代审美,在奥林匹克精神的感召下,实现了体育与文化,文化与创意的精准融合。开、闭幕式分别吸引了 8.42 亿人次和 6.58 亿人次电视观众观看,收视率分别达到了 40.54% 和 33.12%,聚集了世界各地观众了解中华文化的目光,让从未间断的中华文化震撼了世界。

此外,其他体育制造等品牌企业同样借助奥运会的举办向中国以及世界宣传了企业形象和价值观,让更多的人了解品牌产品和理念,宣传效果远远高于其他渠道和平台。根据 SportZ 调查结果,有 68% 的中国人认为因为 2008 年北京奥运会的举办,他们会对奥运会的赞助商品牌更加感兴趣,而这一数据在美国和欧洲分别为 17% 和 11%。这意味着借助奥运会的平台,赞助商的品牌形象会更具亲近感,为赞助商提供更多的市场机会和高额的市场利润,更有利于品牌的传播和成长。

由此,奥运会从各个方面、各个环节吸引着世界的目光。其中在电视观众收看、直接投资、电视转播收入、商业赞助收入、门票收入等方面都整体呈现上升的趋势(如表 4-3 所示)。说明对于电视观众的吸引、投资的吸引、商业赞助品牌的吸引都呈逐年增加的趋势,虽然个别年份由于个别国家的特殊情况有所区别,但奥运会的强大吸引力始终没有减弱。它不仅吸引着优秀运动员的参赛,同样吸引着观众的好奇心,也吸引着资本的进入,更吸引着赛事举办各个环节优秀的人才和资源的涌入,为赛事的成功举办贡献智慧和力量,为体育文化创意的发生提供了空间和土壤,各方主体都能在此实现自身的实际需求。

1984年之前,奥运会的商业化并不显著,因此很多举办城市或组织都处于亏损状态。直到1984年从洛杉矶奥运会开始,各个环节才引入了商业赞助,从而大大增强了奥运会作为全球顶级体育赛事的吸引力,开启了奥运会的商业化时代。赞助商的门槛也越来越高,商业赞助收入也从1984年洛杉矶奥运会的1.23亿美元增加到了2016年里约奥运会的22.5亿美元,增长了近20倍(如表4-3所示)。

奥运会电视转播权的销售收入是奥运会收入的主要来源。在2004年之前,转播权的60%要分配给国际奥委会。为了让举办国有更多的经费用于奥林匹克运动的发展,从2004年雅典奥运会开始,国际奥委会决定只收取电视转播权收入的49%。分成比例的增加以及不断上涨的转播收入成为吸引很多城市争夺奥运会举办权的经济动力。奥运会的广泛参与性也让各个国家的观众更加支持本国或自己喜欢的运动员及运动项目,电视转播收入随着技术的提升从1984年的2.368亿美元跃升到2000年的13.18亿美元,到2016年里约奥运会的41亿美元。

表4-3　历届奥运会电视观众吸引、投资吸引、收入吸引

名称	电视收视(亿人)	直接投资(亿美元)	电视转播收入(亿美元)	商业赞助收入(亿美元)	门票收入(亿美元)	其他收入(亿美元)
1984年洛杉矶奥运会	—	—	2.368	1.23	1.50	1.18
1988年汉城奥运会	—	8.86	3.270	4.93	0.40	4.64
1992年巴塞罗那奥运会	—	94.00	4.700	5.05	0.82	6.41
1996年亚特兰大奥运会	—	17.20	5.680	5.08	4.25	2.20
2000年悉尼奥运会	36	20.80	13.180	4.25	6.17	3.23
2004年雅典奥运会	39	111.00	14.820	6.63	2.28	—
2008年北京奥运会	47	193.43	16.970	16.50	1.40	—
2012年伦敦奥运会	36	—	38.280	20.00	6.20	—
2016年里约奥运会	—	—	41.000	22.50	3.22	—

数据来源:网络搜集,以及参见周洪珍.奥运会经济效益研究[J].体育文化导刊,2010(3):131-133.

4.2 体育文化创意产业的品牌辐射力

物质经济时代,土地、资金等是资本的主要构成要素。而在创意经济时代,文化、创新等软性资本成为产业发展的主导因素。时代的不同发展阶段,人们对资本的认知也会有所不同。农业经济中,劳动力、资金、土地成为资本的主要类型;工业经济中,人力、资金、设备、技术等成为推动经济发展的动力;而在知识经济时代,信息、文化、精神、思想资本对社会发展起到至关重要的作用。体育文化创意产业作为知识密集型、高附加值型产业,软性资本是其品牌辐射的重要抓手,将在很大程度上对传统体育产业低水平低投入的产业形态发起挑战,为我国体育产业结构调整和优化带来新鲜血液,带来新的增长点。在刺激外部产业之间相互关联发展的同时,对内有效整合各方资源,为产业的有序发展提供基础和保障。

辐射力本身是物理学概念,指的是单位时间内物体单位表面积向半球空间所有方向发射出去全部波长的辐射能的总量。其实质是表征物体发射辐射能本领的大小。对应到体育文化创意产业中,假如把体育文化创意产业的品牌看作表征物体发射辐,则体育文化创意产业品牌辐射力可以看作品牌产品或服务对关联产业所带来的影响以及影响程度的大小。

其实体育文化创意产业的辐射在某种程度上可以看作"体育+"的延伸。体育文化创意产业作为和多个产业交叉发展的综合性产业,其本身的发展也必将辐射到旅游业、娱乐业、传媒业、健身业等产业的联动发展。所以,会逐渐形成以体育文化创意产业为中心,包括体育旅游、体育传媒、体育健身、体育制造等为辐射的网状结构。

4.2.1 体育文化创意产业品牌辐射范围

体育文化创意产业由于其产业的特殊性,在国内还没有统一的产业结构标准。但根据其本身的体育文化和创意理念,产业的高端性和交融性可以把体育创意产业依照关联程度划分为核心层、中间层和外围层(如表4-4所示)。其基本产业结构如下(李祺,2012)。

第一层核心层是基于体育产业本身发展的相关产业。依托网络技术、电子技术等产生的广义的信息产品,如某项赛事的运营品牌及其版权使用交易与无形服务提供等。

第二层中间层是基于体育文化产生的相关产品,或者第一层开发的产品得到二次开发与使用。其产品是体育交叉融合的相关产业所开发的信息或实物产品。而体育创意和文化始终贯穿始末,如体育用品的研发设计、体育广告、体育动漫、体育电影等产品。

　　第三层外围层,主要以实物产品为主。体育创意创新所占比重较小,仅仅是一个组成部分或附属元素。这一层次中的行业大多数与体育创意产业存在交叉,体育创意产业与之相互合作,借助一定的商业模式和营销手段,获得经济效益,并有利润分成。

表 4-4　体育文化创意产业划分

分层	特征	细分类型
核心层	基于体育产业本身,借助网络等信息技术	体育竞赛表演业
中间层	基于体育文化	体育娱乐业、体育传媒业
外围层	与其他产业交叉	体育运动用品器材业

　　根据不同的品牌定位以及品牌产品的核心价值,体育文化创意产业的品牌辐射范围也有所差异(如图 4-4 所示)。比如奥运会或亚运会等这种大型体育赛事的举办可能对于核心层——竞赛表演业的辐射更大一些,尤其是在开、闭幕式的策划呈现上,更是体现了竞赛表演的各个环节。以休闲、运动、旅游等为定位的融入体育文化的体育特色小镇对于中间层——体育娱乐业的辐射更有针对性,在体育健身、体育旅游甚至体育动漫上让消费者有更多的体验。而一些体育用品制造企业对于大型体育赛事的赞助或者以某些特定体育用品制造为核心产业的体育小镇也会通过品牌赛事或体育小镇的辐射提升自身的影响力。

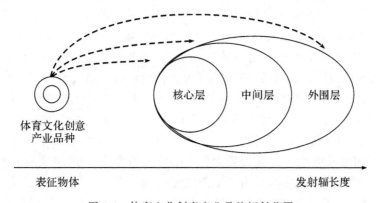

图 4-4　体育文化创意产业品牌辐射范围

1. 体育文化创意品牌对核心层的辐射

体育竞赛表演业是以竞技体育和运动表演为主要形式,向社会大众提供的兼具竞技性和观赏性的经营性服务的一系列经济活动,包括了赛事策划、赛事中介、赛事组织、赛事运营、赛事媒体等业态。体育竞赛表演业的主体是职业运动员(队),消费者是普通大众,大众消费者通过体育竞赛的举办,观看享受赛事竞技项目带来的运动魅力,从而带动全民健身的发展和普及。所以体育竞赛表演业也成为人们印象中体育服务业的狭义概念,也是最直观感受体育精彩瞬间的平台。其间所涌现出来的体育明星、运动队、俱乐部等个人和团体,更是成为体育文化创意产业扩大辐射力的有效载体。从最初的无人观看、无人赞助到如今的收入多元化,品牌效应显著,从 CBA、中超等国内逐渐形成的品牌赛事中可以看到我国体育竞赛表演业借助这些赛事的影响慢慢初具规模。而体育明星、体育赛事、竞赛表演也构建了体育竞赛表演业的良性循环,在新时代的体育生态中扮演着越来越重要的角色。

例如我们熟知的 NBA 球星乔丹、科比、姚明等,让 NBA 赛事成为世界级的体育品牌赛事,推动了篮球俱乐部、体育鞋服类用品制造、篮球文化的普及、篮球运动的大众化等。再比如我国的乒乓明星——“小胖”樊振东、“藏獒”张继科、马龙、张怡宁等,这些形象出众、个性鲜明、成绩优异的乒乓运动员,对于乒超联赛的普及,对于乒乓运动的全民性宣传,发挥了巨大的作用,是普通大众认识联赛、熟悉联赛、喜爱联赛、体验运动魅力的靓丽名片。运动员不惧困难、坚韧不拔、刻苦训练、顽强拼搏的体育精神成为很多年轻人的信仰。

体育明星对体育竞赛表演业的经济带动能力也不可忽视,不论是对于俱乐部每年在联赛等大型赛事中的成绩,还是对于赛事门票销售的影响,都存在举足轻重的作用。很多明星成为所在俱乐部甚至相关赛事的代言人。提到许昕就会想到上海中兴俱乐部,提到张继科就会想到乒乓球运动,提到孙杨就会想到游泳,提到姚明就会想到篮球,这些体育明星以其独特的个人魅力和在世界范围内的卓越战绩成为体育运动的一部分,成为体育运动推广的无形资产。有调查显示,“如果自己喜爱的体育明星退役了,是否还会关注此类赛事时”,有 39.8% 的受调查者表示“会,但不会那么热衷”,更有 49.2% 的被调查者表示“不会,只为他/她而看”,可见体育明星对赛事收视、门票销售等的辐射力之大。体育明星对赞助商的辐射效应也使其成为各大俱乐部争抢的宠儿。在 2016 年,刘诗雯以699.6 万元的转会费成为新标王,成功转入武汉安心百分百俱乐部(申伟,2018)。俱乐部不仅仅希望明星运动员能够给俱乐部带来优异的成绩,更希望通过明星效应的辐射,逐渐形成俱乐部的品牌。

2.体育文化创意品牌对中间层的辐射

对于中间层的辐射是距离普通群众日常生活最近的一部分。如果说体育竞赛是专业运动员参与的盛会,那体育旅游、体育健身、体育休闲等则把体育、运动、健康的理念带入了寻常百姓家,让每一个人都可以感受到体育的魅力,形成健康的生活习惯。随着人们消费水平的提高、消费观念的改变,对于体育消费的升级已经不仅限于一场篮球、足球赛,更是把体育融入旅游、健身、疗养等各个领域中,通过体育文化创意的助力,使之彼此相得益彰,产生 1+1>2 的效果。比如以航空为特色的杭州建德航空小镇,以宝剑产业为核心的龙泉宝剑小镇,在增添旅游体验乐趣的同时,把体育文化创意进行了很好的诠释。

体育特色小镇是体育文化创意产业的代表,近年来,随着国家政策的不断推进,全国各地都在根据自己的地方特色和传统文化大力发展体育特色小镇。体育特色小镇更是成为新时代背景下我国经济结构调整的新亮点。甚至成为部分地方缩小城乡差距,促进城乡一体化,脱贫攻坚,推动新型城镇化建设,提升农村居民收入的重要举措。体育小镇所体现的生态、生活、旅游、健康、体育、运动、休闲、娱乐等理念也在逐渐改变着人们的生产生活方式,从经济辐射到文化辐射,融入人们的日常生活,体育特色小镇发挥的作用还有更大的潜力值得挖掘。

比如河南省登封市少林寺的嵩皇少林小镇,就专一致力于"少林武术+"的体育特色发展模式,逐渐形成了少林武术服装、武术表演、武术培训、武术康养、武术学校、武术旅游、少林食品、少林文化纪念品等的综合性服务产品,带动了小镇以及周边区域的全域产业发展局面,通过供需链、价值链、企业链、空间链延伸了产业链范围,为游客提供了丰富的服务,提高了当地居民的收入。在小镇的成熟成长过程中,还使得生态体育、循环经济等理念融入当地居民心中以及生产活动中,通过小镇的少林品牌、武术品牌的建设,找到了属于少林武术的体育文化发展极(谢飞,2019)。

无独有偶,在河南省的温县太极小镇同样以"太极+"的模式助推小镇的辐射力。小镇以太极拳产业为基础,组建太极影视公司和文创产业,拍摄《印象太极》,培育太极拳武校、武馆 50 余家,授拳、"四大怀药"、太极拳服饰、器械等产业发展,积极推动教育培训、健康养生、休闲娱乐发展,在加强太极拳非物质文化遗产保护、树立文化自信的同时,通过以陈家沟为核心区传统村落保护打造的太极特色小镇,尝试着走出了属于太极的文化展示、传统村落体验、太极拳培训、休闲疗养的独特模式。

3.体育文化创意品牌对外围层的辐射

外围层虽然是与其他产业相交叉,并且可能处于产业链的低端,比如体育装备、用品、器材等的制造。看似以创新这种软实力为核心的体育文化创意产业与之关联性不大,不是一般意义上的文化创意产出,但其作为体育产业链的重要一环,对于产业结构的均衡所发挥的作用也不可轻视。体育制造业可以借助体育文化创意扩大营销范围,比如产品广告的创意、产品包装的改进等等,都能够为产品的销售带来意想不到的效果;还可以在员工日常的生产生活中融入体育、运动等活动元素,让健康理念也成为企业文化一部分,为单一的工作增加亮点。但想要提升产业的整体竞争力,仅仅停留于此还远远不够,更高的利润来自产品研发、自有专利等核心技术的掌握。

浙江省作为最早开始建设(体育)特色小镇的省份,也逐渐探索出了浙江经验、浙江模式。比如浙江诸暨大唐袜艺小镇就以袜艺为核心产业,在融入体育元素、文化后逐渐发展壮大。诸暨市大唐镇是经济强镇,从 20 世纪 70 年代,大唐的袜业经济就以家庭手工作坊和集市的零散贸易起步。经过几十年的发展,大唐袜业企业已经将近 4000 家,以大唐镇为中心,辐射到周边 17 个乡镇,吸纳从业人员将近 20 万人。2014 年,袜业总产量 258 亿双,占全国的 70%,世界的 30%,是名副其实的全国袜子生产基地。当地企业抓住浙江省在 2015 年特色小镇建设的启动机遇,成为首批特色小镇——大唐袜艺特色小镇,打造创意体验、休闲旅游、众创空间的袜业风情街、袜业博物馆等功能区域。

但是作为位于产业低端的生产制造,企业利润始终不尽如人意,并且可替代性强,客户的转移成本相当低,供需双方始终无法找到长期合作的契机,威胁了企业的生存发展。幸运的是,创美文化传播有限公司发现了国内时尚功能性运动袜的市场空白,找到了企业盈利新的增长点,每双袜子的利润空间比原来翻了好几番。公司已经申请专利 8 项,其中发明专利 3 项,先后推出 50 款功能性运动袜(钱巧鲜,2016)。

借助 2022 年的冬奥会、亚运会等赛事,以及居民运动健康理念的不断普及,小镇打开了巨大的体育产业市场,基于原有的袜业基础,把体育元素、体育文化融入产品分类、工艺包装等,提升产品附加值,逐渐形成品牌效应,扩大经济效益。小镇还将运动健康的体育文化带到生产企业中,完善体育运动设施,为青年从业者提供素质拓展、健身活动等内容,树立"运动、休闲、健身"的现代化生态体育生活理念,提升企业员工素质和形象、身份认同和竞争意识,甚至激发员工的体育元素创作灵感,根植在企业生产研发中,形成企业乃至小镇的差异化竞争优势。

4.2.2 体育文化创意产业品牌辐射力作用

1.促进城市综合发展

改革开放丰富了人民生活物质基础,人们有了更多的时间和金钱进行健康等非物质层面的消费,为体育文化创意产业的发展创造了市场空间。随着国家城市化进程的不断推进,产业结构的优化调整,在第三产业政策上的大力支持,为体育文化创意产业的成长建立了良好的外部环境。由于体育文化创意产业的融合性、包容性,能够在很大程度上改变区域经济格局,提升城市形象,推动城市创新。

体育文化创意产业本质上是一种基于物质生活消费基础的,融合精神文化消费的多元性特殊消费,为促进多层次的产业发展,必然对城市文化创新水平提出了更高要求。深厚的文化底蕴和历史积淀是体育文化创意产业差异化发展的根基;同时繁荣壮大的体育文化创意产业又能反过来提升城市的文化产品消费,树立良好的城市形象。在体育文化创意产业发展的过程中,需要整合城市的传统文化资源,对传统文化的精髓进行提炼升华,和体育创意进行互动融合,不仅有助于传统文化的普及和传承,也有利于提升城市的综合竞争力和影响力。

2.激发传统体育产业活力

传统体育产业的发展需要与时俱进。我国传统体育产业主要以体育用品制造和销售为主,停留在产业的低效益阶段,投入大量的劳动力产出的却是低附加值的产品,高投入低产出不利于产业的健康稳定发展,无法发挥体育产业的真正作用。这种落后的产业模式缺乏新技术、新思维,产品与服务的内容、形式单一,存在着结构性风险。

体育文化创意产业所追求的创意、策划、高知识、高产出等能够激发传统体育产业的转型升级和创新活力,让传统体育产业在新时代的天空中插上腾飞的翅膀,在新常态经济下更好地进行改革和发展,造福更多的普罗大众。通过各种资源和技术的优化整合,实现传统体育产业的扩大再生产,促进产业的可持续发展。传统体育场馆功能单一,使用率不高,透过体育文化创意产业的开发,体育场馆被打造成集健身休闲、运动培训等为一体的城市体育新空间,除了大型体育赛事,还可以举办艺术展、演唱会、音乐会、博览会等,大大提高场馆的使用率。

体育文化创意产业以艺术、文化、创新为核心,不仅可以满足人们日益增长的物质文化需求,陶冶情操,传递健康的生活理念,还能创造良好的社会效益。

让距离人们较远的传统体育走进普通群众生活,扩大传统体育的普及面和覆盖面,扩大市场需求空间,提升传统产业的群众参与度,助推产业又好又快发展,加快促进体育事业的创新改革。

比如阿里体育与杭州江干区政府的战略合作。阿里体育追逐奥林匹克梦想,共同推动体育的第三次变革——数字革命,致力于让更多普通人享受到优质的体育资源。依托阿里巴巴集团的资源,阿里体育于 2018 年与杭州市江干区政府签订战略合作协议,与江干区政府一起开发体育产业园,包括对现有体育场馆的改造和运营等。比如在九堡文体中心新增卡丁车、室内高尔夫、攀岩、潜水池、摩托车 VR、F1 汽车模拟等项目,并结合淘宝、支付宝、天猫、优酷等平台,为江干区的体育场馆带来运动新零售、运动银行、运动黑科技等项目,逐步构建现代化的新型运动综合体,打造新型运动生态圈。

又比如,可以在相关 App 平台上提前预约运动项目,然后根据会员制规则,把运动量以卡币的形式存储在会员的个人运动银行或运动账户里;而卡币则可以在体育园内联网的运动商店购买运动商品等等,甚至通过人脸识别技术捕捉运动瞬间,通过 App 提取运动视频,从而增添运动的趣味性,实现阿里体育"让运动更简单"的理念,让未来生活健康快乐。

3.以文化为切入点,带动创意经济发展

体育文化创意产业凭借其强大的文化底蕴,把具有体育文化、城市文化、传统文化等元素的产品以创意的形式送到消费者身边,用无形的智力资本创造出有形的产品价值。通过与其他产业的相互融合,改造重组生产消费流程,创新产品功能价值和经济价值的发展模式,以消费者的真实需要为导向,引领新的消费观念和消费时尚。让产品的消费变成文化消费,创造性地满足了体育营销快速发展带来的时变需求,扩张了经济市场,驱动了创意经济的快速发展,在体育产业中显示出强大的生命力,高效实现体育经济增长方式转变。创意经济的高附加值、高渗透性能够帮助体育产业改变粗放型的增长方式,向内涵型、知识型、集约型方式转化,发挥其衍生效应,延伸体育文化创意产业链条,实现了由效用经济向价值经济的过渡。

4.创造社会就业机会

体育文化创意产业关联性较高,综合性较强,需要大量的人力资本进入。不论是创新创意人才,还是体育制造人才等,在全产业链的各个环节,人才都成为产业发展的活力基础。而产业的快速发展也提供了大量的就业岗位,在创业、就业方面,体育文化创意产业都发挥出了强大的辐射作用。不仅解决了

就业劳动力数量问题,同时也优化了劳动力结构符合更高端的产业链上游要求。

比如一个体育特色小镇的规划建设,需要基础设施、运营管理、项目开发、营销推广等各类人才;一场大型体育赛事的举办,需要体育传媒、体育中介、赛事组织、创意策划等环节保障,也必然需要人力资本的投入,而其进一步辐射到的体育旅游、体育健身等行业更是为各类人才提供了就业展示的舞台。例如,在上海举办 F1 大奖赛期间,组委员曾雇佣 5000 名工作人员,包括众多接线员、管道工等后勤保障人员,2000 名厨师准备三餐,200 名医务人员做好应急准备,每场比赛还有 60 名清洁人员保持赛场卫生。2010 年广州亚运会的举办就为广州额外增加了 30.4 万个就业岗位,翻译、旅游等人才需求量大,掀起一轮"亚运岗"热潮。同样,对于国内的大型综合体育赛事,虽然没有国际大赛的需求量大,但同样能够给举办地带来就业效应。2009 年第十一届全国运动会就给主赛区济南带来 2.5 万个就业岗位,更是给山东省带来 8.4 万个就业机会,缓和了就业市场的压力。

4.2.3 奥运会的辐射力

奥运会作为目前世界上规模最大、影响最广、水平最高的国际性体育盛会,从每届的申办城市竞争上就可以看出其对举办国的积极辐射带动效应。除了对于体育相关产业的助益,奥运会的成功举办还将在旅游业、交通运输业、服务业等各个方面给举办国带来显而易见的经济收入(如表 4-5 所示)。除此以外,还将在国家形象、生活环境、人民幸福等隐性辐射上产生不可估量的正向影响。

表 4-5 历届奥运会直接辐射和间接辐射效应

名称	经济效益 (亿美元)	就业机会 (万个)	境外游客 接待量 (万人)	奥运会 旅游收入 (亿美元)
1984 年洛杉矶奥运会	32.90	2.5	60.8	4.4
1988 年汉城奥运会	98.68	3.4	28.0	3.4
1992 年巴塞罗那奥运会	274.30	5.9	45.5	30.0
1996 年亚特兰大奥运会	51.42	7.7	101.0	13.0
2000 年悉尼奥运会	180.30	10.0	160.0	42.9

续表

名称	经济效益 （亿美元）	就业机会 （万个）	境外游客 接待量 （万人）	奥运会 旅游收入 （亿美元）
2004 年雅典奥运会	—	11.0	—	—
2008 年北京奥运会	419.32	74.5	240.0	39.0
2012 年伦敦奥运会	240.00	10.0	59.0	—
2016 年里约奥运会	200.00		41.0	20.0

其中经济效益指对举办国家或城市所在地区的影响，就业机会指奥运会举办当年为相应国家创造的就业机会。

1. 直接辐射

奥运会由于其品牌效应的美誉度，对于举办国来说在基础设施建设、项目投资、生产消费等经济发展方面具有"提振效应"。虽然个别年份受到全球经济形势的挑战，但对于大多数年份和举办国来说，奥运会在从申办成功到成功举办的10 年左右时间中，对于国家的经济增长都带来促进作用。比如 2012 年伦敦奥运会，除了对于就业、旅游、交通的辐射，带动经济增长 0.2% 以外，还加速了英国本国工业生产，其环比增长 1.1%，带动经济增长 0.5%。另外根据统计，1964—2012 年，有 9 个国家在筹办、举办奥运会的 8 年过程中，GDP 年均增长超过前 8 年的平均速度（甄宇，2013）。但是不同国家的具体情况以及当年的经济形势，增长幅度有所差异，并且在后奥运时期，其对经济的辐射效应也存在较大差距。

2. 间接辐射

奥运会的举办前期需要大量的基础设施建设、文化创意等方面的人力。举办期间由于运动员、国内外旅游者等的涌入，旅游业、交通业也需要充足的配备作为保证，因此作为强关联性的奥运会的筹备和举办将会给举办国提供大量的就业机会。奥运会的强大影响力，参与奥运会建设的经历也为这些就业机会增添了巨大的隐性价值。但就北京奥运会而言，基于北京当时的劳动生产率水平、资本密集程度、劳动力价格等因素都低于发达国家，因此就业岗位的投入产出比要高于其他举办国。奥运会的文化创意宣传为城市旅游的对外形象附加了裂变效应，而前期的基础设施投资建设又为旅游接待提供了硬件保障，奥运会已经成为酒香飘出深巷的一缕春风。成功打开大门后依然成为后奥运时期旅游业持续增长的强劲动力。

除了就业岗位的提供、旅游业的增长，奥运会还在各个方面对城市体育产生着影响。比如北京奥运会除了就业机会、旅游人数、电视转播等方面的影响辐射外，还极大地带动了我国体育信息产业的发展。"数字奥运""科技奥运"等理念所留下的奥运遗产，让体育信息产业在数据搜集、数据分析、数据处理、虚拟技术、网络技术的数字化、空间化等方面都有了实践经验，对于体育信息资源的共建共享具有良好的推动作用。在体育信息人才培养方面也与北京体育大学、中国人民大学等高校，以 MBA 培养方式为基础，为体育产业的发展、专业的体育人才需求的满足提供了人力资本。另外，奥运会的成功举办，对于我国体育场馆的智能化、信息服务系统、电子商务系统等提供实操演练，对今后重大体育赛事的举办、体育基础设施的管理、体育软件环境的提升都有巨大的促进作用，而这些正是体育文化创意发展的基石。

4.2.4　2014 南京青奥会的辐射力

2014 南京青奥会是我国继 2008 年北京奥运会后举办的又一重大体育赛事，是我国首次举办青奥会，也是第二次举办奥运会。这对于文化底蕴深厚的六朝古都南京来说是一次千载难逢的机遇。青奥会是一场体育竞技大餐，更是一场文化交流的盛会。从开、闭幕式上生动表现中国梦、世界梦、青春梦，到一系列文化教育活动，让世界各地的青少年运动员和观众在南京这座东方古都上挥斥方遒。青奥遗产也一直影响着南京的城市建设和发展。从城市形象、服务、文化的品牌宣传推广，到体育教育、旅游、产业等的推动（如图 4-5 所示），处处留存着青奥会的足迹和价值。

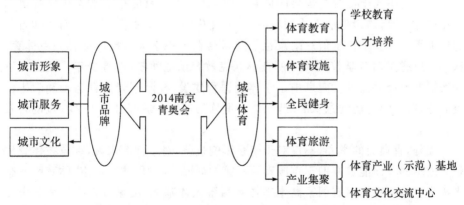

图 4-5　2014 年南京青奥会对南京城市品牌和城市体育影响

1. 城市品牌

青奥会之前人们对南京城市印象大部分停留在历史记忆、抗日战争、南京大屠杀等,基本都是苦难、沧桑的固有形象。但是随着 2014 年青奥会的前期筹办以及最终的成功举办,这一"刻板印象"在青奥会青春、创新、快乐、活力的理念下被打破了,两者在南京这座六朝古都中相交相融,将新南京城市形象通过新媒体的互动传播到了全世界。

大型赛事的举办对于城市的服务水平提出了很高的要求,尤其是青奥会这种国际性的体育赛事,参与运动员、世界各地游客等的进入都给南京的城市服务带来挑战。而南京也提前做好了应对措施。没有采取顾此失彼的零和战略,例如将所有的公共交通、道路运输等倾向青奥会,对城市居民和游客的出行进行限制,而是通过增加运力、灵活安检、科学规划等方式,在不影响居民正常工作生活的情况下,为世界运动员和旅游者提供便捷、安全的公共服务。这样的考验也会成为青奥会留给南京最大的奥运遗产,让城市服务有了质的飞跃。

南京作为中国的历史古都,拥有 6000 多年的文明史,灿烂的古代遗迹和近代的历史风貌,让南京拥有了博爱的城市精神。青奥会的举办让这座历史文化名城与奥运文化共生,将民族文化、地域文化、传统文化、现代文化、青春文化结合在这片历史与现代、古老与青春的土地上,南京还通过赛事期间一系列的文化交流活动,使全球青少年碰撞出友谊的火花,激发出文化的传递,还借助青奥会的举办把南京打造成为"青年时尚文化之都"。

2. 城市体育

(1)体育教育

青奥会不同于传统奥运会的体育竞技,其更加注重的是全球青少年的奥林匹克精神交流,健康生活方式的养成,多元文化的沟通,超越自我、全面认知自我的追求等青奥会平台价值。南京也借此机会在中小学大力推广奥林匹克体育。从 106 所青奥示范学校到 100 所奥林匹克教育示范学校,在青少年体质健康下降的情况下极大促进了南京中小学体育课程建设、校园阳光体育运动和学生体质锻炼,对于学生运动意识的培养、终身锻炼的习惯养成都进行了全方位的普及和教育。

此外,青奥会的举办,不仅对于南京影响显著,对于江苏来说,在竞技体育后备人才培养方面能够有助于克服青黄不接的局面,为发展体育强市、体育强省带来福音。南京将在原有国家高水平体育后备人才基地、国家级青少年体育俱乐部、阳光体育学校的基础上,通过立体多元模式为南京、江苏的体育教育、体育改革带来奥林匹克的春风。

（2）体育设施

在青奥会筹办期间，15个比赛场馆中只有1座是新建的，其余都是在已有场馆的基础上改建的，不仅体现了节约的办赛理念，同时对于体育基础设施也是一次全面的升级换代。而新建的青奥体育公园除了比赛期间作为比赛场馆，更是在结束后成为浦口区居民体育运动的新去处，填补浦口区没有大型体育设施的空白。政府还在2014年投入了5700万元用于城市基础设施改造，其中就包括了社区、公园等陈旧器材的更换，为全民健身提供了硬件底线。

（3）全民健身

青奥会带给南京的不只是体育基础设施的完善，更重要的是精神财富。全民健身氛围的营造、健康生活理念的形成，青奥会都发挥着功不可没的作用。青奥会后，南京逐步建成社区体育健身站，打造"有1个固定办公点，2处以上室外活动场所，3个以上社会体育指导员，4个以上社区活动队伍"，构建起从参与到指导，从个人到队伍的全民健身热潮。积极实施"百万市民健身工程"，每年举办1000余次全民健身活动，做到天天有活动、周周有比赛、月月有规模较大的活动。"全民健身节""全民健身日""社区大众体育活动"纷纷借助青奥会的东风把运动、健康带到普通大众身边，体育惠民工程有条不紊地开展。让青奥会不仅是专业运动员的盛会，同时也成为全民健身的盛会。

（4）体育旅游

南京作为"六朝古都，十朝都会"，旅游资源非常丰富。不仅有以中山陵、明城墙为代表的历史文化主题景点，还有玄武湖、八卦洲等为代表的自然风光景点。根据江苏旅游局数据显示，2014年8月份南京市5A、4A级景区接待人数比7月份增长了25.74%。青奥会期间，南京全市共接待旅游者300万人次，总统府、中山陵、夫子庙等核心景区接待量增幅超过20%（如表4-6所示）。

表4-6　2014青奥会期间南京主要景点接待人数　　　　　　单位：万人

景点	明城墙	中山陵	明孝陵	云锦博物馆	六朝博物馆
总接待人数	24.00	58.00	5.00	5.60	2.88
日均接待	2.00	4.83	0.42	0.47	0.24

数据来源：陈玉萍，刘嘉毅.大型体育赛事对城市旅游的影响及对策研究——以南京青奥会为例[J].山东体育科技，2016，38(3)：15-19.

青奥会除了为南京的旅游服务、设施带来经验以外，还为南京的体育旅游留下了大量的具有吸引力的资源。比如青奥体育公园成为江北浦口全民健身中心,还结合了体育培训、文艺演出等项目;青奥村南部的鱼嘴湿地公园的体育实验室成为市民户外运动基地;老山森林公园为青奥会修建的自行车赛道等成为休闲新去处。这些青奥遗产在为运动员提供专业的体育竞赛条件后,又为南京市民提供了健康生活方式、休闲旅游选择的新方向,践行了体育惠及百姓、人民健康幸福的目标。

(5)产业集聚

作为高水平的体育赛事,青奥会的举办对南京体育产业的飞跃式发展产生了巨大的推动力量。南京凭借着赛事的筹备和举办,致力于建设以体育文化内涵为核心,囊括体育竞赛表演、体育会展、体育商务休闲和体育培训的综合示范区,为国家体育产业(示范)基地的创建打好基础。以示范区为增长极,结合大型体育赛事、户外运动项目、群众体育文化活动的举办,逐步带动体育旅游、体育经纪、体育商务、文化创意、体育中介等产业融合,促进体育服务业的跨越式发展。

2018年1月,南京市建邺区被国家体育总局命名为"建邺国家体育产业示范基地",成为南京首个获此称号的区域。建邺区作为"大赛遗产",尤其是在青奥会举办之后,除了南京奥体中心多功能复合型场馆以外,还新建了青奥森林公园户外运动场地、体育实验室、南京奥林匹克博物馆等,为竞技体育、群众体育的广泛开展奠定了物质基础。建邺区还将体育健身、休闲旅游、赛事服务、体育会展、体育制造等产业相结合,逐步打造属于南京的"建邺模式"。

南京以青奥会举办为契机,打造体育文化的"六个一工程"(如表4-7所示)。不论是赛事举办前期到香港,与香港青年开展亚青会、青奥会"相约南京"主题文化体育交流活动,还是举办期间举行的"青年的节日""世界青年体育、文化与和平论坛",抑或是在青奥会结束后在2016年举办的"南京国际青年体育文化活动周",为因埃博拉疫情未能参加2014南京青奥会的几内亚、利比里亚、尼日利亚、塞拉利昂青年运动员打造跨文化交流和体育竞技平台,南京正在迈入世界体育文化交流中心。

表4-7 南京青奥会体育文化"六个一工程"

名　　称	功　　能
青奥博物馆	汇集档案、实物等资料打造体育文化交流基地和传播中心
中央公园休闲体育圈	打造适合市民休闲健身的体育乐园
世界青年体育培训中心	突出青年特色,开展国际青年体育培训
世界青年奥林匹克文化节	联合全球奥运城市,每年固定时间结合主题领域举行

名　称	功　能
《青奥之城中国南京》宣传片	以体育和青奥会为主题拍摄
《南京青奥会》一书	回顾记录南京青奥会从申办到举办的全过程

资料来源:郭冠圆.第二届青奥会对南京城市体育的影响研究[D].南京:南京师范大学,2014.

4.2.5　浙江城市品牌赛事的辐射力

1.杭州

杭州作为长三角重要的城市,以其得天独厚的地理和人文环境,通过杭州西湖等载体展现在世界舞台上。近年来,杭州也举办了 2017 全国学生运动会、2018 世界短池游泳锦标赛等国内、国际赛事,尤其是 2022 年的亚运会,更是成为杭州城市品牌宣传和提升的重要通道。亚运会的举办也为杭州的体育基础设施建设带来提速。在坚持绿色、节俭等办赛理念上,杭州分别在富阳区、滨江区、西湖区等新建、改造提升 33 个场馆设施,亚运会结束后,它们也将作为亚运遗产成为杭州的新地标,并为以后的大型体育赛事举办提供基础保障。除了体育设施,亚运会还使得杭州在市容绿化、老城区改造、新城区建设等方面焕发了新的活力,以奥体中心、亚运村为主要标志性建筑的钱塘江南岸世纪新城展现了杭州新面貌。此外,杭州还抓紧建设高铁之城和轨道交通一、二、三期,形成地铁、有轨电车、城际铁路等立体交通网络,构建市域的"一小时交通圈",市内的"一小时通勤圈"。

除了硬件设施,亚运会的发射辐还触及杭州的体育文化建设、市民综合素质等方面。首先以奥体中心、亚运村等体育设施构建体育空间布局,逐步形成"15分钟运动圈"和"5分钟健身圈"的城市体育运动休闲氛围,丰富市民的体育文化生活。其次还以"一流的市民素质、一流的公共秩序、一流的服务水平、一流的城乡环境、一流的社会风尚"作为亚运会留给杭州的无形资产,来提升杭州的城市品牌知名度和美誉度。

此外,亚运会成为杭州体育产业蓬勃发展的催化剂和助推器。赛事全面推动了杭州体育产业与休闲旅游、文化创意、康体养老等产业的融合,逐渐形成以体育竞赛表演业、体育健身休闲业为主导,电子竞技、体育场馆服务、体育培训、体育教育、体育传媒、体育用品制造等为支撑的新的体育产业格局。赛事的辐射力之广为杭州体育产业的结构优化升级注入活力(常德胜,2018)。

2. 绍兴

2017 年绍兴市上虞区共承办了中美职业篮球对抗赛、四国男篮对抗赛、ChinaJoy 电竞大赛(半决赛)、全国围棋之乡联赛等省级以上大型赛事 11 次。2018 年,绍兴更是囊括了世界艇球超级联赛、武林风国际拳王争霸赛、绍兴国际公开水域游泳赛、中国气排球公开赛、中国桥牌公开赛等 30 余项国家级、国际级体育赛事(如表 4-8 所示)。省级比赛更是数不胜数,比如浙江省青少年儿童羽毛球锦标赛、浙江省青少年摔跤冠军赛、浙江省桥牌等级赛等。上虞区担当大任,承办了祝家庄国际单车山地速降邀请赛、三国四地围棋世界冠军邀请赛等国际国内大赛。其中女排世俱杯等通过央视五套的宣传,极大地促进了绍兴城市影响力。绍兴国际马拉松赛等入选 2018 浙江省第二届十佳商业体育赛事品牌。凭借着多年大赛举办的经验积累,更是在第四届 SportIN 大会暨体育 BANK 颁奖盛典中荣获 2018 年度最佳体育投资城市大奖。

表 4-8　2018 年绍兴市举办的国际、国内大型体育赛事(部分)

级别	赛事名称	级别	赛事名称
世界级	世界艇球超级联赛	国家级	"毅腾杯"全国青少年足球邀请赛
	2018 绍兴·上虞祝家庄国际单车山地速降邀请赛		永盛杯 2018 全国长胶乒乓球精英赛
	2018 绍兴上虞曹娥江国际半程马拉松赛		全国兰亭书法节围棋邀请赛
	三国四地围棋世界冠军邀请赛		中国气排球公开赛
	2018 绍兴(上虞)龙盛杯曹娥江国际龙舟邀请赛		全国希望之星少儿游泳公开赛
	国际名校赛艇邀请赛		全国业余棋王赛浙江赛区绍兴站
	武林风国际拳王争霸赛		"羲之杯"中国桥牌公开赛
	曹娥江国际摩托艇公开赛		全国国际象棋公开赛
	绍兴国际公开水域游泳赛		CBSA 中国中式台球巡回赛总决赛
	国际空竹邀请赛		国家级职业篮球邀请赛
	绍兴国际马拉松赛		全国历史文化名城围棋赛
	女排世俱杯		全国象棋甲级联赛

如此高规格的赛事承办也为绍兴（上虞）带来了巨大的经济效益。在 2017年，上虞全年累计举办比赛（活动）105 次，参与人数 56924 人次，观众人数213580 人次，带动消费 2500 万元以上。2018 年 1—8 月份，累计比赛（活动）163次，参与人数 73430 人次，观众人数 20 万人次，带动消费 3238 万元（汪斌等，2019）。此外，借助赛事的举办，绍兴大力改善城市基础体育设施。仅 2018 年的马拉松赛，当地就优化赛道沿线环境 56 处，极大促进了上虞乃至绍兴的城市形象和综合服务水平，在省级电视频道、央视频道等播出的宣传片，让绍兴走向国际，让世界了解绍兴。成功创建世界休闲创新奖，争创国家体育产业示范基地等，品牌赛事对城市能级以及底气的提升又进一步回馈了城市基础设施建设，积极引导全民健身舆论。有数据显示，绍兴市人均体育场地面积已经超过 2.2 平方米，超过省内的杭州等地。

4.3　体育文化创意产业与体育赛事的融合

大型体育赛事指的是大型的综合性运动会，具有巨大影响的世界单项运动会以及一些知名的、高水平的洲际性或地区性、全国性体育比赛（周薇，2010）。自 2008 年北京奥运会后，我国相继又成功举办了广州亚运会、深圳世界大学生运动会等众多国际大型体育赛事。随着人们对美好生活追求的深入，观看体育比赛、参与体育锻炼、了解体育明星等已经逐渐成为物质生活和精神文化消费的重要组成部分。大型体育赛事本身所蕴含的文化、经济、社会价值得到越来越多的认可。

与体育赛事密不可分的"传媒、广告赞助、体育设施建造、体育用品设计"，以及体育艺术表演、明星效应、动漫影视等都是文化创意大有可为的主战场。从硬件到软件，从赛前到赛后，体育文化创意打破了赛事举办的时间、地理、空间等的限制，让传统赛事更加符合现代人的真实需求，让新诞生的赛事更具未来发展潜力。文化创意让体育赛事具备了长远成长的内在动力。两者结合所形成的巨大辐射力，为产业结构优化、城市品牌宣传、消费结构升级、健康理念传播等提供了新的选择方向。

体育赛事为体育文化创意产业的发展提供平台，而体育文化创意产业为体育赛事的举办提供人才等基础条件，同时大型体育赛事的举办也弥补了我国体育文化创意产业发展的短板，两者是相互促进、相互补充的共同体，良性的协同发展才能推动体育产业的蓬勃可持续向前，营造健康的产业发展环境。

国务院办公厅印发的《关于加快发展体育竞赛表演产业的指导意见》中提

到,促进体育竞赛与文化表演互动融合。把观赏性较强的运动项目作为突破口,创作开发可以展现中华优秀文化、彰显中国特色的体育竞赛表演精品项目。大力支持各地举办各类表演赛、明星赛、联谊赛、对抗赛、邀请赛等兼具竞技性和娱乐性的赛事,推动体育竞赛与文化表演互相结合。通过打造武术、围棋、象棋、龙舟等具有民族特色的体育竞赛表演品牌项目,传承民族体育文化,发扬中国体育精神。此外,还要合理引导消费观念,鼓励各类媒体平台播出体育赛事节目,通过趣味性的创意和设计普及运动项目文化和观赛礼仪。

《浙江省体育产业发展"十三五"规划》中提出,重大体育赛事的举办能够为体育产业发展注入新的活力。并指出浙江通过举办 2022 第十九届亚运会、2019世界皮划艇马拉松锦标赛、2018 世界短池游泳锦标赛及世界游泳大会、2017 全国学生运动会等大型赛事,着力发展覆盖体育场馆服务、竞赛表演、体育建筑、体育旅游等业态的赛事经济产业链。

《浙江省人民政府关于加快发展体育产业促进体育消费的实施意见》中也指出,要大力发挥市场作用,引入社会资本承办赛事,借助政府力量,打造一批专业化、精英化、社会化的体育赛事运营企业和组织。以体育竞赛表演业为重点,实施竞技体育精品战略,构建完善的体育赛事管理制度和运营模式。支持杭州国际马拉松、宁波北仑国际女排系列赛事等品牌项目,引进国际单项体育赛事,鼓励地方申办综合赛事,以赛事为载体,普及健康管理、体育休闲的新型消费理念。

1.国际大型体育赛事中心转移

有数据表明,随着体育资本的扩张和体育资源等的全球性流动,国际体育赛事的中心正在由欧美发达国家地区向亚洲转移,亚洲等地正逐渐成为 21 世纪国际体育赛事承办的首选之地。尤其是在申奥成功以及成功举办 2008 年北京奥运会之后,中国正在以崭新的面貌吸引着国际体育赛事(如表 4-9 所示)。

表 4-9　1990 年来我国举办的国际大型综合体育赛事

序号	赛事名称	年份	举办地
1	亚洲运动会	1990	北京
2	东亚运动会(2019 年更名为东亚青年运动会)	1993	上海
3	世界大学生运动会	2001	北京
4	夏季奥林匹克运动会	2008	北京
5	亚洲运动会	2010	广州
6	世界大学生运动会	2011	深圳

序号	赛事名称	年份	举办地
7	东亚运动会	2013	天津
8	青年奥林匹克运动会	2014	南京
9	世界大学生运动会	2017	台北
10	世界军人运动会	2019	武汉
11	冬季奥林匹克运动会	2022	北京、张家口
12	亚洲运动会	2022	杭州

据英国机构调查数据显示,2007—2018年,中国举办了700多项国际大型体育赛事,影响力排名第一,远超其他国家,向世界展现了体育强国的良好形象(宋宗佩等,2017)。其中综合、单项体育赛事如雨后春笋般陆续开展,奥运会、体操世锦赛、女排锦标赛等彰显了中国体育健儿的精神风貌和竞技精神,从承办城市到参与人员,各个环节的努力付出让世界了解中国,让中国走向世界。

2.体育赛事逐渐发展为多元化平台

从最初的奥运会到欧美的NBA、欧洲足球联赛等,以运动功能为定位的体育赛事随着全球化的发展,融合科技、艺术、娱乐、金融、健康、时尚等各个行业,行业壁垒和国家边界在慢慢打破,体育资源和体育要素的全球化流动给体育赛事提供了更多的发展空间和可能性。因此越来越多的国家和地区开始热衷于主办或承办国际大型体育赛事。

一是通过体育赛事的申办让人民有机会接触和感受到竞技体育的魅力,同时贯彻全民运动的健康城市发展理念。在物质生活不断丰富的当下,提升人民健康管理意识,形成全民健身的良好氛围,丰富人民群众的精神文化生活。

二是借助国际大型体育赛事,积极宣传城市文化,展示城市形象和面貌,以赛事为依托,促进体育旅游、体育文化、体育动漫等产业的协同发展,不断提升城市在国内国际的综合影响力。比如北京奥运会体育场鸟巢、水立方,不仅是体育赛事的场馆,更是北京向世界宣传的窗口,甚至成为招商引资平台,吸引包括体育资本等的资金流入,来进行城市基础设施建设以及文化等软实力的提升。

三是体育创意无处不在。随着互联网、虚拟技术等科技的发展,体育产业借助科技的翅膀散发无限的魅力。体育基础设施更加先进,创意体验让民众更加热爱体育运动,也无形中带动了数字经济和体验经济的发展。通过体育营销,开发赛事徽标、赛事口号,发挥体育明星的粉丝效应,打造以体育赛事为载体的体育文化创意产业的多元化价值。体育文化创意产业对创新的追逐使体育得到科技的全副武装,从产品核心要素到赛事观赏性,从功能特征到市场效率等多个方面为产业发展插上腾飞的翅膀。

4.3.1 融合的价值

1.促进基础体育设施建设

(1)大型体育场馆

大型体育赛事举办的比赛项目种类繁多,需要多样性、专业化的场馆满足比赛要求,既要有比赛所需的训练场地、技术设备等硬件设施,也要满足现场、电视转播的观看条件。因此基础场馆建设是大型体育赛事举办的先决条件。各大城市为了成功举办赛事,赛前都会大力兴建一批满足比赛要求,同时赛后可持续利用的专业综合性场馆(如表 4-10 所示)。而对于原有场馆的改建扩建,在节俭办赛的理念下更是对城市体育基础设施的一次外观、功能的质的改善。不仅成为持续承办专业赛事的体育设施,同时更成为满足人们休闲旅游、体育锻炼的重要场所。比如 2008 年北京奥运会极具文化创意的国家体育场"鸟巢"和游泳中心"水立方",在圆满完成比赛任务后,便成为北京对外宣传的窗口和吸引国内外游客争相到访的旅游景点,成为北京的城市新地标。

表 4-10　大型体育赛事改造、新建场馆

举办年份	赛事名称	比赛项目	所需场馆(个)	改造场馆(个)	新建场馆(个)	投资额(亿元)
2008	北京奥运会	28(大项)+302(小项)	31	11	12+8(其中8个为临建场馆)	420
2010	广州亚运会	42(大项)+476(小项)	70	58	12	2200
2011	深圳世界大学生运动会	24(大项)+306(小项)	63	50	13	—
2014	南京青奥会	28(大项)+222(小项)	34	30	4	—

浙江省也将大力加快体育场馆开放,修建、兴建一批满足市民要求的体育设施,开展健身服务、体育培训、运动指导、场馆租赁、竞赛表演、健康管理等服务。增加大型赛事场馆的闲置空间利用率,合理建设城市公园等健身场地,引导发展登山步道、水上项目等户外运动项目,形成以体育基础设施为平台的旅游、会展、消费、商贸、康体、休闲等融合的多元化共建共享的产业集群。而现代体育赛事的场馆使用已经不仅仅局限在比赛本身,在设计之初,除了满足基本容纳、训练、比赛等功能外,还通过移动看台、升降挂幕、灯光音响等各种技术和手段,实现功能上的多元化;在满足体育比赛的同时,还进行文艺表演、大型展会等多样化经营,实现经济效益最大化。

①鸟巢后奥运时期利用情况

在北京国资公司的主导下,鸟巢通过市场化和多元化经营,逐渐形成了以大型活动、旅游服务、商业开发为主的业务框架。门票收入从 2009 年占总收入的95％降到了 2018 年的 25％,收入来源更加多样,收入结构不断优化,也提高了鸟巢的利用率。2009—2018 年,鸟巢共接待中外游客 3200 万人次,累积举办大型活动 600 余场。其中既有 2010 年巴萨中国行、2013 年巴西国家队巡回赛、2014 年巴西-阿根廷南美超级德比等国际顶级赛事,还有 2011 年的意大利超级杯,8 万多名观众现场观看比赛,票房突破亿元大关;同时也有汪峰、成龙、王力宏等明星的演唱会;为了普及大众体育,鸟巢陆续举办了鸟巢青少年系列赛事、鸟巢半程马拉松等体育文化活动。还在 2009 年推出第一个群众性体育品牌活动——鸟巢欢乐冰雪季,让滑冰、滑雪的冰雪主题公园成为广大市民健身、休闲的新选择。截至 2018 年,鸟巢欢乐冰雪季共接待游客 190 多万人次,甚至成为北京申请 2022 年冬奥会的展示内容,而鸟巢也成为双奥之城 2022 年北京冬奥会和冬残奥会的开、闭幕式场馆,真正实现社会效益和经济效益的双丰收。

此外,鸟巢还通过知识产权开发特许产品 20 多个大类,700 余个品种,包括鸟巢水、鸟巢茶、鸟巢酒、鸟巢咖啡等自主品牌,进一步挖掘了鸟巢的文化创意价值,扩大了鸟巢旅游服务、商业开发等的可持续空间。"鸟巢模式"的品牌输出已经辐射到了苏州奥体中心、拉萨市群众文化体育中心等场馆,让鸟巢的体育品牌价值和品牌创意带动更多的体育文化创意品牌产生。

②水立方后奥运时期利用情况

鸟巢和水立方的会后使用情况都超过 80％,水立方也成为 2022 年北京冬奥会冰壶项目比赛场馆,完成由"水立方"到"冰立方"的转变。而冬奥会在北京赛区的 12 个场馆中有 11 个场馆为 2008 年奥运会遗产。截至 2017 年底,水立方接待游客人数超过 2000 万人次,各类活动超过 1200 余场次,为 200 万群众提供游泳服务。大型活动不仅包括 2018 国际泳联游泳世界杯系列赛、首届国际青少年游泳邀请赛等国际大赛,全民游泳健身周、北京市全民游泳大赛等群众体育活动,也包括了 2018"文化中国·水立方杯"唱响双奥之城华侨华人大联欢、2018 天猫"双 11"全球潮流盛典、"点亮蓝灯"系列等公益文化活动。同时还承担了 2014 年 APEC 第二十二次领导人非正式会议欢迎晚宴这种国家级的接待活动,给各国领导人留下了深刻的印象。水立方逐渐成为高端赛事、庆典晚会、"真人秀"、品牌发布的首选之地。

(2)健身等配套设施完备

大型体育赛事的举办会投入大量的资金用于基础设施建设,其中群众健身场地和设施的新建、完善,相关体育(中介)运营机构的成立、成长,都会对赛后城市的体育文化产业发展起到很好的铺垫作用。配套设备的完善解决了全民健身活动的举办、市民日常体育休闲运动的进行,极大丰富了城市基础功能的提升。很多大型体育赛事在筹办期间,对于体育场馆在举办城市的地理分布也做了充足的规划和安排,新建设施集中在基础薄弱区域,改建扩建设施集中在原有场馆区域,以提升原有设施的更新换代。基础设施的完备也为赛后群众体育、大众健身等活动项目的举办提供了硬件支持。

2.拓宽市场发展空间

德国的哲学家卡西尔(Ernst Cassirer)曾经提出"符号理论",认为体育赛事能够满足举办城市居民需要的"文化符号"。而这个文化符号也将奠定体育文化创意产业发展的形象识别和市场基础,为产业的成长提供了源源不断的动力支持。我国体育文化创意产业的发展目前还处于初级阶段,市场发展空间和效益都有待进一步提升。大型体育赛事的成功申报和举办,为体育文化创意产业的良性发展创造了更大的市场空间。一场大型体育赛事的举办需要创意设计、产品包装、营销推广等各个细分行业的通力合作,因此会带动相应行业进一步推动体育文化产业的持续更新。比如以赛事吉祥物为主的动漫周边衍生品行业、以体育场馆为主的健身娱乐或旅游产业等等。

一场成功的体育赛事的举办,能够让优秀的创意人才、奇特的创意文化等涌入体育文化产业,激发人才、要素、资源等的有效交互和流动,为体育文化创意产业的发展提供更多符合时代要求的信息和内容,使之能更快满足消费者的需求;同时不断积累壮大的体育文化创意产业的发展,反过来又能为新的体育赛事的申办提供强大的产业支撑。

体育赛事中创意、文化的结合改变了传统体育单一的发展模式,形成体育、创意、文化三维的立体发展理念,把创新力、文化力、生产力有机融合,实现了体育产业的飞速发展。

3.产生规模经济价值

大型体育赛事的举办会带来巨大的经济效益。随着人们对体育文化关注度的提高,大型知名的体育赛事具有强大的受众群体和市场覆盖面。大型体育赛事将抽象的体育文化创意产业实体化、具象化,使之走进人们的日常生活中,通过听觉、视觉、触觉等感官体验,赛事所产生的电视转播权、标志产品的专营权、赞助费、广告门票纪念品等的经济收入,甚至包括举办期间的交通运输业、旅游业、餐饮业、保险业等周边产业所产生的经济价值,都将带动相关地区体育文化产业的蓬勃发展。这样的经济价值和效益也将会延续到赛事结束后相当长的一段时间,成为城市形象和影响力飞跃的转折点。

比如 2005 年的上海网球大师杯赛总价值为 4.49 亿元,其中仅赛事本身收入为 1.07 亿元,对经济的拉动达到了 3.42 亿元,远高于赛事本身的经济效益;而到了 2007 年,这一拉动效应就上升到了 6 亿元,增长了将近 2 倍。

4.体育精神文化的升华

改革开放以来,我国经济总量不断增长,人民也享受到了国家改革发展的红利,物质生活不断得到满足,对美好生活的追求和向往越来越强烈,并且更加注重精神文化的消费和需求。体育文化创意产业正是在这样的土壤下发展成长的,而体育赛事让这样的文化创意真正来到普通百姓身边,给普通大众带来一场场精神文化大餐。

(1)消费结构发生转变

根据马斯洛需求层次理论,当一个国家民众的基本物质需要得到满足后,将向高层次的精神需要迈进,社会消费结构也随之向精神文化消费转变。随着人民物质生活水平的提高,不仅转向精神消费,而且基于休闲型等的体育消费也会蓬勃发展,并且由单一的体育消费向复合型、多元化方向发展,成为拉动居民消费结构的重要增长极。体育赛事是离民众生活最近的体育产业载体,丰富的多元化体验等形式降低了民众参与的门槛,扩大了市场消费空间,促进了体育文化创意产业的高速发展。

(2)体育无形资产成为助推器

运动品牌、体育用品、赛事口号标语等所形成的产品体系,经过体育创意的研发和设计,大范围进行营销宣传,在获得较好产业利润的同时也提升了品牌价值。这些宝贵的体育文化遗产能够成为城市进化的良好驱动力,烘托城市文化氛围,促进城市纵深发展。

(3)赛场文化增加吸引力

通过体育赛事结果的不确定性和比赛对抗的激烈程度来吸引观众的目光,抓住观众的心,用现场主持、实时互动、文艺表演、明星效应、品牌赞助、媒体造势、队服口号、观众参与等创意活动营造赛场文化,烘托热烈的比赛氛围,形成消费者和参与者的情感共鸣,鼓励更多的粉丝和观众到现场感受体验体育文化的魅力。

体育赛事观赏性和娱乐性的增强也是社会需求发生转变的结果。把科技创新多方位地运用在体育产业中,以此激发体育爱好者和消费者的参与热情,唤起体育赛事和体育品牌的社会影响和社会关注。不论是体育场馆内现场观摩的热烈氛围,还是借助通信摄影器材视频直播的视觉冲击,都能让观众在各个时间、空间更好地观赏比赛,沉浸在刺激、兴奋的体育世界里。

4.3.2　融合的表现

体育赛事是一项具有产业性质的文化活动,运营机构要从经济环境、社会文化环境、人文环境等方面对赛事举办进行全面考量,要关注消费者的时变需求,充分利用环境条件,开展影响力大、参与性强、覆盖面广的大型体育赛事。通过广告宣传、媒体报道等传播途径,提高体育赛事的市场价值。体育赛事通过文化创意在门票销售、媒体转播、赛事赞助与广告销售、赛事相关项目开发等方面的助力,能够更好提升其经济效益和社会效益。

据统计,2008 年北京奥运会期间的创意产业整体发展以每年 0.8~1% 的速度增长,进一步优化了北京市体育产业结构,对于产业品牌的形成打开了新世界的大门。而体育赛事极具创意的策划不仅提高了赛事的影响力,同时创意与城市的结合,更成为城市品牌对外宣传的窗口。例如在上海召开 2010 年世博会期间,上海国际马拉松主办方就把世博园区规划在线路当中,打破了每年举办马拉松的视觉疲劳,同时更是上海国际马拉松以及世博会向世界展示的平台。2012 年,现代城市水岸景观徐汇滨江又纳入马拉松版图,让运动员和观众尽情感受上海日新月异的变化,对城市马拉松的品牌内涵进行了很好的延伸和扩展。

体育赛事举办需要前后关联许多产业,来支持赛事的成功申办和举办,因此赛事产业本身也有其产业链,为满足各方需求以达到链条绩效的最大化。产业链涵盖了赛事举办的上游、中游和下游,包括上游的赛事策划、营销、基建、生产,中游的组织、赛会服务、赛事运作、场馆管理,下游的餐饮、旅游、住宿、购物、金融、零售、交通等等服务性行业(如图 4-6 所示),产业链的通力合作才能最大限度发挥赛事本身的经济效益和社会效益。而其中的各个环节都体现着体育文化创意的身影。

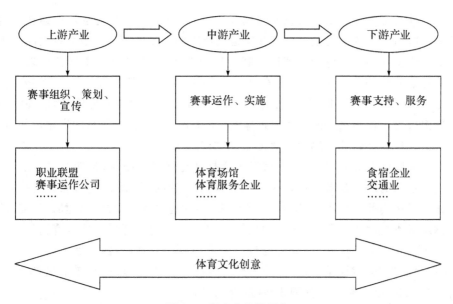

图 4-6 赛事产业链划分

资料来源：祝芳. 城市赛事产业链研究[D]. 南昌：江西财经大学，2014.

1. 与体育赛事上游产业的融合

（1）赛事赞助与广告销售

1990 年李宁品牌通过赞助北京亚运会开创了中国运动品牌体育营销的先河，赞助赛事成为中国体育营销的重要方式。1999 年，安踏启用孔令辉做品牌代言人，"赞助＋代言人"的营销模式进一步丰富了运动品牌的营销方式。赛事赞助与广告销售有助于赛事运营单位通过赛事这个载体提升企业形象、增加观众认知度和熟悉度、提升美誉度。简单的广告板、喷绘、海报等氛围的营造，其实质不仅仅是赛事成功举办的资金来源，也是运营单位获得利润的重要渠道，大大降低了赛事举办的融资难度和财务风险；而赞助品牌通过体育赛事的知名度，策划一系列有创意的营销活动，打破地域、种族、语言、文化的障碍，也迅速提升品牌的覆盖面，深耕品牌商业价值。

比如美国 2007 年玫瑰碗职业棒球决赛的 30 秒广告费为 240 万美元，而这个数字在 2018 年达到了 500 万美元。借助吸引超过 1/3 美国人观看比赛的巨大影响力和覆盖面，比赛的黄金时段成为赞助商品牌推广的重要渠道。赛事运营机构要根据举办地的整体情况，以实现赛事运作目标为前提，寻找长期稳定有保障的赞助单位，为赛事的成功举办积累资源。

根据《中国电视体育营销研究报告》调查数据显示，50％以上的观众认为更容易记住与奥运相关的广告或品牌宣传,并且有 40％以上认为会对奥运相关宣传的品牌增加购买的可能性。因此奥运会此类的大型体育赛事成为各大品牌争夺的广告赞助热点。中国的啤酒品牌燕京啤酒在 2002 年就与美国休斯敦火箭队签订了 6 年约 600 万美元的赞助合同,帮助燕京啤酒打开了美国市场。在 2014 年巴西世界杯期间,因产权保护赛事视频不能在微博上传播,燕京啤酒就与新浪推出了比赛第一时间动态进球图,并且附上燕京在世界杯的广告图片,让品牌借助世界杯的热点迅速广泛传播,增加曝光度。

青岛啤酒在 2008 年借助北京奥运会打破地理区域限制,走向全国之后,开展了一系列的广告公关活动,与湖南卫视联手打造《我是冠军》等节目。之后,又在伦敦奥运会前与中国"冠军之队"签约赞助,并通过签约刘翔、易建联、何姿、陈一冰组成青岛啤酒"冠军之队",利用体育明星的影响力开展品牌体育营销。在 2012 奥运年,陆续开展"喝青岛,游伦敦"活动,在全国范围内开展了 5000 余场"全明星周末"奥运体验活动,借助"冠军之队"体育明星以及"为激情喝彩,与世界干杯"的主题口号展开强烈攻势(商倩,2016)。

(2)开、闭幕式演出

大型体育赛事的开、闭幕式表演成为文化创意集中展现的大舞台。举办城市或国家把传统文化、历史积淀,在体育精神的结合下,利用现代灯光舞美、队形变换的方式,3D 裸眼、全息投影、虚拟成像等技术吸引世界观众的关注,不仅为赛事带来了大量的忠实观众,更在国际舞台上宣传了城市形象。我国拥有绵延几千年不间断的历史文化,有着博大精深的特色资源优势,在中国不断崛起的新时代背景下,中华民族文化与奥林匹克文化的创新结合,成为讲好中国故事,传递中国声音,传播中国价值的体育舞台(如表 4-11 所示)。

表 4-11　部分大型体育赛事开幕式文化创意点

名称	表演人数(人)	文化创意点
2008 年 北京奥运会	14000	以"绘画长卷"为线索,表现中国四大发明、丝绸之路、音乐书法等元素,借助灯光和其他技术,用"身体作画"等形式呈现中国和平崛起的大型史诗,成为现象级的文化事件
2010 年 广州亚运会	—	以"水"为主题,透过水文化展现了中国南方文化韵味。以珠江为依托的舞台、以城市夜景为点缀的背景,演绎了"海上丝绸之路""郑和下西洋"等节目,淋漓尽致地体现了"起航"主题

续表

名称	表演人数(人)	文化创意点
2014年 南京青奥会	4000	以古代浑天仪和紫金山望远镜为线索呈现过去、现在和未来,茉莉花、云锦、雨花石等南京元素更是在服装、音乐、舞蹈等载体上焕发新的生命力,多媒体投影技术、3D虚拟成像艺术实现裸眼立体视觉效果,"点亮未来"的主题展现了中国青年的精神风貌,中国梦和青春梦的完美呈现

而开、闭幕式的文化大餐,让全世界了解中国不同地域的文化特色,让古老传统的文化元素、文明成果在新时代的创意创新下,赢得更多观众的认同,尤其是满足青年人的现实审美,让中华文明在年轻人心中生根发芽,传承发扬。令人倍感亲切的城市元素提升了城市魅力和影响力,更提升了举办城市、国家的人民的文化认同、文化自信,是中国文化走出去最好的口碑传播方式。

除了开、闭幕式演出,在赛事单项比赛的间隙,也是创意产生的摇篮。美国NBA比赛在每一小节中间休息的时间,会安排大学生健美操表演、街头篮球表演等,成为活跃紧张比赛的欢乐时刻,增添了比赛的观赏性和吸引力,又避免了冷场,为赛事的多元化发展、多产业联动打下基础(吴平,2014)。

(3)周边产品

由于赛事时间等条件的限制,要想获得更多的商业收益,就要依托赛事相关项目的开发。而其也逐渐成为赛事经济和品牌收益新的增长点。虽然赛事的举办受到时间的限制,但周边产品的开发和推广能够扩展赛事的影响边界,使得其经济和社会价值具有可持续性。比如赛事的队服、纪念品等,赛事场地赛后的充分利用,有形和无形的产品都能通过赛事的影响力得到快速的升华。因此赛事周边产品包括有形产品(运动服饰、纪念玩具等),无形产品(体育游戏、动漫影视等),品牌开发(团队明星文化、体育娱乐节目等)。以赛事版权为核心,扩大产业链条辐射性、衍生性价值,以赛事为驱动带动相关产业的发展(段梦婷、宋昱,2018)。

除了国家层面,越来越多的地区或组织开始重视体育文化创意在赛事周边产品中的运用。国家体育总局体育文化发展中心就联合江苏省体育局开展了2019年中国体育文化创意与设计大赛暨江苏第二届体育文化创意设计大赛,其中包括体育赛事周边产品设计、体育文博周边产品艺术品设计两大主题,作品涵盖文创产品、体育休闲服饰、赛事周边产品、生活办公用品等。以生活化、专业化、产业化为导向,将赛事作为纽带,依托智力资本汇聚创新创意设计,促进体育创新创意水平提升；以赛事为载体，构建信息共享的交流协作平台，提升体育行业优质资源整合和对接力度；注重以赛事为抓手，打造全国示范样板赛事，有效形成体育文化创新创意的赛事文化氛围，加快体育文化产业融合发展。

以赛事吉祥物、会徽等衍生出的周边产品，一方面增加了赛事的亲和力和影响力，为赛事增添了温馨、时尚的点缀，成为赛事旅游难忘记忆的时空延续；另一方面还增加了赛事本身的收入，有的周边产品巨大的升值空间也为赛事的多元化发展翻开崭新的篇章。2008年北京奥运会的拾圆奥运纪念钞，根据南方文交所估计，其在2018年已经升值到了5856.33元，10年间增长了近600倍。除此以外，以吉祥物福娃贝贝、晶晶、欢欢、迎迎、妮妮和会徽——"中国印·舞动的北京"组成的吉祥物邮票和会徽邮票，包括黄铜合金普制币、150元的精制金币、10元的精致银币的奥运纪念币，都有不同程度的翻倍升值情况。可以说，这些衍生品已经不仅仅是奥运会纪念意义的延伸，更成为收藏价值、经济价值的体现。

2.与体育赛事中游产业的融合

(1)门票销售

门票经营和销售是体育赛事运营和成功举办的重要保障。对于有影响力和吸引力的大型赛事门票，运营机构要提前进行多轮的营销活动，可以根据当地的消费水平和特殊偏好，经济发展水平和文化环境，合理确定门票价格和促销方案，最大限度地满足多种不同类型的消费者需求。门票销售和收入是一项赛事举办的基础，如果门票销售不理想，则赛事的赞助收入、转播效果等都会受到一定的影响。2004年雅典奥运会可售门票总量为530万张，最终仅售出358万张，销售率约为70%，高达30%的门票没有为赛事带来经济效益。又如，2010年在印度举办的英联邦运动会比赛预售门票约170万张，最终却只售出60万张，不高的门票销售率不仅影响赛事收入，更会影响现场比赛氛围，甚至影响选手比赛发挥。因此，大型体育赛事为了避免门票的剩余率过高，除了赛事本身的宣传以及考虑到地区消费水平的门票价格定价区间以外，赛前的门票创意营销也成为越来越多赛事需要解决的问题。

被誉为体育创意产业代表性人物的大卫·斯特恩，就通过媒体技术，利用体育明星——乔丹的英雄形象，结束了几十年前NBA推广赛事时挨家挨户敲门送门票的局面，把NBA赛事推向了新的高潮。在新媒体以及现代营销策略的影响下，如今的大型体育赛事门票营销也有了更多的选择和方案。上海在2015年国际田联钻石联赛中，就采用了购票可以获得赞助商提供的"嘉银金融现金卡"和"斯巴顿健身季卡一张"；在2014年冰上雅姿盛典上海站中，购买情侣套票可以在当天领取爱心抱枕一个，并且在中场休息时可以参与大屏幕秀恩爱互动。

上海商业性体育赛事也逐渐形成了以"购票赠送礼品""凭门票免费乘坐大巴""凭门票参与现场活动"等门票衍生服务。另外,根据学者调研数据,除去交通、礼品等的衍生服务,消费者还希望通过门票可以享受到旅游景点门票优惠、比赛场馆周边餐饮优惠、住宿优惠、购买赞助商产品优惠、享受赛场免费 wifi 等服务,为主办方门票营销组合提供了更多参考(刘炎斌、朱晓东,2018)。

除此以外,2015 年在福建福州举办的第一届全国青运会上,赛事主办方不仅设置了 10～800 元的门票价格区间,包括特别定制的 10 元学生票,扩大了比赛的普及范围,提高群众参与度;同时,还把福州的风土人情和体育比赛的竞技精神融入门票的设计印刷中,并且配以"清新福建,有福之州"的文化底蕴,让榕城元素透过门票的载体成为城市形象宣传的渠道,更是吸引了大量的体育爱好者和门票收藏者的关注,提高了门票文化营销价值。在促销方面,观众持青运会门票可以免费乘坐公交专线;市民凭借身份证等有效证件可以免费观看田径比赛;持证运动员、教练员、裁判员、代表团工作人员在赛事举办期间可以免费游览福建省 160 家景区(景区第一道门免费)。这些不只是强化了赛事的宣传,使之真正成为全民的体育盛会,更是带动了福建旅游业发展。

(2)媒体转播

大众传媒改变了体育本身和体育功能的影响,体育赛事所具有的功能已经不仅仅是比赛的得分、胜负等,在新媒体时代,体育文化、项目魅力、城市形象等赋予了体育赛事传播的新使命。由于互联网的快速发展,新媒体赛事转播在一定程度上解决了赛事举办的时空限制,扩大了赛事的覆盖面。赛事转播权的平台确定、转播信号的使用等等,都会让通过电视或网络观看的观众直接形成对赛事的第一印象。直播平台覆盖面小、画面质量差、信号不稳定等都会降低观众的观赏体验,进而影响赛事的收视率,赛事的宣传以及城市形象的传播会大打折扣。因此,转播平台和转播技术是刺激体育赛事市场繁荣、美化举办城市形象的有力武器。

互联网时代赋予了体育转播更多的可能性,除去传统的电视媒体转播,越来越多的互联网企业也开始涉足体育领域。苏宁旗下的 PP 体育逐渐形成以足球产业为核心的体育平台。其拥有欧冠、欧联、中超、英超、意甲等重量级赛事的体育版权,以及 WWE、UFC 等顶级美式格斗赛事版权,还招揽了黄健翔、詹俊、董路等在内的体育解说名嘴。PP 体育透过赛事转播,以共同的兴趣爱好和人性情感链接,构建用户社群,通过与用户的直接链接,传递大量的品牌信息,让品牌快速融入体育 IP,把体育变成情感消费品。PP 体育致力于借助短视频、社区、自制节目等方式,通过互动红包、大咖创意解说口播等形式让平台用户保持对体育相关产品、品牌信息的讨论热情。在给观众更好观看体验的同时,实现了用户、品牌主、平台的多方共赢。

科技进步改变了体育赛事的转播形式,让屏幕前的观众更加直观、真实、舒适地观看比赛。比如在上海F1大奖赛中,运用小画面等手段同时展现处于争夺中的赛车之间的相对位置、实时速度等参数,扩充的信息量增强了其专业性,也普及了赛事本身,同时还通过3D示范和图示等形式,解析车手在赛车内的姿态以及为保护手头部在赛车角度设计上的精细程度。通过微小的细节让观众真实感受到比赛的紧张刺激,了解比赛魅力,让专业粉丝掌握项目领域更具专业性的知识(鲍芳、苗华威,2014)。

3. 与体育赛事下游产业的融合

(1)体育旅游

文化创意让城市的体育资源得到进一步的开发和挖掘,为体育产业的全产业链发展带来创新动力。体育赛事当中的文化创意也很大程度上提升了城市品牌形象,吸引更多的赛事参与者和旅游者,包括赛事后期的城市旅游发展,都发挥了举足轻重的作用。赛事的举办,不仅让文化创意的元素出现在城市基础设施上,比如特色街道、城市地标等,也包括城市文化的宣传、人文理念的强化,让举办城市在职业道德、家庭美德、居民素质等软环境上同时为旅游业的发展奠定基础。如今越来越多的城市开始把体育赛事从专业性运动员的盛会过渡到大众广泛参与的群众盛会,大量的群众体育赛事加入城市文化,成为新形式的旅游吸引力之源。

首届2018"酒鬼酒吉首矮寨大桥国际马拉松"活动就把马拉松赛事与吉首旅游资源进行了创意性的结合。赛事以"云端上最燃的马拉松"为主题,让选手和参与者不仅可以进行体育运动,更可以欣赏到沿途靓丽的民俗风情和生态景观,像古朴秀美的苗寨民居、千年奇观的德夯大峡谷,尤其是在2013年被美国NBC旗下的今日新闻网站推荐的10个非去不可的世界旅游新地标中中国唯一的代表景点——矮寨大桥,为"马拉松＋旅游＋原生态"文化体验的品牌增添了核心竞争力。其中还创造性设置了具有台湾特色的补给点,精心的造型设计、特色的补给物品都受到选手喜爱,通过赛事增进了两岸旅游、文化的互动交流。此外,矮寨大桥蹦极、低空跳伞、高空走钢丝等体育赛事活动也为吉首体育旅游资源的创意开发奠定了基础,成为苗寨文化、传统文化走出去的窗口,成为旅游资源吸引游客的桥梁。

杭州作为浙江省省会和长三角重要城市,举办的以城市旅游资源为依托的参与型赛事,也成为吸引参与者来杭旅游的因素。2017年,杭州市举办杭州国际马拉松、骑游大赛、西湖跑山赛、西湖群山越野赛等赛事200余场,把赛事与城市文化旅游资源进行了有效融合,让参与者在比赛过程中领略杭州的自然和人文景观。另外还有创意性的节庆赛事资源,比如西湖国际瑜伽文化节、西溪龙舟文化节、西湖赛艇节等各个类别的体育赛事,实现了"文化传播＋实践体验＋表演观赏"的赛事旅游模式,带动了住宿、餐饮、交通等一系列行业的快速发展(宋凯,2017)。

(2)其他

除了赛场和场馆的建设,大型体育赛事的举办还需要更多的人文活动作为补充,让运动员在高强度的竞技之外,能够了解到举办城市的特色文化,感受家的温暖。2008年北京奥运会期间,在奥运村完善硬件住宿条件的同时,还通过丰富多彩的文化生活践行"人文奥运"的理念。组委会为运动员准备生日卡和祝贺卡,准备友谊赛,并为获奖运动员赠送具有北京特色的明信片、徽章等。而除了赛事期间的"中国故事"文化展示活动、奥运村晚间广场文艺演出、中华文化互动性体验等活动以外,丰富多彩的群众性文化活动更是从2008年3月一直持续到了9月,来自世界各地的2万多名艺术家汇聚北京,演出超过260台优秀剧目、160场国内外大型展览。

2011年深圳世界大学生运动会期间,主办方就在大运村举办了一系列的文艺演出,有本土乐队的流行音乐会、交响音乐会等23场文化活动,展示中华优秀文化和深圳的青春时尚气息。2014年南京青奥会期间,组委会举办运动员了解南京的文化教育活动,有古城墙探秘、老山国家森林公园探险寻宝,南京文博之夏系列活动等20多场,涵盖了文化展览、读书征文、讲座多种类别,让各国的青年运动员交流青春梦,欢度青春的体育生活,感受南京的文化脉搏。通过有创意的系列文化教育活动的开展,让城市文化和体育文化交相辉映,让奋力拼搏的体育竞技精神激励人们,让健康运动的当代生活理念深入人心。

4.4　阿里体育与赛事的融合

阿里体育是阿里巴巴旗下平台,以数字经济思维触及体育产业的新尝试。其依托阿里巴巴的大数据,把需求方与天猫、淘宝、支付宝等用户互联打通,同时将供给方的各类赛事、协会等信息进行对接,通过会员制的形式增加用户黏性,让体育更简单,更有趣,致力于促进人们健康生活方式的选择。通过平台,会员可以直接查询国际足联、国际泳联,以及其他组织的赛事活动,在平台上可以方便快捷完成信息搜集、赛事观赏、比赛报名、会员积分等一系列环节,甚至链接到淘宝等平台购买相应赛事或体育用品,实现全产业链的打通和布局。

2019 年《这！就是灌篮》第二季中,不论是白敬亭作为篮球发起人,还是孙悦、王仕鹏作为常驻教练,抑或是 NBA 球星韦德、尼克·杨等作为嘉宾教练,将竞技性和娱乐性充分结合,配合 CUBA 独家运营权,阿里体育借助平台的流量,发挥 CUBA 明星球员的效应,让篮球运动的普及从校内走到校外,实现阿里的"篮球梦"。

4.4.1 与 2022 杭州亚运会的合作

2018 年,阿里体育宣布与亚洲奥林匹克理事会达成战略合作伙伴关系,获得亚奥理事会旗下亚运会、亚冬会、亚洲室内武道运动会等赛事市场开发权。在 2018 年平昌冬奥会上,阿里体育充分展现了其数字思维,通过阿里云 ET 大脑、电商、直播互动、智能化个人推荐等,真正实现数字奥运,形成智能奥运引导。

而在 2011 年,浙江省体育局和阿里体育就签署了战略合作,期待智慧引擎为杭州亚运会保驾护航。通过阿里在云计算、数字媒体、大数据方面的尖端科技及专长,把智能支付、智慧出行与比赛智能场景相结合,在人脸识别、电子赛事手册、票务、场馆功能增值、城市基础服务等方面,形成城市智能交通大脑、无人驾驶等,合力杭州亚组委,按照奥运标准为杭州亚运会提供服务。阿里体育还将协助亚组委和亚奥理事会,带来全新的市场开发模式,用数字营销的方法,以细化分层的思路解决信息不对称和壁垒问题,根据项目和场景的不同打造专属的广告形式、互动方式以及推广方案,为赛事创造更灵活、更具有识别度的市场空间,为赞助商提供更多样化的选择余地,用平台思路聚合资源,突破空间限制。

双方也将以亚运会的合作为契机,共同推动浙江体育产业的智能化、高端化发展。加快体育产业结构转型升级,促进体育消费,通过构建浙江省全民健身智慧云平台,打造全省集健身、场馆、培训、国民体质监测数据等为一体的公共服务平台,加大信息的交流共享,通过发挥信息的有效价值为产业决策提供依据,以大数据提升政府公共体育服务能力。除此以外,落户笕桥的以电竞为主题的阿里体育园,也正在建造亚运级的电竞馆,计划成为 2022 杭州亚运会电竞比赛的主场馆。亚运会之后,阿里体育园还将做好后亚运时代规划,将建设融入阿里音乐、天猫、支付宝数据等集电子竞技、全民健身、文化创意、休闲娱乐于一体的都会休闲场所,成为杭州市民健身娱乐、时尚运动、智慧健康的新选择。

4.4.2 自主原创赛事

阿里体育深知原创体育赛事的价值和魅力,除了获得美国职业橄榄球大联盟 NFL 在中国的转播权,成为国际足联俱乐部世界杯 2015—2022 年独家冠名赞助商,与国际拳联达成 20 年的战略合作,推进拳击赛事升级、职业化发展等等,阿里体育还积极开发和推动原创赛事。其推出的第一个原创赛事就是世界电子竞技运动会(WESG)。电子竞技成为中国游戏市场的重要组成部分,其市场收入更是在 2015 年占到了中国游戏产业收入的 19.19％。电竞虽不是传统的体育项目,但已经被国家体育总局正式列为体育竞赛项目。

在"中国电竞之父"张大钟眼里,电子竞技相对于传统的体育运动赛事,市场发展和盈利的空间巨大,变现渠道丰富,除了门票、赞助、广告等的盈利收入外,还包括在互联网时代下的版权销售、平台直播、赛事主播效应、选手辐射效应等等。首届 WESG 投入超过 1 亿元,赛事的全球总奖金达到 550 万美元。此外,阿里体育更是把电子竞技项目送上了亚运会舞台。在 2018 年雅加达亚运会上中国电子竞技队以 2 金 1 银的战绩完美收官,而作为雅加达亚运会上的表演项目的电子竞技,更是成为 2022 年杭州亚运会的正式比赛项目。

阿里体育的第二个原创赛事是国际网络路跑联盟 WORA。这是中国第一个将互联网与传统赛事完全结合的路跑赛事。除了虎扑跑步等知名的路跑 App 加盟以外,海南国际马拉松等传统体育赛事也陆续参与进来,2015 年入驻的相关运动赛事达到 134 场。同时依托阿里强大的天猫、淘宝平台数据显示,路跑类商品消费总额达到 280 亿元,消费人群达到 7300 万人。平台还积极发动公益路跑活动,2016 年的 11 月 27 日在武汉站的路跑活动中,为 12 月 1 日世界艾滋病日呼吁关注艾滋病群体,1000 多名跑步爱好者奋力开跑。主办方将本次赛事所有报名费捐献给湖北省慈善总会,为艾滋病的防治和救治贡献力量,同时也让每位开跑者成为公益的参与者和捐赠者。

4.5　2022 年冬奥会与张家口崇礼太子城冰雪文化小镇的融合

张家口崇礼区现已建成大型滑雪场 7 家,拥有雪道 169 条,共 162 公里,2017—2018 年雪季共接待游客 284.2 万人次,实现旅游收入 20.3 亿元。小镇位于 2022 年北京冬奥会张家口赛区核心区,作为冬奥会配套项目之一,连接云顶与古杨树 2 个竞赛场馆群,规划总投资 140 亿元,总占地面积 2.89 平方公里,总建筑面积约 120 万平方米,常住人口达 5000 人。小镇遵循"尊重自然、集约资源、中国风格、国际标准"的设计理念,将可持续性和系统性原则融入其中,坚持小体量建筑、轻触式建设,注重保持周边自然风貌,打造以健康休闲和会议度假产业为核心,集颁奖广场、冬奥塔、文创商街、会展酒店、滑雪学校、运动康复基地、国宾山庄、绿色生态住宅等板块于一体的国际化四季度假小镇。

崇礼太子城冰雪小镇在冬奥会前以国际标准规划、建设、运营小镇,冬奥会期间将提供冬奥颁奖、贵宾接待、交通换乘、休闲娱乐等保障服务。冬奥会后将秉承可持续发展理念,与全球各类合作伙伴共同搭建生态平台,以国际化四季度假的理念来运营小镇。

小镇由会展酒店组团、文创商街组团与国宾山庄组团三大功能区组成。在文创商街组团中,以开放式主题商业街区、精品民宿酒店、各具风情的餐饮酒吧等作为重点,融入时尚年轻的多元化元素,并搭配大型运动体验、主题儿童乐园等,汇聚成面向情侣、亲子等多消费群体的互动多功能区。除了滑雪之外,还可以尽情购物、唱 K、看电影,打造充满无限可能的冰雪乐园;形成以滑雪为支点,集文化体验、体育运动、观光游览、休闲度假为一体的一站式森林游养目的地。

张家口将以冬奥会的举办为契机,以大型体育赛事为基础,打造中国冰雪运动中心,推动零度以下经济的发展,计划将崇礼区申报为国家级体育休闲综合示范区,将越野滑雪等专业赛场列入国家级训练场地。并且在赛前基础设施建设阶段就提前规划赛事遗产用途,比如赛后继续承办中外大型冬季运动赛事,以滑雪旅游、户外运动以及会展经济为特色,建设世界冰雪运动旅游胜地。加大对冰雪项目的引进和投资,促进多产业的协同共赢,建设集冰雪装备制造、销售展示、休闲体验、运动训练等为一体的冰雪产业基地。

此外,张家口将借助冬奥会的巨大影响力和辐射力,规划到 2025 年,全市累计建成各类滑雪场 30 个,建设雪道 600 条 500 余公里,滑冰馆 3 个,冰雪特色小镇 20 个,全年市场接待能力预计达到 2000 万人次,充分发挥冰雪运动优势,树立国际品牌知名度。

第五章　体育文化创意产业的案例分析

5.1　中国女排北仑主场系列赛事

5.1.1　发展历程

改革开放以来,依托长三角一体化的区域优势,宁波北仑的经济迎来了快速发展的机遇,各项事业走在全市甚至全省前列。随着经济的高速增长,国际化的港口急需一张更具影响力的名片,助推开放的北仑走向世界,提升北仑在国内外的知名度和美誉度。团结拼搏的中国女排团队就成为北仑走出国门走向世界的重要载体,中国女排主场概念的开创性提出使中国女排与北仑结姻,北仑体艺中心则成为中国女排的新主场,中国女排与北仑共同打造"新女排,新北仑",在中国体育界开创先河。借鉴每年一度举办被称为"小世界杯"的瑞士女排精英赛而闻名的瑞士小城蒙特的模式,将女排和北仑紧密联系在一起,中国排协也期望中国国际女排精英赛成为与瑞士女排精英赛齐名的国际知名赛事。

2004 年 10 月,北仑成为"中国女排指定主场"。2005 年 3 月,经过征集北仑推出了中国女排主场标识。整个图案以港口、轮船、海水等北仑元素为基础,把排球和红日相结合,寓意惊喜和希望,通过强烈的色彩对比和视觉冲击,诠释了"新北仑,新女排"的精神风貌。此外,以北仑特有的珍稀动物、具有活化石之称的"棘螈"为原型设计的主场吉祥物——圆圆,也展现了北仑亲和、活泼、热情、友善的城市形象。北仑围绕排球文化开发了一系列赛事衍生产品,包括吉祥物公仔、钥匙扣、球迷棒、文化衫、纪念品等,延伸了赛事的影响力。2007 年,中国女排北仑主场主题曲《让世界与我们共成长》应运而生,透过音乐将女排精神深深扎根在宁波北仑。

一个投资2.3亿元,占地面积6.96万平方米,拥有6500多个座位的宁波北仑体艺中心,从2005年起,成为"中国女排主场"。截至2019年,北仑已经成功承办了22次重大国际排球赛事,包括6次中国国际女排精英赛、6次世界女排大奖赛分站赛、1次世界女排锦标赛资格赛、3次世界女排大奖赛总决赛、2次世界女排联赛、2次世界男排联赛、1次国际排联东京男排资格赛、1次国际排联东京女排资格赛。一个县区级的区域,连续举办系列国际级赛事,这在全国堪称第一(如表5-1所示)。

由于出色的组织承办工作,2005—2008年北仑赛区连续4年被评为全国最佳体育赛区,达到近年来中国承办的国际排球赛事的最高水平,北仑区体育局也因此获得了2005年宁波市体育突出贡献奖。2009—2012年北仑区体育局被评为全国群众体育先进单位。2012年世界女排大奖赛总决赛被评为浙江省最佳体育赛事。2013年北仑区被评为全国20家全民健身示范城市(试点单位)之一;2017年度宁波市大型体育赛事突出贡献奖。2015年北仑区体艺中心获国家综合体育训练基地命名,是目前浙江省唯一的国家体育综合训练基地。国际女排赛事的举办也为北仑区域的发展带来了丰富的社会效应和经济效应。

表 5-1　女排系列赛带动下的北仑排球赛事(部分)(2005—2019 年)

年份	时间	活动名称
2005	5 月 24 日至 5 月 28 日	"申洲杯"中国国际女排精英赛
	6 月 24 日至 6 月 26 日	"贝发杯"世界女子排球大奖赛(宁波北仑站)
	8 月 3 日至 8 月 7 日	"戈凌蓝杯"世界女排锦标赛资格赛(宁波北仑)
2006	5 月 26 日至 5 月 28 日	"北仑杯"中国国际女排精英赛
	9 月 1 日至 9 月 3 日	"戈凌蓝杯"世界女排大奖赛(宁波站)
2007	5 月 30 日至 6 月 1 日	世界女排精英赛
	8 月 22 日至 8 月 26 日	世界女排大奖赛总决赛
2008	6 月 20 日至 6 月 22 日	"申洲杯"世界女排大奖赛
2009	7 月 31 日至 8 月 2 日	世界女排大奖赛(北仑赛区)

续表

年份	时间	活动名称
2010	8月25日至8月29日	世界女排大奖赛总决赛(15场)
2011	6月2日至6月4日	中国女排精英赛
2012	5月5日至5月7日	"小港杯"全国排球邀请赛
	6月27日至7月1日	世界女排大奖赛总决赛
2013	5月17日至5月19日	中国国际女排精英赛
2014	5月31日至6月2日	"小港杯"第四届全国男子业余排球邀请赛
	6月27日至6月29日	中国国际女排精英赛
2015	5月1日至5月3日	"小港杯"业余全国排球赛
	5月8日至5月9日	2场中国女排队内对抗赛
	7月3日至7月5日	"戈凌蓝杯"世界女排大奖赛
2016	4月23日	中日女排精英赛"里仁越府杯"中日女排精英赛
	6月10日至6月12日	世界女排大奖赛
	8月23日至8月29日	中日韩青少年运动会排球、羽毛球比赛
2018	5月15日至5月17日	纪念改革开放40周年沿海开放城市排球邀请赛
	5月15日至5月17日	吉利汽车·2018年世界排球联赛(宁波北仑)女排赛
	5月25日至5月27日	吉利汽车·2018年世界排球联赛(宁波北仑)男排赛
	11月23日至11月25日	浙江省气排球总决赛
2019	6月7日至6月9日	世界男排联赛
	6月8日至6月9日	全国业余排球精英赛分区赛暨"小港杯"第九届全国业余男子排球邀请赛
	6月18日至6月20日	世界女排联赛
	6月19日至6月20日	第二届中国沿海开放城市排球邀请赛
	8月2日至8月4日	东京男排资格赛
	8月9日至8月11日	东京女排资格赛

5.1.2　运作模式

　　女排赛事的成功举办,得益于双三角交叉的"北仑模式"办赛机制(如图5-1所示),主要体现在政府支持、社会参与、市场运作。宁波北仑体艺中心从2004年底的初具规模到成为今天的全国示范性体育场馆,其成长过程和品牌影响被很多城市和场馆借鉴。其成功经验主要集中在"三化"管理模式的成功运用,即"用人社会化、管理企业化、运作市场化"的创新型事业单位企业化管理的运作模式。借助"三化"经营管理,场馆财务收支基本平衡并且略有盈余,实现了以馆养馆、自我输血、自给自足的运行生态,不仅最大化了经济效益,同时还收获了良好的社会效益。实践表明,此运作模式具有一定的整合性、系统性、科学性和实用性。

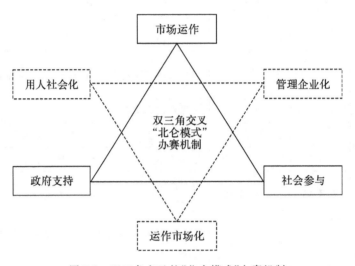

图5-1　双三角交叉的"北仑模式"办赛机制

1.政府支持

　　为进一步促进中国女子排球运动水平的提高,支持中国女排在国际大赛中取得优异成绩,扩大北仑新区的国际知名度和影响力,2004年在区委、区政府的高度重视支持下,在省、市体育部门的鼓励下,北仑区紧紧抓住区体艺中心即将落成的优势,创造性地提出将北仑设为中国女排在新一轮奥运周期中国际比赛的主场,使中国女排这只"金凤凰"得以长驻北仑。从此北仑成为我国第一个"中国女排指定主场"。

（1）提供机制灵活的优惠政策

在经费方面，区体艺中心刚成立时就获得 100 万元拨款作为开办经费，使经营管理有了物质保障和支持。政府投资 2.3 亿元建设体育馆工程项目，是作为一项公共体育设施支出，在房产税、土地税和所得税方面也都给予了相应的减免。在比赛期间所发生的有关接待、医疗卫生、安全保卫、电视宣传等方面费用均由政府出面与相关部门协商给予极大的优惠政策。

此外，中国女排主场落户北仑和多次国际女排赛事的成功举办得到了各级领导的关心、重视和支持。在项目投入使用前期，国家体育总局原局长袁伟民、原国家体委主任李梦华等领导曾不远千里亲临现场。国际排联第一副主席魏纪中先生也多次莅临北仑指导。区委书记、区长多次专题听取女排赛事情况汇报，分管区长多次主持召开组委会部长会议，亲自带队赴各地体育中心考察赛事举办情况。

（2）成立以政府为主导的组委会

每次女排赛的承办，北仑都会成立以区重要领导为主席的地方组委会，北仑组委会是一个由区主管领导挂帅的强有力的领导组织，建有严格的工作责任制度。各部门在组委会的统一领导与统筹协调下，通力协作，力求扎实、深入、细致地做好大赛的组织、保障、运行工作。另外，政府各部门互相配合成为赛事成功举办的有力保障。举办国际级的女排赛事是一项系统工程，其组织工作涉及各个方面。参与单位有区委办、接待办、团区委、公安局、卫生局、事务管理局、建设局、电视台及各乡镇街道。所有这些单位在赛事期间都能发扬团结一致、精诚协作的精神，把比赛当成一项政府行为抓紧抓实。

对几次特别重要的赛事，北仑还组建国际女排赛事宁波北仑赛区的主席团和组委会以保证赛事的顺利进行。主席团成员由区党政班子组成，实行全面领导和分工负责；成立由区领导牵头的赛事组委会及组委会办公室，组委会作为执行和操作机构，设立了行政部、市场推广部、新闻报道部、竞赛部、医疗卫生部、安全保卫部、后勤保障部等几大部门。各部门在赛事期间通力协作、分工不分家的精神是赛事取得成功的有力保障。

（3）引进其他赛事丰富主场内涵

除了定期举办的女排赛事，区体艺中心通过引进其他高水平国内外体育赛事持续深化中国女排主场内涵和形象，丰富赛事样态，提高比赛场馆的使用率。2006 年以来，北仑在地方党委和政府的支持下先后承办了中美男子篮球对抗赛、乒超联赛海天主场赛事、全国羽毛球业余俱乐部赛、全国象棋甲级联赛、CBA八一主场分赛场赛、中新女子篮球挑战赛等多项大型赛事（如表 5-2 所示），并完成了女排主场第二轮落户协议。多类别的大型体育赛事的举办使得作为比赛场馆的配套设施——总投资逾2亿元的训练基地也成功成为中国女排、中国篮球、乒乓球、举重、摔跤、柔道、跆拳道、拳击、男排以及羽毛球等10支国字号运动队的训练基地。这些具有广泛社会基础和群众市场的国内外顶级体育赛事,成为打造北仑城市名牌和品牌效应的有效载体。

表5-2　宁波北仑高水平赛事(部分)(2006—2019年)

年份	时间	活动名称
2005	12月3日	"鲁能杯"中国乒乓球俱乐部超级联赛浙江球冠电缆赛区(浙江宁波海天俱乐部—八一工商银行俱乐部)
2006	6月24日	"鲁能杯"中国乒乓球俱乐部超级联赛(海天—陕西银河国联)
	10月6日至10月7日	"北仑杯"羽毛球精英赛(浙江队、上海队、杭州队、无锡队、温州队、宁波新奥队、北仑队、北仑二队)
	11月16日	"凤凰山主题乐园杯"篮球挑战赛(中国国家男子篮球队—美国NBDL阿尔伯克基雷鸟队)
2007	6月9日、6月16日、7月11日、7月21日、8月8日、9月5日、9月12日	"鲁能杯"中国乒乓球俱乐部超级联赛
	7月7日至7月8日	全国羽毛球大赛(业余)
	12月16日至12月19日 12月26日至12月28日	2007—2008赛季中国男子篮球职业联赛宁波赛区(北仑分赛场)
2008	1月4日	2007—2008赛季中国男子篮球职业联赛宁波赛区(北仑分赛场)
	4月16日	"申洲杯"女篮挑战赛(中国—新西兰)
	7月6日	"申洲杯"男篮挑战赛(中国男篮—澳大利亚明星队)
	10月8日、11月1日	中国乒乓球俱乐部超级联赛
	10月9日	浙江广厦猛狮男篮—芝加哥贝斯兰职业男篮对抗赛

续表

年份	时间	活动名称
2008	10 月 24 日至 10 月 26 日	第二届全国电子竞技锦标赛
	11 月 7 日至 11 月 9 日	全省副秘书长乒乓球赛
	11 月 23 日、11 月 26 日、11 月 30 日	2008—2009 赛季中国男子篮球职业联赛宁波北仑赛区
	12 月 3 日	中国乒乓球俱乐部超级联赛（北仑海天—上海冠生）
2009	3 月 21 日	直通横滨乒乓球赛
	3 月 28 日至 3 月 29 日	CBA 全明星篮球赛
	4 月 5 日	直通横滨乒乓球赛
	6 月 13 日	中国—加拿大女篮对抗赛
	6 月 17 日、6 月 27 日、7 月 4 日、7 月 15 日、7 月 22 日	"鲁能杯"中国乒乓球俱乐部超级联赛
	6 月 28 日	中国—澳大利亚男篮对抗赛
2010	4 月 25 日	中国国家男子乒乓球队队内对抗赛
	5 月 9 日、5 月 12 日	直通莫斯科乒乓球队内选拔赛
	6 月 12 日	中国男篮队内对抗赛
	6 月 16 日、7 月 4 日、9 月 13 日	中国乒乓球俱乐部超级联赛
	6 月 18 日	中国—阿根廷国际男篮挑战赛
	10 月 29 日	中国男篮国家队—美国俱乐部队挑战赛
2011	5 月 29 日、6 月 1 日	乒超联赛
	9 月 22 日至 9 月 24 日	港口城市乒乓球赛
	10 月 25 日	明星职业男篮对抗赛（浙江广厦—美国芝加哥旅行俱乐部）
2012	10 月 28 日	中美男篮挑战赛
	10 月 21 日	中国乒乓球俱乐部超级联赛

续表

年份	时间	活动名称
2013	1 月 10 日	中国乒乓球俱乐部超级联赛半决赛
	1 月 26 日至 1 月 27 日	中国乒乓球俱乐部超级联赛争冠赛
	6 月 26 日、9 月 18 日、11 月 2 日、11 月 16 日	中国乒乓球俱乐部超级联赛
	6 月 28 日至 7 月 4 日	第六届全国健身气功交流比赛大会
	11 月 8 日至 10 日	世界 X-CAT 摩托艇锦标赛
2014	5 月 31 至 6 月 1 日	浙江省第三届业余乒乓球团体等级积分联赛
	5 月 31 日至 6 月 2 日	"小港杯"第四届全国男子业余排球邀请赛
	10 月 9 日	中美男篮俱乐部对抗赛
	11 月 16 日至 11 月 21 日	全国健身气功总决赛
2015	5 月 23 日、6 月 9 日、7 月 11 日、7 月 21 日、8 月 15 日	中国乒乓球俱乐部超级联赛
	9 月 15 日至 9 月 20 日	全国羽毛球锦标赛
2016	1 月 15 日	"甘肃卫视武王盛会世界搏击系列赛—决战宁波北仑"
	6 月 18 日至 6 月 19 日	浙江省第五届业余乒乓球团体等级积分联赛
	7 月 31 日	"亚浦杯"洋弓竞技大赛
	10 月 29 日	宁波国际马拉松比赛
2017	5 月 5 日至 5 月 6 日	团省委篮球比赛
	6 月 18 日	"三肆五精酿啤酒杯"中伊国际男篮对抗赛
	10 月 29 日、11 月 5 日、11 月 8 日	2017—2018 赛季 CBA 联赛
	11 月 11 日	农夫山泉尖叫杯电竞新锐争霸总决赛
	11 月 17 日、12 月 3 日、12 月 5 日、12 月 12 日、12 月 14 日、12 月 21 日、12 月 26 日、12 月 31 日	2017—2018 赛季 CBA 联赛

续表

年份	时间	活动名称
2018	1月7日、1月10日、1月17日、1月21日、1月28日、1月31日、2月7日、2月9日	2017—2018赛季CBA联赛
	6月8日至6月10日	全国拔河比赛
	6月9日至6月10日	全国羽毛球业余比赛
	6月16日至6月17日	浙江省第七届业余乒乓球团体等级积分联赛
	8月18日至8月19日	第六届中国宁波体育舞蹈(国标舞)国际公开赛
	11月8日至11月10日	浙江省老年人佳木斯操展示
2019	1月26日至1月27日	文广旅体局迎新春围棋比赛
	3月29日至3月31日	2018—2019赛季中羽之星年度总决赛举行
	4月20日至4月21日	追梦70年宁波国际赛道节系列赛之一(2019宁波国际赛车文化节)
	5月2日至5月4日	ChinaGT中国超级跑车锦标赛
	5月17日至5月19日	CEC中国汽车耐力锦标赛
	5月24日至5月26日	追梦70年宁波国际赛道节系列赛之二(甬者为王超级摩托车赛、超级房车赛、路航钻石方程式大奖赛、本田统规赛)
	7月12日至7月14日	甬者为王系列赛 国际汽联F4中国锦标赛
	7月14日	城市围棋联赛2019赛季宁波北仑主场
	9月13日至9月15日	WTCR世界房车锦标赛
	10月18日至10月20日	追梦70年宁波国际赛道节系列赛之三
	10月19日至10月20日	2019赛季城市围棋联赛八强战
	10月26日至10月27日	全国运动训练竞赛联盟三对三篮球联赛总决赛

2.社会参与

全方位的媒体宣传扩大了赛事影响力。通过新闻媒体、新媒体的宣传平台扩散效应，不断强化赛事的品牌影响力，持续扩大区域城市的知名度。中央电视台等多家媒体直播、转播了历年多场比赛实况，国内各大网站借助文字、图片、视频等形式加大赛事宣传，网上新闻信息发布量超过百万条，最多时电视转播覆盖了143个国家和地区，比赛日过程中每天新闻报道更是达千余条。不同渠道、不同形式的宣传输出，将北仑的城市烙印深深刻在了女排的各类比赛中，赛事影响和城市形象显著提升。

数百名各类志愿者的服务增添了赛事亲和力。在市民的踊跃参与下，来自社会各界的300多名志愿者分派在赛事的各项组织服务中，包括接待服务、语言翻译、竞赛组织、医疗服务等。每场赛事在座位引导、信息咨询、氛围渲染等场景中，都能看到主动热情的志愿者，分工明确的工作人员在赛事的实践锻炼和具体服务中发挥主人翁意识，积累办赛经验，发扬互相协作的团队精神，充分展现北仑高素质、高水平的市民形象。参与女排、服务女排、奉献女排已经成为北仑市民的新选择、新风尚。通过服务女排，"新北仑志愿者"提升了服务水平和知名度，已经逐渐成为一支有特色和影响力的志愿者服务团队。在北仑女排系列赛事的历练下，赛事组委会的2名工作人员还被北京奥组委选中参与奥运会排球项目部的服务工作。

在大型体育赛事的带动下，多项群众喜闻乐见的文体活动也为北仑增添了体育活力，促进了文明城区以及和谐社会建设。赛前通过举办带有女排元素的文化体育活动，在市民的广泛参与中推动了北仑"人人享受体育"的生活理念和赛事氛围，丰富了市民的业余文化生活，倡导健康的体育运动方式，体现运动快乐的精神风貌。透过一系列的主题活动，不仅可以提升赛事的宣传力度，更让赛事的魅力影响到了每一位市民，成为全民联欢的体育盛会，积极推动北仑区的物质文明和精神文明建设。

3.市场运作

北仑区体艺中心从建馆伊始便出台了一系列企业化管理制度。首先，随着中心工作人员队伍的庞大，不断完善制度建设，确立以制度管人、人人平等的原则，提高制度的约束、激励功能。企业的规模越大，越需要以制度来规范人，从而有效地防止以人管人、上级管下级模式所产生的不公平。严格考勤制度及奖惩制度，对于在工作中出现的违反纪律的行为严加处罚，做到奖罚分明，有章可循。充分发挥企业化管理的灵活优势，重新实行分配机制和考核机制，在绩效考核基础上,根据"效率优先,兼顾公平"的原则,打破大锅饭现象,实行多劳多得,按劳分配,合理拉开分配差距。建立新的岗位工资制度,不同岗位根据工作量、工作难度及重要性等设立不同的工资等级,对市场部等业务部门实行绩效与奖金挂钩,根据创收多少实行不同档次的奖励。另外,根据大活动期间的表现和成绩给予不同的奖金,适当拉开差距,对工作失误同志给予惩罚。通过绩效考核,使管理工作更具科学性、合理性。

其次,在具体工作方法上有实质性的创新措施。中心各部门根据工作特点,制定出1~3条对工作有实质性推动作用的新举措。像办公室参照其他企业的管理模式探索出更加行之有效的、提高职工积极性的科学管理方法;工程部针对原有场馆和新建的基地研究新的节能环保、降低能耗措施,把节能工作当作本部门的重要课题;市场部建立了有层次的市场销售战略,调动每个市场开发人员的积极性,并把每个人按能力放在不同的销售层次,做到人尽其才,绩效与奖金挂钩。针对票务销售不甚理想、级别较低的赛事制定不同的市场拓展方案,以理论研究及与兄弟单位交流等多种途径增加了市场开发新思路。

最后,体育赛事特别是国际女排赛事为创新工作提出了新的要求,也为创新改革举措提供了契机。从第一次承办国际女排赛至今已有10多年之久,北仑区在这10多年的办赛历程中积累了丰富的经验,经验往往是财富,但有时也是束缚创新意识的枷锁。所以通过积极开拓思路,大胆创新,以奥运标准来要求、以各国办大赛的经验作为指导参考,再根据自身的特点,开拓出了一条具有北仑特色的办赛之路。

在招商引资方面,女排赛事的包装、运作、推广充分实行市场化运作。通过赛事冠名、主场标识、吉祥物开发和广告招租等形式,充分调动社会和市场的积极性,尽可能地挖掘和利用区体艺中心和训练基地各种场馆的无形资产(比如场馆冠名权、场馆广告发布权、场馆品牌开发以及场馆特许经营权,包括场馆设施的经营权、体育用品经营权、体育健身相关配套服务经营权),拓宽场馆经营中的资金渠道、转变场馆经营观念,为场馆吸引更多的资金,向社会提供丰富的体育产品,满足社会的体育需要,从而推动体育的发展。这不仅创造了良好的社会效应,也收到了一定的经济效应,实现了赛事主办方、承办方和企业的合作共赢。

在宣传策划方面,氛围营造、外环境布置标新立异,体现港城文化。推出形式更加丰富,具有民族特色的女排主场产品,包括各种各样的工艺品、图册、纪念文具、球迷棒、吉祥物等主场纪念新产品。在场外构思各种与球迷互动的嘉年华活动,赛间采用现代新颖的助兴表演,局间舞蹈表演无论从服装设计还是动作构思上都大胆突破,体现了集民族化、国际化于一体的特色。在开、闭幕式的策划上力求场场有变化,无论是伴奏音乐、灯光照明、烟花等运用上,还是节目策划、礼仪队伍的走场设计都力求创新。在接待服务方面,更加体现人性化服务意识,在以奥运理念提供优质服务的同时做到节约成本。

4.用人社会化、管理企业化、运作市场化

北仑区体艺中心自2004年12月份成立以来,本着公平、公正、公开的原则,通过笔试和面试,陆续向社会招聘了40几名员工,组建成一支具有较强凝聚力、战斗力的职工队伍。在队伍的构成中,既有高文化素养、高学历的高校毕业生,又有体育知识和技能丰富的高水平退役运动员、体育专业人士,还包括经验丰富的市场营销策划人员等等。这些拥有不同学历背景,不同从业经验的复合型智力资源为赛事组织、行业发展等注入了强心剂。北仑体艺中心现有的员工都是一精多能,既要做好日常性本职工作,还要在各类活动中承担其他工作。这体现了在招聘用人方面坚持引进一精多能的新型人才,能胜任不同岗位角色的用人理念。在每次赛事举办期间,由于所需工作人员队伍庞大,体艺中心原有的工作人员远远不能满足赛事所需,所以特殊时期通过向社会各界招聘临时人员的方式满足赛事的正常举办,比如公安、检票、安检、志愿者、礼仪、翻译等人员在每次大型活动期间基本都是向各政府单位及社会各界进行外聘,体现了用人社会化的管理模式。根据区委书记办公会议抄告单精神,体艺中心采取"两块牌子、一套班子"的管理模式。即一是挂体艺中心牌子,为差额拨款事业单位;二是在控股公司下设立一公司。在体艺中心管理体制上,通过事业单位企业化运作模式,实行"用人社会化、管理企业化、运作市场化"的创新理念,从而更有利于资源的有效整合和多方效益的最大化。

5.1.3 赛事与创意产业

体育产业在很大程度上与文化创意产业有着相互交融的密切联系,而体育品牌赛事是其中的重要组成部分,或者说是两者有效结合的重要载体。卢长宝、孙慧乾(2011)提出了包括产业资源、市场需求、产业关联、产业链延伸的品牌赛事对城市创意产业拓张影响的模型(如图5-2所示),在资源整合、供需关系、产业前后一体化等方面体现了体育品牌赛事对文化创意产业的溢出效应、拉动作用。

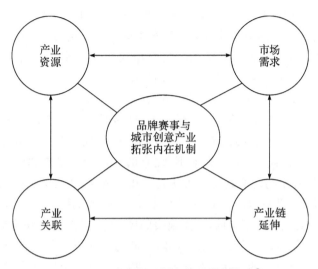

图 5-2 品牌赛事对创意产业影响模型①

1.产业资源

体育赛事申办成功之后,举办城市需要进行大量的基础设施建设,包括体育场馆、体育器材以及各类配套设施等。这些设施不仅满足了比赛阶段的赛程任务,赛后更是成为举办城市全民健身、体育运动、休闲娱乐的重要场所,为打造健康城市创造了良好的硬件条件。此外,体育品牌赛事为城市创意产业发展提供了展示的重要平台。借助赛事的品牌影响力,城市的文化创意走进更多体育消费者和观众的视野,城市形象更快速地传播出去;而良好的城市形象、赛事举办的硬件条件、赛事管理人才等软实力提升,又反过来成为城市连续举办大型体育赛事的品牌积累,进而体育品牌赛事和城市文化创意形成交替上升的循环。

(1)北仑借助女排系列赛事成功走出去

北仑港经过 20 年的开发建设,已成为中国首屈一指的深水良港。北仑是华东地区重要的产业基地、浙江省利用外资的龙头和对外开放的形象窗口、宁波市最具增长潜力的经济强区。目前浙江省最大的外商投资项目,宁波市档次最高的五星级宾馆,规模最大的商业超市、国际购物中心都已落户北仑,在洋洋东方大港之畔,一座欣欣向荣、生机勃勃的现代化滨海新城区正在迅速崛起。正因为北仑通过这些年的发展具备了较强的经济实力,政府才有能力建设一流的体艺中心,也才能够举办一流的国际赛事,并且一办就是十几年。2004 年 10 月 8 日

---

① 卢长宝,孙慧乾.品牌赛事对城市创意产业拓张的影响[J].上海体育学院报,2011,35(1):34-38.

中央电视台"超越梦想"播出后,国内有 3300 多万个电视终端收看了这台节目。各级报纸、电台电视、网络媒体等渠道发布中国女排主场落户宁波北仑的信息达到 26100 多条,63 个国家和地区的主流媒体发布了相关信息,北仑的名字走进千家万户,显著提升了浙江、宁波、北仑的影响力和知名度。随着东方大港牵手中国女排,北仑日益受到全中国、全世界的关注。截至 2014 年,在北仑举行的 13 场女排赛事总共吸引观众 60 多万人次,最多时有 143 个国家和地区进行电视转播,比赛中每天的新闻报道超过 1000 条,极大地提升了宁波北仑的城市形象和热度。在女排赛事的品牌影响下,北仑的经济社会发展和国内外美誉度实现了升华,女排赛事与北仑这座城市达到了相互依存、相得益彰的双赢效果。

一流的城市需要一流的赛事,一流的赛事自然会选择一流的城市。北仑以其包容大气、美轮美奂的城市布局,全国顶尖的体艺中心,热情友好的市民形象等城市内涵和人文环境,吸引了参赛队伍、国际官员、新闻媒体和周边群众,共同参与一场场体育盛会。高水平的国际顶级赛事,资源有限,是各个城市争相抢夺的"体育蛋糕",而北仑能得到中国女排和中国排协的青睐,也充分展现了这个城市的实力、能力和魅力。作为中国东部沿海经济发达地区,北仑与女排的结缘,向世界展示了改革开放以来经济社会发展所取得的辉煌成就。赛事带给北仑的无形资产和溢出效应不可估量,同时也创造了一座城市与体育结合的典范(杜雪松,2009)。

(2)借助体育精神提升城市文化内涵

顶级水平的国际赛事,不仅可以满足人民群众的现实需要,丰富人民群众的业余生活,令人体会世界水平的竞技体育魅力,也将全方位提升城市的社会文明程度和市民的综合素质。代表着"更高、更快、更强"的体育精神也将随着赛事的成功举办融入城市的发展建设中,是提升城市凝聚力、改善城市精神风貌、增强文化软实力的无形资产。中国女排多年传承的团结拼搏、艰苦奋斗、自强不息、永不言败的精神,也将与北仑相融共生,推动和谐社会的构建,营造奋发向上的文化氛围。

(3)打造管理队伍提升管理水平

一场大型体育赛事的成功举办,需要多方主体、多方力量的共同参与。因此,品牌体育赛事的举办效果也在一定程度上代表了城市的体育管理水平和社会发展水平。从赛前的媒体宣传、组织策划,赛中的志愿服务、语言翻译、现场接待、医疗保障,赛后的新闻报道、场馆利用等,每一个环节都需要统筹协调,各方合作,每一处细节都体现了承办方的工作细致程度。通过大型体育赛事办赛的历练,能够为城市体育事业发展培养和锻造高水平、高能力的专业性、复合性、实践性人才。丰富的经验积累是宝贵的财富,而人才的养成为城市继续举办大型综合体育赛事奠定坚实基础,形成互为补充的良性循环。

（4）举办文体活动营造城市健康氛围

每次女排比赛前都会通过举办一系列参与度高的群众文化体育活动，营造中国女排主场的赛区氛围，比如征集设计主场标识、赛事吉祥物，开展"迎女排"万人长跑、万人签名活动，"新女排，新北仑"主题演讲，十城市大学生巡回宣传，"我谈女排精神"大讨论，"女排精神"诗歌创作和朗诵比赛，"我为北仑争光"文明礼仪培训，激情唤歌迎女排，"我与女排手牵手"等活动，设立"女排主场在线"网络，在各级媒体上开展丰富多彩的专题宣传报道等，为女排球迷提供更多了解偶像的机会，同时也以多种形式传承发扬女排精神。继女排比赛登陆北仑之后，中美篮球对抗赛、全国乒超联赛、全国羽毛球业余俱乐部赛、全国象棋甲级联赛、全国健身趣味沙滩排球赛等赛事也纷至沓来。而北仑体艺中心自从建成以后，除了进行女排比赛，也承办了百余场其他的体育竞技比赛，以及多次大型文艺演出、会议和展览。除了球队比赛、训练和演出等期间，所有运动设施都对居民开放。以赛事为中心对城市居民健康生活方式的影响，对体育运动锻炼的激发，其所带来的促进作用远远超越了体育赛事本身，是打造城市体育文化、康体娱乐氛围的有力武器。

2.市场需求

体育文化创意产业的可持续发展离不开市场各方的差异化需求，而一场成功的大型体育赛事的举办，能够有针对性地满足多方主体的不同需求。比如企业方面的产品宣传需求，企业渴望借助品牌赛事的广泛传播扩大产品影响力；比如普通市民的健身健康需求，市民希望观赏对抗激烈的竞技体育活动，感受奥林匹克运动的魅力，更希望借助城市体育软硬件的提升享受运动休闲和健身活动。而大型体育赛事的品牌效应能够很好地带动企业产品的市场扩张，同时赛事的观赏性和独特体验性也对文化创意产业的区域性增长注入了新的活力。

（1）体育赛事与企业产品的协同共赢

市场是企业成长和发展的灵魂。大型体育赛事发展到现在，已经不仅仅是运动员竞技水平的比拼，更是一个平台，北仑通过体育赛事的举办进行招商引资，提高经济效益，实现赛事主办方、承办方和赞助企业的合作共赢。北仑女排系列赛在企业冠名和广告招商方面，覆盖区内企业到全市企业，如今已扩展至全国，如 2007 年的大奖赛总决赛就是深圳嘉里粮油公司以金龙鱼品牌进行冠名的。企业利用女排赛事在电视媒体、平面媒体、网络媒体等传统和新媒体报道中获得了极高的曝光率，每项比赛的 3 万～4 万条新闻的宣传效应让企业得到了回报。北仑本土服装企业"申洲针织"和"戈凌蓝"服饰实业就曾多次冠名女排赛事，形成了本土企业和本土赛事的强强联合，所以近年来女排赛事的企业赞助环境得到优化。

随着影响力的提升,赞助企业的规模和数量也在不断增加。赛事的顺利举办需要企业的赞助,企业则通过赛事的传播影响力,扩大企业(产品)的知名度。截至 2019 年,赛事中由北仑自主招商的固定企业客户达到 22 家,其中省外企业 7 家。主办方通过场地广告、横幅、宣传画、秩序册、视频广告、运动员服装等宣传渠道,充分运用体育赛事的现场渲染和媒体报道,将赞助商的企业名称及产品形象与赛事紧密联系在一起,对企业进行全面推广。此外,赛事的品牌市场、受众范围、媒体级别、组织效果等等都会影响到企业前期的赞助选择以及赞助效益。因此,依托女排本身的精神内涵和北仑多年积累的经验,再加上高级别的国家级、省市媒体的报道,充分发挥体育传媒的价值,通过电视频道、网络媒体、文字报道等新闻平台,实现了办赛各方主体的共赢。

体育赛事与赞助企业的共生是 1+1>2 的最好体现。赞助企业借助体育赛事有形和无形的标志,依托赛事官方的声誉提高了产品的吸引力、影响力、公信力和辐射力,在最大受众范围内,迅速创造轰动效应。在比赛周期内,企业通过形式多样的创意设计产品的促销活动,增加产品的展示和体验,营造良好的市场氛围,从而使得产品的回报周期最短化,回报效益最大化。赞助商通过赛事近距离感受了宁波北仑的社会经济发展状况,良好的投资环境和营商氛围加强了海内外知名企业投资或落户的意向(杜雪松,2009)。

招商与推广紧密结合是北仑女排系列赛市场化运作的显著标志。通过对赛事市场的精心筹备和深度开发,整合多方资源,统筹协调,把赛事整体形象的包装、招商方案的制定、赛事推广的实施等,以整体性、系统性、战略性、科学性的原则进行一体性规划,并与区内的其他经济活动一起在杭州、上海等地进行大力宣传推介。在票务销售推广方面,针对需求不断拓展思路,开通多种形式的购票通道,联合票务公司、淘宝网订票等方式进行门票销售,为国内其他地方乃至国外球迷提供购票选择,提高了比赛的上座率。

"阿拉老酒"原本是 2004 年才成立的一家北仑当地的酒厂(前身为 1959 年成立的东风酒厂),但成立伊始企业就看到了女排赛事的巨大平台效应,又是在北仑家门口举办的系列赛事,于是和女排组委会达成了长期合作计划。比如在女排赛事中投放场地广告牌增加企业曝光度,宣传效果显著,企业产品迅速进入公众视野,扩大当地市场份额,逐步走向全国,一跃成为浙东地区最有影响力和知名度的黄酒制造商,以至于黄酒故乡绍兴的厂家都慕名前来参观学习。

戈凌蓝服饰实业和贝发文具礼品有限公司都是宁波著名的外贸公司,但由于产品主要远销国外,所以在国内的存在感较低。他们迅速提升在国内的品牌认知的成功经验就在于冠名了女排赛事,依托赛事的辐射效应,实现外贸订单和本地销售的双攀升,成功开拓国内市场。而宁波申洲针织集团有限公司则借助女排赛事赢得了耐克、阿迪达斯、彪马等国际知名运动品牌的青睐。与众多国际运动品牌的股份、技术等多元的合作形式,帮助申洲建立了全球战略伙伴关系,提升产品质量,拓宽市场空间。

(2)体育赛事与群众健康的和谐共生

根据马斯洛需求层次理论,当低层次的生理和安全的需要得到满足之后,高层次的精神层面的需求就会成为人们新的关注对象。北仑经过改革开放的快速发展,经济水平已经较为发达,随之而来的就是人民对于美好生活的向往,而生活质量的提高则得益于体育锻炼提升的身体素质。大型体育赛事的举办对于城市居民的精神文化熏陶、健康生活的追求、和谐社会的构建都具有积极的意义和价值。多年女排赛事的成功举办,为市民提供精神文化大餐,让市民在紧张工作之余享受竞技体育带来的视觉等感官刺激,还推动了全区全民运动的氛围营造、全民健身计划的实施,促进了北仑的物质文明和精神文明齐头并进。

女排赛事的举办,提高了广大市民对体育运动的关注和重视。社会各界的运动价值观念发生了转变,大众体育运动得到支持和普及,排球热、篮球热等层出不穷。女排所带来的社会溢出效应使体育事业的发展如沐春风,包括体育基础设施建设、体育文化活动组织等在内的体育事业蓬勃发展。市民在女排赛事的感召下,积极参与体育、服务体育、投身体育、消费体育,最后收获健康。政府也积极引导体育运动常识的普及与传播,大力引导青少年群体参与到运动中,提高青少年身体素质,培养体育事业后备人才。截至2019年,经常参加体育锻炼的人口已经达到了全区总人口的45%。特别是在农村,48%以上的成年人参与各类健身活动。舞龙舞狮、木兰拳、太极剑、功夫扇、门球等,不仅成为群众健身的运动项目,更成为很多地方对外宣传展示的窗口。

3.产业关联

体育文化创意产业是一个交叉融合的综合性产业,而大型体育赛事又是高综合性的体育盛会,囊括了建筑、制造、媒体等各个方面,需要多产业的协同配合。这些产业关联的程度也反映了体育文化创意产业发展的内在质量,而文化创意产业的不断成长又能够反哺相关产业的整体提升,增强产业的关联度;利用体育品牌赛事的强要素聚集能力,促进关联产业的集约式、协同式发展。

女排赛事形成的综合效应促成了地区相关产业的飞跃式发展。比如体育服饰制造业、健身业、酒店餐饮业、体育教育培训业、旅游业等一批关联产业的崛起。2004—2008年,引进女排赛事的4年中,门票收入达1600万元,企业冠名和广告赞助收入超过2200万元,去除运作成本,基本能够略有盈余。随着女排赛事和国家级体育综合训练基地影响的不断扩大,全国球迷来北仑观看比赛,各地体育协会和民间体育团队都纷纷慕名组团来北仑区体艺中心场馆和训练基地参观、培训、比赛、办展等,每年接待人次在 50 万人以上,其中健身游泳达 20 万人次。通过举办一系列的女排赛事,有力地把北仑推向了全国和全世界。

每次的赛事都是北仑人的盛事。运动员、教练员、裁判员、国际组织官员、各级领导以及庞大的媒体记者、新闻工作人员云集北仑,截至 2014 年北仑接待的相关人员达上万人次,而全国各地追随女排观看比赛的球迷更是不计其数。一到比赛周期,北仑城区大大小小的宾馆和酒店总是爆满,一房难求。几家星级高的酒店作为指定的女排赛事接待酒店,通过分类管理协调,对贵宾、运动队、官员、国际裁判及新闻记者的食宿行进行细致的分组安排,做好酒店的环境布置、会务准备、餐饮等软件及硬件的服务。通过女排赛事的接待任务,北仑的酒店业水平得到了跨越式的提升,接待标准和规格都达到了国际标准。仅仅10 年的女排赛事,北仑各大酒店的营业总额就达到了 3000 多万元,为行业繁荣发展打开了新世界的大门。

女排赛事有力地带动了休闲观光旅游的兴起与延伸。比如凤凰山主题乐园作为大型综合游乐园,每逢女排赛事期间,游客络绎不绝,景区经济效益十分可观。作为捆绑的旅游产品,观看体育比赛与尽享乐园激情成为游客的新选择,是北仑名片之间的良性循环。除了凤凰山乐园,北仑九峰山、洋沙山等其他主要旅游景点,宁波天一阁等著名景点更是以赛事为契机,提升吸引游客的新动能。

女排赛事还带来了新落户宁波的英之杰运动休闲公馆、帕菲克国际健身俱乐部等 30 多家各类健身俱乐部、体育休闲场所;新开设了几十家体育用品商店、体育品牌服装店,刺激北仑体育消费产业的发展。另外,区体艺中心的地下室和周边附属用房,也通过对外公开招租,与各家健身中心、体育用品店、文具店、旅游公司、茶室等签订了租赁协议,带动了其周围体育零售业的发展。北仑通过运营体育赛事来营销城市,成功实现了体育赛事和城市发展的联动。

4.产业链延伸

经过长期的发展,体育品牌赛事已经不仅仅是运动员的盛事和竞技体育的展示舞台,更是集艺术表演、周边产品、广告传播、动漫设计等于一体的多节点产业链条,而体育品牌赛事的内在扩张能力决定了链条延伸的程度。链条上不断延伸的节点在很大程度上成为文化创意产业发展、触及、集聚的核心竞争要素以及可持续拓展的重要组成部分。

北仑经过多年与女排的合作,除奉献了一场场精彩的比赛以外,同时也发展文化创意设计,精心推出形式丰富的衍生产品。结合女排赛事和北仑地方文化,当地陆续开发了手机挂件、钥匙圈、文化衫、纪念笔、球迷棒、毛绒公仔和动感八音盒等主场纪念产品;除了实物产品外,通过策划场内外观众互动、真人吉祥物表演、啦啦队等形式渲染赛场氛围,透过现场观众的口碑传播和电视转播,推广中国女排主场形象和北仑城市风采。

女排赛事的不断承办和推广,使爱好体育的群体日渐庞大,也促使一些有实力的企业和私营业主投资体育赛事。近年来北仑新开了几十家体育用品商店、体育品牌服装店、体育健身长廊,刺激了北仑体育消费产业的发展。而且大众喜闻乐见的散步、慢跑、游泳、垂钓、器械练习、自行车的参与人群也迅速增长,这些活动提升居民体质的同时更为体育休闲业带来了曙光。当然,从产业链来看,消费业的发展必然带动它的上游产业,即器材制造业的发展,北仑新增加的几十家健身俱乐部所采购的健身器材等必然使部分制造商受益匪浅。同时,大型体育赛事还会带动建筑业、基础设施业、环保业、传媒业、博彩业等各类外延产业的快速发展。所以北仑已经通过运营体育赛事来营销城市,成功实现了体育赛事和城市发展的联动。

从经济效益和社会效益上看,北仑引进女排不仅是一次体育营销,从某种程度上说更是一次文化营销。女排本身的团队形象和精神内涵附带的民族自信、顽强进取、奋勇拼搏、不惧挑战等的时代烙印和符号意义,是北仑经济、文化、体育、社会发展的宝贵养料,滋润着北仑大地。事实证明,体育赛事蕴藏着丰富的财富和资源,对体育产业的带动,继而对举办城市的带动效果显著。

与中国女排携手的十多年,北仑除了体育事业取得发展之外,同时也创造了城市与体育赛事结合的典范。"更高、更快、更强"的体育精神,"团结拼搏、艰苦奋斗、自强不息、永不言败"的女排精神,为城市注入了新鲜活力和力量源泉,成为城市发展的有力催化剂,激励着北仑人锐意进取的斗志,推进北仑在发展新征程中一次次实现新的跨越。

5.2　宁波国际马拉松赛事

马拉松赛事已经在我国呈现井喷的态势。中国田径协会《2018中国马拉松大数据分析报告》显示,2018年,全国共举办马拉松及相关赛事(路跑赛事800人以上规模,越野跑及其他300人以上规模)1581场,比2017年的1102场增加了497场,同比增长45.1%。其中半程马拉松和迷你跑是增长的主力,而全程马拉松和半程马拉松的参赛规模最为庞大。2018年全国共有583万人参加了马拉松赛事,全程马拉松和半程马拉松参赛规模分别达到了 265.65 万人、180.42 万人。当年的马拉松赛年度总消费额达到 178 亿元,赛事带动的总消费额达到 288 亿元,年度产业总产出达到 746 亿元,相比于 2017 年的 700 亿元,增加了6.57%。

此外,数据还显示,2018 年,浙江省马拉松办赛数量第一,达到了 180 场,杭州更是成为举办规模赛事数量最多的城市;参赛地域上,浙江位居第三。而在办赛数量方面,这已经是浙江省连续第二年成为全国马拉松规模赛事最多的省份。在 2017 年,浙江省共举办了 152 场马拉松规模赛,占到了当年全国马拉松赛事数量的 13.79%,参赛跑友数量位居全国第六。根据浙江省马拉松及路跑协会公布的数据,浙江省在 2018 年共举办马拉松及路跑赛事 321 场,相当于 1.1 天一场,参赛人数达到了 66 万人次,而这个数据在 2017 年分别为 260 场、56 万人次。

不论是从办赛数量上,还是参赛人数上,浙江省的马拉松赛事供需市场规模都不断壮大。宁波目前主要有宁波国际马拉松赛、宁波山地马拉松赛和九龙湖(宁波)国际半程马拉松赛。其中宁波国际马拉松赛事是规格最高、规模最大、参赛人数最多、影响力最大的宁波本土马拉松赛事。

5.2.1 基本概况

宁波国际马拉松赛,是由中国田径协会、浙江省体育局和宁波市人民政府主办,宁波杭州湾新区开发建设管理委员会、宁波市体育局、宁波市人民政府台湾事务办公室承办,是宁波首个大型国际性体育赛事,于每年 10 月开跑,2015 年为第一届赛事。

本赛事的 LOGO 设计为慈溪阳光实验学校美术老师叶未腔的作品,把运动员终点冲刺的奔跑形象和宁波地标性建筑——杭州湾跨海大桥相互融合,通过红、蓝、绿三种颜色的巧妙搭配突出赛事主题和地域文化。该设计展现马拉松运动奋勇向前的体育精神,又寓意了承办地宁波杭州湾新区近海、生态的资源禀赋和蓬勃向上的开发建设氛围(如图 5-3 所示)。

吉祥物为刘竹昌的作品"甬宝",该作品是以宁波市花茶花为主要元素的卡通设计,并融入"浪花"造型,突出了宁波靠海的地域特征,而竖起的大拇指、奔跑的人物造型体现了马拉松比赛的主题,又寓意赛事圆满成功。整体造型简洁大方,色彩鲜明,稳重中又不乏激情,具有较强的感召力(如图 5-3 所示)。

主题口号为"开心跑,甬向前",突出了马拉松的运动形态和快乐运动的理念,表达了坚持不懈的马拉松精神和宁波迈向美好未来的豪迈情怀,既活泼生动,又寓意美好。

完赛奖牌的设计采用拱门吊机元素,奖牌整体画面是海鸟在吊机中自由飞翔,充分体现了宁波北仑的海港特色,展示了工业与生态的和谐共存。

图 5-3　宁波国际马拉松赛事 LOGO 和吉祥物

2016 年 10 月 29 日,筹备多时的 2016 宁波国际马拉松赛(以下简称"甬马")在宁波中国港口博物馆门口鸣枪。这是一场比拼体力和毅力的大赛,也是一场极具想象力的马拉松秀。北仑,这个充满着体育精神、因赛事而闻名的城市,由于有了"甬马",变得更加活泼、健康、欢快和多元。此次赛事由中国田径协会、宁波市人民政府、浙江省体育局主办,由宁波市北仑区人民政府、宁波市体育局、宁波市人民政府台湾事务办公室、宁波国际海洋生态科技城承办,由宁波舟山港集团有限公司协办,由北京中锐体育产业有限公司独家运营。

本届赛事设全程马拉松、半程马拉松、10 公里健康跑和 4 公里迷你跑 4 个项目(如表 5-3 所示),项目规模分别为 3000 名、2000 名、1000 名、4000 名参赛人员,总计 10000 人。其中全程马拉松、健康跑、迷你跑起终点均设在宁波中国港口博物馆,半程马拉松起点在宁波港口博物馆,终点设在海洋科技城管委会附近。本次赛事是我国截至当年第一个穿越第六代国际集装箱海港航运码头的马拉松线路,给跑友和观众留下了深刻的印象。

表 5-3　2016 年宁波国际马拉松比赛项目及路线

项　目	线　路
全程马拉松 (42.195公里)	中国港口博物馆(起点)—春晓大道—东塘路—沿海中线—梅山大桥—梅山大道—港通路—盐田大道—纵二路—航运码头—纵七路—盐田大道—港通路—梅山大道—港城路—海润路—海湾路—海毓路—美的大道(七星路)—梅山大桥—沿海中线—西子山路—乐海路—紫阳路—听海路—春晓大道—中国港口博物馆(终点)

续表

项　目	线　路
半程马拉松 (21.0975 公里)	中国港口博物馆(起点)—春晓大道—东塘路—沿海中线—梅山大桥—梅山大道—港通路—盐田大道—纵二路—航运码头—纵七路—盐田大道—港通路—梅山大道—成海路(终点)
健康跑 (10 公里)	中国港口博物馆(起点)—春晓大道—东塘路—沿海中线—连岛路—春晓大道—中国港口博物馆(终点)
迷你跑 (4 公里)	中国港口博物馆(起点)—春晓大道—明月路—观海路—紫阳路—春晓大道—中国港口博物馆(终点)

此次赛事奖项的设置依据中国田径协会关于境内马拉松赛事奖金设置及发放规定,全程马拉松项目,男、女各录取前八名选手,前三名分别获得 1 万美元、8000 美元、6000 美元奖金;半程马拉松,男、女各录取前八名选手,前三名分别获得 1 万元、8000 元、6000 元人民币奖金;破赛会纪录奖,所有打破赛会纪录的男女选手均可获得 5000 美元奖励(不限名次);甬马·华人奖的全程马拉松项目,男、女各录取前六名华人运动员,前三名分别获得 1.5 万元、8000 元、5000 元人民币奖金;半程马拉松项目,男、女各录取前六名华人运动员,前三名分别获得 1万元、6000 元、4000 元人民币奖金。健康跑、迷你跑不录取成绩和名次,参赛选手可根据终点计时显示器自行填写成绩证书(王雷钧,2016)。

宁波第一个奥运会冠军石智勇、游泳名将汪顺作为领跑嘉宾,一起带领跑友享受宁波马拉松。本届赛事的外籍选手中共有来自肯尼亚、埃塞俄比亚、坦桑尼亚、荷兰等 14 个国家的 55 名运动员,国内选手则覆盖了 32 个省(区、市)120 个城市,参赛人员中年龄最大的 79 岁,最小的 2 岁。当年的甬马纳入了"现代港口元素""地方文化元素""自然山水元素"等宁波地方的新特色,从中国港口博物馆起跑,途经宁波港、集装箱艺术展、万人沙滩、明月湖、梅山湿地、梅山岛、花海等景点景观,让跑步充满视觉的享受,成为一个具有"宁波味道"的集山、海、湖、湾、海岛、湿地于一体的美丽赛程(刘硕阳,2016)。

作为一场国际体育盛会,来自国内外的马拉松赛选手和观众在参与比赛之余,也为北仑的商业、餐饮、购物、住宿、交通、旅游等相关行业发展带来了丰厚的经济效益,为经济社会发展注入了新的活力。而在赛事举办期间,每一位参与者、亲历者都是宁波北仑的口碑宣传者,他们在北仑的切身感受将以自媒体传播等方式裂变式地提升城市形象和知名度。同时电视等媒体更是在记录、报道比赛的过程中,将选手所在赛道周边的城市风光通过镜头呈现给屏幕前的观众,将赛事的魅力与城市的景观魅力,甚至赛道沿途群众的表现多角度多机位地立体展示。

5.2.2 赛事的品牌构建与体育文化创意

根据品牌建设的金字塔模型,最下层为品牌识别显著度,包括品牌被公众了解的渠道,是否满足顾客需求等;上一层为品牌含义,指的是产品的主要特色、情感传递、设计风格、用户体验、传统及经验等能够区别于其他同类产品的异质性;再上一层为品牌响应,顾客通过真实体验感受品牌产品和服务,在质量、优势、信誉等方面进行判断以及在温暖感、乐趣感、安全感等自身感受方面对于品牌的反应;最顶层为品牌关系,即品牌忠诚,顾客通过口碑的宣传、反复的购买、态度的依附等与品牌形成共振共鸣。

结合宁波国际马拉松赛事,品牌金字塔模型每一层都可以对应赛事体育文化创意的某一方面。比如最底层的品牌识别可以看作赛事的媒体报道或宣传,是品牌建设或品牌被广泛认知的基础;品牌含义层对应赛事的文化或内涵,赛事所体现出的体育文化代表了品牌形象和功效;品牌响应层在一定程度上代表了赛事吸引力,包括了赛事参与者的感受以及赛事赞助的活跃度等;顶层的品牌关系则决定着赛事推广,赛事的可持续发展,甚至是赛事的精神文化遗产(如图 5-4所示)。

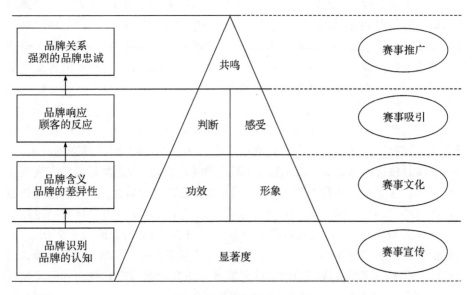

图 5-4 品牌建设与体育文化创意

1. 赛事宣传

在全媒体迅速发展的时代,在自媒体逐渐普及的当下,传统而古老的马拉松运动也越来越频繁地走进普通大众的视野。让这场虽是跑步,但乐趣和价值超越跑步的运动被更多的市民所了解,同时转播宣传的意义也已经跳脱出比赛本身,由于马拉松的赛道路线多设在具有标志性的地点或区域,沿途的城市景观和人文风采更是这场全民盛会的重要组成部分。因此除了让来自世界各地的参赛选手领略到举办城市的自然人文风貌以外,也让普通市民足不出户就能够欣赏运动的魅力以及城市风光。可以看出,在当今的城市马拉松赛事中,赛事品牌和城市品牌已经紧紧连在一起,而媒体转播宣传则是其中的关键性力量。

(1)设备及技术

传统的电视转播依然占据着举足轻重的地位。转播技术也在互联网的倒逼下进行着不断的升级改进。从转播车辆到转播点,从使用飞机航拍到多机位拍摄,不同的频道、不同的无线接收系统,转播工作明确分工,针对标志性风景类、运动员比赛场景类等,大规模、全方位地追踪运动员比赛身影和沿途赛况,立体展现行进中的运动队伍以及赛道周边的城市风光。通过定位点,以卫星等设备配合单机,在城市建筑上设置分布,用无线摄像机等拍摄万人奔跑的盛况(高东宁、金逸乐,2015)。

而短视频平台、微信等社交平台作为用户量巨大的渠道,也成为赛事转播的新选择。微信视频、网红主播直播等方式,打破了时间空间限制,让在移动端的居民无障碍享受比赛场景和城市风光,同时还能够进行实时隔屏互动,极大地延展了城市马拉松赛事的有效覆盖面,让不能到达现场的居民同样可以感受赛事氛围,参与其中,成为线下比赛的重要补充。

(2)创意及设计

除了借助先进的设备和技术手段,创意的转播设计也成为赛事宣传、提高收视率的秘密武器。通过挖掘马拉松赛事中真情实感的人物、耐人寻味的故事,在每一个风景独特的城市、在每一次与众不同的时代背景下,让参与者和广大观众一起分享。这些贯穿赛事全程的人物主线可以是有特定背景的参与者,比如慈善跑者,也可以是赛事的筹划者,比如赛事志愿者,也可以是当地具有一定影响力的公众人物等等,这些人物的闪光点和故事情感,加之特定的城市文化,在专业解说和点评嘉宾的用心介绍下,让看似枯燥的跑步运动有了精神文化内涵。通过构建多层次、多形态的叙事编码,设定叙事策略和地面、街角、高空等的不同视角,对马拉松比赛中多主体、长时间的过程进行深度挖掘,谋求更有内涵的媒介叙事,避免相对单调、冗长和静态的单一叙事内容。同时寻找多元的价值体系,立体的人物群体,呈现媒体现场采访的话语向度多样性,塑造参与者的体育文化精神,营造狂欢的比赛氛围,转播的叙事语言更加直观、系统地将比赛盛况传递给屏幕前的观众。因此,把不同的叙事形态、叙事主体和赛事文化相结合,设计媒介话语和媒介景观是马拉松赛事转播的体育文化创意的有力武器(陈志生,2019)。

通过确定直播主题,寻找人物故事线,设计故事脉络等,直播的故事性创意阐述了马拉松运动或城市形象的大主题。而除了专业选手的运动风采展示外,更多人关注的是业余参赛选手的表现,也是这类参与度高的大众体育运动未来发展不可忽视的要点。有调查显示,超过75%的马拉松参与者希望在电视或网络镜头中看到自己的身影。不断从专业化向全民化、社交化、娱乐化转变的马拉松运动,正在给媒体转播带来新的机遇。专业化直播、大众化参与、娱乐化呈现、故事化讲述是未来马拉松及路跑赛事转播的一种趋势,也是提升文化自信和民族自信的一个窗口(陈方晓、陈国强,2017)。

在2016年甬马比赛中,有多家视频门户网站、报纸等本地以及全国具有影响力的媒体进行了直播或报道(如图5-5所示),央视CCTV-5体育频道更是对

图 5-5　2016年宁波国际马拉松官方合作媒体

赛事进行了全程现场直播。媒体覆盖中央级和省级电视媒体、平面媒体、视频媒体、音频媒体、跑步 App、行业名人自媒体等多渠道、全方位、立体式报道赛事(如表 5-4 所示)。

表 5-4 2016 年宁波国际马拉松合作媒体类别及名称

类 别	名 称
电视媒体	中央电视台体育频道(CCTV-5)及浙江电视台对赛事进行新闻报道
中央级平面媒体	新华社、中国新闻社、人民日报、中国体育报、体坛周报、跑者世界、领跑者、体育画报
省级平面媒体	浙江日报、钱江晚报、都市快报
全国网络媒体	中国田径协会官网、华奥星空、新华网、人民网、凤凰网、新浪体育、搜狐体育、网易体育、腾讯体育、今日头条
全国视频媒体	新浪体育、优酷
全国音频媒体	中国国际广播电台、中央人民广播电台、蜻蜓 FM
全国跑步新媒体	阿甘跑步

①网易跑步

网易跑步对赛事进行了全程的视频直播。其中不仅介绍了赛道所在地梅山保税港,还提到截至 2015 年,宁波北仑梅山保税港已建成深水码头泊位 5 个,开辟航线 50 条,港口货物吞吐量 1723 万吨,集装箱吞吐量达到 210 万标箱,各类平台市场交易额突破 1200 亿元。另外直播方挖掘了比赛时的求婚元素,来自九龙湖跑团的小朱在全程马拉松终点处向女友求婚,为这场赛事留下温馨感人的一幕。①

②央视体育频道

央视体育频道对赛事进行了全程的直播报道。嘉宾的解说全方位展现了北仑乃至宁波的地域文化特色和城市发展成果。从北仑历史到宁波商帮文化,从赛道沿线的主要标志性建筑、景点到梅山新区的宏伟蓝图,从北仑的支柱产业到"海上丝绸之路"的战略规划,从河姆渡到天一阁,从国际健康产业园到国际集装箱码头,从进口汽车基地到进口商品展销中心,从医疗教育到科技创新,从休闲旅游到金融制造,从发展现状到未来空间,赛道的串联将宁波这座既具有历史感又具有现代感,过去和未来完美融合的港口城市详尽地呈现出来。

---

① 资料来源:网易体育。

此外多家媒体还对郎平等领跑嘉宾以及专业和业余参赛运动员进行了现场采访,通过嘉宾的解说以及不同元素的穿插交错,打造了一场生动、立体、有温度、有趣味的城市马拉松赛事,同时也将宁波的城市形象呈现在了广大观众面前。媒体平台在这次比赛中发挥了巨大的作用和价值。以"人物""事件""赛事"为切入点,全景展现宁波国际马拉松的巨大吸引力。电视、平面、网络和新媒体传播,音画媒体强势介入给受众强烈的视觉冲击。持续不断制造与赛事相关的热点话题,通过微博、微信等自媒体平台进行口碑传播。多种媒体传播,如电视媒体、平面媒体、网络媒体、户外媒体等,提高传播的广度和深度;以手册直投的方式将活动信息、交通信息、旅游信息等目标消费者关心的信息传递给消费者。前期线上活动、赛事信息发布、赛事官方训练营等一系列公关活动延续传播周期,增加赛事、赞助商和合作伙伴曝光机会。

2.赛事文化

目前,国内各地各类马拉松赛事层出不穷,数量和参赛人数不断增长。如何依托当地的地域文化打造特色的马拉松赛事成为举办者未来需要关注的问题。注重赛事质量是发展的重心,是挖掘马拉松运动文化价值的途径之一。马拉松赛事应避免同质化或追求庞大的参赛人数,马拉松运动的文化内涵更应该从多元广泛的视角被审视。马拉松运动不仅仅是专业运动员的竞技,更是体育教育的载体,同样也是一种健康的社会文化输出和凝聚人群的方式,是促进人的全面发展、提升社会各方面效益的有效途径。独特的地域文化是形成体育赛事文化特色的重要基础,尤其是马拉松这种对于举办地条件、参赛者条件等门槛都比较低的大型赛事。独特的地域和历史文化魅力赋予了马拉松赛事新的文化内涵和时代意义。市场需要新型赛事产品,原创赛事本身就是不断创新的产品,未来原创赛事也将成为体育产业、体育赛事发展的主题和潮流。而原创赛事不单单是复制粘贴,更需要在内涵、品牌、意义、理念等方面做足功课。中华体育精神和奥林匹克精神的结合使马拉松这项起源于西方的古老运动能够兼具东西方体育文化之长,用不怕挫折、勇于拼搏、挑战自我的精神感召更多的普通大众养成全民健身、人人运动的健康生活方式(陈玉忠,2019)。

(1)赛道文化

马拉松赛道文化指的是城市马拉松赛道沿线一定范围内的水、陆、空域的物质文明、精神文化制度和人群的行为文化的总和,是城市文化的有机整体。包括静态的广告宣传语、流动厕所、医疗点等;动态的观众、工作人员、参赛队伍等(焦芳钱,2019)。如今的马拉松赛事已经远远超越了体育竞技比赛的边界,与城市形象输出紧密相连。而比赛的赛道作为重要的输出载体,赛道的位置选择、沿途非物质元素的设置等等成为马拉松赛事筹备的重中之重。

①物质条件层面

随着马拉松赛事数量的增加,越来越多的城市倾向于选择在城市地理范围内的江、河、湖、海、山地等具有一定影响力的景点或地点。一方面,要注重对于这些自然风貌或者人文景观的保护,避免为了举办赛事乱拆乱建,造成不可恢复的生态灾难;另一方面,要以赛事的举办为契机,加强对赛道沿线这些地理生态环境的修复和改善,不仅能够在比赛过程中更好地展现城市风光,同时也增加了马拉松赛事的溢出效应,延伸了比赛对于城市建设的积极作用,为市民赛后的健身活动、休闲旅游提供安全、舒适的场地。

宁波北仑就以举办"甬马"为契机,建设梅山湾两岸,特别考虑了环梅山湾和梅山岛的慢行系统,取名为"山海绿链,畅行100",规划范围包括梅山本岛和梅山湾两岸,面积约55.8平方公里。构建串联沙滩、公园、海塘、码头、山顶等景点的十二大特色游览线路,以及环岛、环湾两大慢行环线、九大辅线及两条山体游步道,总计100公里慢行道,同时融入"海洋、科技、生态"等元素,将梅山岛片区打造成为国内外著名的马拉松、自行车、水上运动等赛事的承办基地。

②精神文化层面

相当一部分城市更是下足功夫提升赛事本身和城市形象。从赛道沿线不同节点的现场节目表演,到观众对运动员的鼓励欢呼,从专业的体育指导人才配备到热情周到的志愿者服务,他们不只是为了一场马拉松运动的顺利举办,更是在展现一座城市的热情好客和人文情怀。尤其是举办地的居民,他们良好的观赛纪律,阳光向上的市民形象,积极进取的运动精神不仅能够感染现场参赛的选手,更是通过镜头,呈现在千千万万观众面前。居民除了能够直接参与大众健身的竞技运动,这样大型的、国际化的赛事更是增添了他们内心的喜悦和自豪感,是一道丰盛的精神文化大餐。

2016年的宁波国际马拉松比赛就充分利用了北仑的地理环境和港口文化优势,让马拉松比赛的文化内涵与城市发展相融共生,起到了很好的赛事形象提升和城市宣传推广作用,受到广大跑者和观众的一致好评,其特色主要可以归纳为三点。

一是"现代港口元素"。2016年宁波国际马拉松比赛全程和半程的线路,途经宁波港的重要港区梅山国际集装箱码头,选手们在海边、在龙门吊下畅跑,迎着海风,听着海浪,感受大海的气息。这也是迄今为止国内第一个穿越海港航运码头的马拉松线路。梅山港区以最宽阔的胸怀迎接来自各地的参赛选手。

二是"地方文化元素"。本次赛事在起点的综合展示区域设立集装箱大型艺术展,推出集装箱式的赛道补给站。集装箱艺术展让运动员和观众充分体验宁波北仑作为世界知名港口的城市魅力,北仑当地的特色文化艺术展示和美食展销也成为赛事具有浓重"宁波味道"的重要亮点。

三是"自然山水元素"。此次赛事除了途经建设中的梅山湾拦坝工程、万人沙滩、春晓大桥、生态游艇港等重大建设项目,还经过明月湖、洋沙山、梅山湾、梅山湿地、梅山岛、花海等自然景点景观,可以说是集山、海、湖、湾、海岛、湿地于一体的美丽赛程。参赛运动员和广大观众在感受马拉松赛事"挑战自我、超越极限、坚韧不拔、永不放弃"的精神的同时,也能欣赏沿途秀丽的风景(王雷钧,2016)。

(2)其他文化

赛道文化作为马拉松文化最直接、最主要的表现,显著影响着马拉松赛事的形象和影响力。除此以外,还存在其他值得关注的元素能够左右跑者和公众对于赛事的认知和认可度。首先是赛事的口号和吉祥物。朗朗上口的宣传语和有亲和力的吉祥物,再加上举办城市特有的人文历史元素,让整个赛事更加具有包容性和普及度,非常利于赛事的宣传和推广。其次,每一位参赛的跑者都会得到一套运动服和相应的辅助产品,包括赛事的奖牌和纪念品。这些产品的质量以及创意的设计,代表了城市体育文化创意产业的发展水平,能够保证跑者在比赛过程中的舒适度,甚至决定了其对于此次赛事直观感受。最后,赛事文化更有可能成为跑者一次旅行、一次冒险、一次挑战的象征,成为美好回忆的窗口。让参赛者极大地感受赛事组织方的用心,对赛事本身以及城市都会留下深刻印象,有机会使他们形成参加赛事和参观城市的黏性。

在2016年甬马中,主办方充分利用宁波的文化特色,开发了一系列马拉松衍生产品,包括宁波轨道交通和甬马组委会联合发行的2016年宁波国际马拉松纪念票(如图5-6所示)。该纪念票共计3000套,每套含有甬马纪念奖牌异形计次纪念票一张,甬马同款纪念奖牌挂绳一条。还有印有赛事LOGO、吉祥物"甬宝"以及运动设计元素的钥匙扣、手链、手环、手机壳、雨伞、运动功能水杯、帽子、运动臂包等特许产品(如图5-7所示)。这些依托于赛事开发的衍生品,增强了赛事的娱乐性,拉近了比赛与普通大众的距离,将比赛的品牌以物化的商品形式传递到消费者手中,体现了赛事举办的文化打造、品牌建设的亮眼之处,也刺激了体育文化创意产业的积极健康发展。

以马拉松赛事为平台,体育文化创意的构建成为部分城市探索的新思路。比如开办马拉松图片展览,城市马拉松摄影展览,交流设备经验的体育用品展览,以探讨马拉松办赛的赛事策划、品牌营销计划、赛事文化打造、城市影响力建设、全民健身推广等议题的市长论坛,充分带动了城市体育用品制造业、体

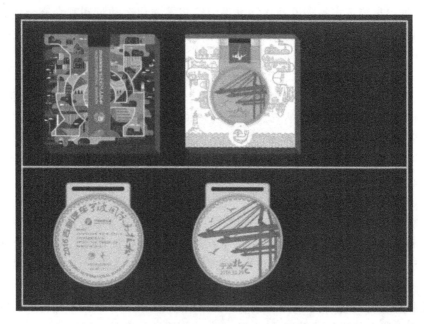

图 5-6   2016 年宁波国际马拉松纪念票

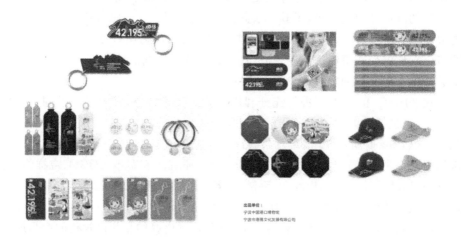

图 5-7   2016 年宁波国际马拉松特许产品

育健身业等体育文化创意产业的快速发展。这些延伸出来的赛事文化活动不仅打破了马拉松比赛的单一形式,让更多的普通人近距离了解这项人人都可以参与的体育运动,将会在相当长的时间内对区域内体育产业发展、体育产业供给端改革、城市品牌建设产生深远影响。在 2016 年的甬马中,主办方还开展了宁波马拉松官方训练营赛道体验、宁波马拉松摄影大赛、赛事嘉年华、"甬马情怀"宁波文化体育故事征集、起终点和赛道沿途民族特色展示、宁波独特跑者故事征集等活动,为赛事的举办增添了多元色彩。

赛事的制度文化也同样应该受到重视。制度文化不会像赛道文化或者物质性的参赛服装、完赛奖牌等那么显而易见,但制度保障却是赛事成功举办的基石。随着跟风式的城市马拉松数量的增加,越来越多的城市跃跃欲试,但他们往往只看到其他城市办赛光鲜亮丽的一面,盲目跟风,急功近利则导致赛前准备工作上的疏漏。比如由于没有考虑到数量庞大的参赛人数,导致比赛过程中的补给点、临时卫生间等严重短缺;或者相关部门之间的沟通协调壁垒较大,严重影响参赛者的体验和感受。满地的垃圾没有及时清理,赛前的相关通知或场地指示标语不到位,参赛者跑完后的服务缺失等,会在相当长的时间内不可逆转地伤害参赛者对赛事和城市品牌形象的印象。

因此在赛事举办之前,相关部门应该相互分工,通力合作,制定完善的赛事举办方案、应急管理预案等,共同服务于赛事本身。比如2016年的甬马于2016年9月9日报名,10月29日比赛,但北仑区人民政府于当年3月份就印发了《2016宁波国际马拉松赛承办工作方案》,成立包括区政府办公室、区体育局、区文化广电新闻出版局、区委宣传部、区招商局、区交通运输局、区卫生和计划生育局、区市场监督管理局、区综合行政执法局(城市管理局)、团区委、区台办、公安分局、交警大队等部门组成的宁波国际马拉松赛承办委员会。下设包括综合行政部、新闻宣传部、电视转播部、企业联络部、群文展示部、后勤服务部、赛道整改部、赛事接待部、竞赛事务部、环境整治部、运送保障部、志愿者服务部、安全保卫部、交通管理部、医疗保障部、食品安全部等16个部门。

方案要求各部门各人员高度重视,统一思想,加强领导;明确各部门任务,细化实施方案,制定计划,确保各项工作严格按照时间节点开展;落实专人,做到有人管,有人负责;此外各部门之间密切联系,积极协调,主动对接,并于当年9月召开新闻发布会介绍赛事相关事宜。

此外,赛事还提供了充足的补给、医疗措施,为所有的工作人员和参赛者购买比赛期间的人身意外伤害保险。赛事的各个项目起点和终点均设置饮水站;赛道从5公里开始,每5公里设置一个饮料站,提供功能性饮料;2个饮料站之间,设置一个饮水/用水站;赛道从22.5公里开始每2.5公里设置食品补给站,提供能量补给品(如表5-5所示)。每2.5公里设立医疗救护站,并在全程设置移动急救队;每50~100米设置1名医务志愿者,每250~500米设置1名医务医生,进行突发医务救护,赛事总共招募各类志愿者2000余人次。为了解决参赛选手的如厕问题以及避免大量的垃圾堆积在赛道周边,赛事组委会提前考察计算,设置了移动厕所和垃圾桶的数量及位置,满足赛事举办的各项需求(如表 5-6 所示)。

表 5-5　2016 年宁波马拉松赛道补给站设置

设置点	水（瓶）	饮料（瓶）	香蕉（根）	能量棒（个）	海绵（块）	桌子（台）	帐篷（顶）	椅子（把）
起点								
5 公里	5000	5000				15	2	2
健康跑终点	7500							
7.5 公里	3750					15	2	2
10 公里	1875	1875				10	2	2
12.5 公里	3750					9	2	2
15 公里	2500	2500				9	2	2
17.5 公里	5000					8	2	2
20 公里	1875	1875				7	2	2
半程终点	3000							
22.5 公里	3000				1500	6	2	2
25 公里	1500	1500	2500			6	2	2
27.5 公里	3000			2500	1500	6	2	2
30 公里	1875	1875	2500			6	2	2
32.5 公里	3750			2500	1500	6	2	2
35 公里	1875	1875	2500			6	2	2
37.5 公里	3750			2500	1500	6	2	2
40 公里	1875	1875	2500			6	2	2
终点	3000	3000						
总计	57875	21375	10000	7500	6000	121	30	30

　　注:水、饮料均为 500 毫升每瓶,1 瓶倒 4 杯。香蕉每根切 3 段。所有起终点的帐篷、桌椅要根据起终点搭建方案来确定,此表中不提供数量。

表 5-6　2016 年宁波国际马拉松赛道移动厕所及垃圾桶设置

设置点	移动厕所（处）	围挡型厕所（处）	垃圾桶（个）	围挡型赛道大型垃圾桶（个）
起点	166	20	50	
5 公里	16			2
健康跑终点	40		30	
7.5 公里	4			2
10 公里	8			2
12.5 公里	4			2
15 公里	8			2
17.5 公里	4			2
20 公里	8			2
半程终点	20		20	
22.5 公里	2			2
25 公里	4			2
27.5 公里	2			2
30 公里	4			2
32.5 公里	2			2
35 公里	4			2
37.5 公里	2			2
40 公里	4			2
终点	30		25	
总计	332	20	125	30

注：围挡型厕所仅供男士小便用，可极大缩短运动员如厕等候时间。围挡型垃圾箱，为赛道收集饮料饮水杯、海绵、香蕉皮、能量胶包装使用。

　　由于每一座城市的经济基础和文化内涵各不相同，因此不同的发展水平和资源禀赋也会孕育出不同特色的城市马拉松比赛。举办城市要通过提炼和挖掘本地的独有价值,重点关注自身条件和发展定位,根据城市的硬件、软件环境和承载能力,在学习国内外先进城市办赛经验的基础上,量体裁衣地确定赛事规模,打造不可复制的、具有高辨识度和认可度的城市马拉松赛事。

3. 赛事吸引

目前全国各地都在争相举办马拉松比赛,有很多城市更是拥有多项马拉松赛事。如此众多密集的赛事必然需要大量的参赛者,所以以吸引跑步爱好者参赛,尤其是动员更广泛的市民加入这场全民健身运动,成为很多比赛的办赛目标之一。动员手段众多,如可以通过体育媒体的创意策划设计,寻找典型类型的参赛者,运用多样化的转播技术;也可以通过赛事流程的设置,比如很多城市马拉松比赛的起跑仪式,邀请本地比较知名的运动员或者有影响力的体育明星一起开跑。比如2016年甬马的开跑仪式就邀请到了中国女子排球队主教练郎平和队员魏秋月、周苏红,宁波第一个奥运会冠军石智勇(里约奥运会举重冠军),游泳名将汪顺,悉尼奥运会女子20公里竞走冠军王丽萍等人和广大参赛者一起快乐开跑,享受马拉松的运动之美。

马拉松赛事,尤其是大型的城市国际马拉松比赛,除了能够吸引来自世界各地的参赛者以外,对于赞助商同样具有相当大的吸引力。特别是2015年中国田径协会宣布取消对马拉松赛事的审批,并鼓励动员社会各界力量共同推进马拉松赛事的发展。由此,赞助商的积极性也随之水涨船高。而正是由于这些企业对于赛事的赞助,不仅使体育赛事有了充足的物质保障,成为很多马拉松比赛最主要的收入来源,更为赛事文化、体育文化、城市文化的传播发展提供可能,成为赛事可持续壮大的关键力量。对于企业自身而言,也希望通过这种大型且覆盖面广的体育赛事宣传企业形象,推广企业产品,为企业高质量快速发展寻求合适的机会,在激烈的市场竞争中立足脚跟。

(1)参赛者感受

马拉松作为全民参与度最高的体育运动赛事之一,每年在全国各地开跑,不仅面向本地居民,更是吸引了全世界各地的参赛选手。在自媒体时代,每一位参赛选手都是比赛的宣传者,在微信朋友圈、短视频平台等网络渠道发布的比赛相关情况,成为赛事口碑宣传的重要手段,而由点到面的裂变式互联网信息传播方式,将会吸引更多的本地甚至是外地跑者参与到赛事中来,同时更有机会成为城市旅游、休闲运动的重要媒介。

马拉松除了是专业选手展现竞技实力的平台,更是普通大众释放压力、挑战自我的一种方式。这种没有年龄限制、性别限制、地域限制的比赛体现了极强的包容性和普适性。让每一位参与者都有可能与专业的选手同场竞技,参与到这种大型的竞技体育运动中来。尤其是在经济快速发展的现代社会,随着生活水平的提高,亚健康等状况成为很多人幸福生活的绊脚石。而体育运动能够预防疾病,活跃身心,带来快乐。因此马拉松赛就成为很多市民体育锻炼的首选。参赛的过程是体验竞技体育运动魅力的过程,同样地,在比赛前长期的准备工作,让身体保持长时间的运动状态,以及在赛后依然养成定期锻炼运动的好习惯,都是对于参赛者极大的吸引。

近年来,越来越多的马拉松赛事成为展示自我和人人参与全民健身的平台。很多城市的马拉松赛为普通市民设置的亲子跑、情侣跑、迷你马拉松、10 公里马拉松等。这些比赛能够让绝大多数市民参与其中,对于提升马拉松的知名度无疑是最好的方式。而城市赛道沿途的独特风景对参赛选手对于举办城市的品牌认知产生了潜移默化的影响。而很多普通参与者更是借助服装、道具、妆发等,或是当下最火的人物形象,或是内心天性的另一种释放,展现群体特性或者传递自身理念,成为赛道上一道别样的风景线,增添了赛事的娱乐性、趣味性以及观赏性。

2019 年的甬马报名中,半程马拉松在 1.5 小时中报满,全程马拉松在 2.5 小时中报满,而所有的项目在 9 小时内全部报名完成,可见大众对于马拉松的热情和积极性。此外,在 2016 年甬马中,众多参与者表达了自己对于赛事对于宁波的喜爱之情。"你好!""我爱宁波!"有很多国外选手来宁波参加马拉松,他们赛后甚至学着用中文表达自己的感受。获得比赛第一名之后,来自肯尼亚的马库拉非常兴奋:"这种天气非常舒适,很有利于创造好成绩,沿途风景很美,也有很多热情的观众,希望能够再来这里,创造更好的成绩。"

"这是非常棒的比赛,赛事组织非常好,也很开心可以作为宁波马拉松领跑嘉宾来到宁波,带领大家一起奔跑。"郎平出现在宁波马拉松现场,引发了现场跑友的欢呼。女排与宁波北仑有着深厚的情缘,在领跑前,郎平心情愉悦地接受媒体记者采访:"我非常高兴回到宁波,宁波马拉松像一个大节日,所有人都参与到跑步中运动中来,是非常好的一件事。宁波北仑是我们女排的娘家,自己家的事情我们肯定要全力支持!"郎平的话让很多人感动。鸣枪前,郎平和魏秋月、周苏红一起欢乐地自拍,享受宁波马拉松的快乐,她还回身向跑友挥手致意,让跑友非常兴奋。[①]

(2)赞助商表现

除了马拉松的跑者,赛事的赞助商同样也希望借助参与度极高的体育运动加大品牌营销,尤其是相关体育运动类品牌。比如每场马拉松都会有运动鞋和

---

① 资料来源:https://www.sohu.com/a/117688258_161623。

运动服等配套衍生产品,企业在提供赞助的同时,更关注产品的营销推广,能够更加快速地进入公众视野。参与者对于这类鞋服产品的使用,也让这些企业必须关注产品质量,从而为消费者提供更舒适的服装,将产品的市场覆盖延伸到赛后。

2016 年的甬马中,共有冠名赞助商、钻石赞助商、赛事供应商、赛事支持单位等 14 家赞助企业(如图 5-8 所示)。在主营产品方面,有汽车及零部件、住宅开发、体育用品、金融保险、市政建设、文体用品、食品制造等;在企业性质方面,只有宁波轨道交通 1 家国有企业,其他 13 家全部为民营企业,可以看出浙江民营资本的力量在浙江体育赛事赞助上的优势。虽然他们都有赛事称号使用权、组合标识使用权、LOGO 组合使用权等权益,但不同类别的赞助企业在部分权益上权限不同。比如在 2016 年甬马中,赛事供应商和赛事支持单位不

冠名赞助商

钻石赞助商

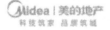 

赛事供应商

赛事支持单位

图 5-8 2016 年宁波国际马拉松赞助商

具备马拉松摄影大赛、绿色家庭环保跑、甬马赛前官方训练营等单一品牌活动的冠名权，而赛事服装只有冠名赞助商拥有冠名印刷权。

马拉松赛事在获得企业资金以及实物的赞助后能够保障赛事的正常运营，同样地，赛事也能为赞助企业带来丰厚的回报。根据调查，90％以上的甬马赞助企业希望通过赞助马拉松赛事进行企业品牌推广，扩大产品销量、增加与用户沟通交流等等。借助媒体的曝光，能够让赞助企业乘着赛事的翅膀飞得更高更远。另外，跟参与度高的马拉松等体育赛事的合作，能够让赞助企业，尤其是体育运动类企业，获得直接跟用户接触的机会，更有利于收集用户的产品体验，对于企业的产品创新具有正向促进作用；另外还可以跟其他赞助商一起将合作的边界拓展到赛后更大的空间。

作为2016年甬马的冠名赞助商，吉利汽车充分享受所有赞助企业中权益最多的福利。比如为前期和中期提供赛事用车，用于组委会商务洽谈、对接交通医疗、接送嘉宾，在比赛过程中作为领跑车辆全程做好赛事保障工作，在直播广告、赛后宣传等方面印有公司LOGO的标识等元素出现的次数和时长，最大化地位公司创造宣传机会。

美的地产公司作为赛事钻石赞助商，凭借自主设计创意推广活动博得了不少眼球。其中"宁波马拉松最美照片评选"线上互动话题将参赛运动员和现场观赛群体作为目标对象，用镜头语言表达全民健身理念，推广了充满健康活力的企业品牌形象；另一项活动是"美的地产宁波马拉松环保家庭征集活动"，征集来的家庭可以免费获得美的大礼包。此外主办方还组织倡导家庭亲子式志愿捡拾现场垃圾，并评选出"甬马拾者家庭"，增强亲子间言传身教的同时将绿色环保的生活态度与良好的企业形象在马拉松赛事中完美结合。

跑能公司就别出心裁，充分利用线下和线上渠道宣传公司形象。比如提前雇佣当天比赛的跑步团队，穿着带有跑能公司标识的服装并举着公司旗帜，出现在各个项目中；在起终点附近搭建补给品优惠售卖点进行低价促销活动；还通过开展线上运动保护课堂，利用公司生产的能量胶、盐丸等产品免费为即将参赛者普及运动安全常识，在赛后还在自己的官方微博上发起了有奖征文和照片征集活动，带有公司LOGO的话题持续受到关注，以多种形式吸引观众眼球以达到企业赞助目的。

"跑一次马拉松，认识一座城"成为很多城市举办此项赛事的重要目标。而马拉松能够给城市带来的不仅仅是一次体育盛会，更是一次（体育）经济的快速跃升，蕴含着巨大的经济价值。包括前来参赛的外地跑者，观看比赛的外地游客，为城市旅游、餐饮、住宿等行业都带来了经济效益。还有和参赛相关的体育运动产品、休闲运动设施、体育文化创意媒介等，都通过现场展示和电视网络转播,走向了千家万户,使比赛成为拉动内需、刺激消费的"奔跑的蛋糕"。

一场精彩的马拉松赛,不仅能够让参赛选手体验运动带来的快乐,在这个精神压力不断增大的社会中更好地放松身心,也能够间接推动人们健身休闲的热情和需求,在运动健身、休闲旅游、健康管理等方面投入更多的时间和金钱,从而进一步促进体育文化产业的快速发展,拉动城市经济增长。

4.赛事推广

(1)全民健身普及

马拉松赛的成功举办,对于全民健身来讲,是一次实地演练的检验。普通民众参与马拉松并不是为了获得比赛名次,而是为了享受比赛,不断突破自我,超越自我。当举办地有过多年办马拉松赛的成功经验以后,就会逐步形成其特定的、独有的经济价值和社会价值体系,而且很难被外界其他因素所干扰。独特体系的传承对于市民广泛参与的可持续性有着重要意义。而这种赛事突破路径依赖会将全民健身的理念延伸到赛后,融入普通大众的日常生活,使其自觉进行体育锻炼,调动积极性开展休闲健身运动,为市民身心健康发展以及城市健康发展带来巨大的溢出效应,这些都是马拉松赛价值链中独一无二的环节。马拉松赛提高了人们体育运动的积极性,刺激了体育消费,使人们愿意在体育装备上投入资金,来达到健身目的,释放压力,保持健康(胡江,2019)。

马拉松运动的不断发展,其实很好地契合了物质条件不断丰富,我国普通大众的精神文化需求也随之提升的节点,尤其是在健康管理、健康生活方面。马拉松作为包容性极强的体育运动项目,其体育价值取向和输出能够满足全民的这种需求,并且在一定程度上推动了我国体育强国建设和健康中国理念的推广。这种独特的运动价值功能也成为马拉松运动蓬勃壮大的原动力。低门槛、全民可以参与的马拉松运动凸显了全民健身环境的完善和便捷,健身途径的多样化以及健身理念逐渐深入人心。习近平总书记曾经指出,全民健身是全体人民增强体魄、健康生活的基础和保障,人民身体健康是全面建成小康社会的重要内涵,是每一个人成长和实现幸福生活的重要基础。

而有的城市更是将马拉松赛事办成了一场全民联欢的体育节日。不仅在参赛群众上呈现多样化,不同年龄、不同地域、不同背景的人可以一同奔跑,也是奔跑在通往幸福的康庄大道上;而且在赛道沿途,不同种类的全民健身风采展示,比如健身秧歌、太极功夫扇、广场舞、健身操、舞剑等群众性体育运动,传统体育运动在新时代焕发了别样的光芒,花式的团体操、少儿足球等让大众喜爱的流行元素融入体育运动以及全民健身的氛围中,形成真正的人人参与的运动风尚。这样的氛围和环境也在影响越来越多的人形成积极锻炼的意识和行动,不仅丰富了单调的生活,同时也拥有了健康的心态。年轻人的生活压力得到了释放,老年人的社交圈子重新打开,对构建和谐社会起到了良好的推动作用。

(2)城市品牌宣传

一座城市的基础设施、城市形象、文化底蕴会影响到马拉松赛事的宣传推广,有完善的基础设施、积极的城市形象、特色的城市文化会形成具有差异化、舒适性的、能够可持续举办的马拉松比赛,增加赛事的吸引力和影响力;反过来,长期高水平、高质量的马拉松赛事的举办同样也会反向促进城市形象和品牌的建设。很多人可能之前不了解或者没有到过一座城市,但能通过一次马拉松的转播镜头,更加全面、直观地认识这座城市的历史、人文、自然风光等,更有可能成为下次马拉松的参与者或者把举办地作为今后旅游的目的地。那些实地感受体验过的跑者,可以向亲朋好友介绍这里的风土人情,而在自媒体时代,这样的裂变会产生不可估量的作用。

一场成功的马拉松赛事的举办能够在经济效益和社会效益上提升城市的实力。在经济效益方面,城市体育用品制造业的赞助能够有力宣传产品形象,尤其对于本地品牌,赛事更是一个覆盖面广的营销平台;此外,大量的跨地区参赛者从四面八方来到举办地,极大刺激了当地的餐饮业、住宿业,甚至旅游业的发展,带动了城市的体育产业、服务业等的快速提升。在社会效益方面,赛事在前期准备的过程当中,对于赛道周边,甚至更大范围内的道路、河湖等的绿化装扮,为城市的硬件设施改造提升发挥了重要作用;同时,赛后为城市带来的“文化遗产”更是让居民获益匪浅,全民健身氛围的营造、休闲锻炼场所的运营、体育文化产业的蓬勃发展等等,都能够增强居民体质,改善居民生活品质。而无形中油然而生的城市主人翁的自豪感,更是增进了对于城市发展的认同感和参与感。因此,品牌马拉松赛事与城市品牌的推广是相辅相成,“你中有我、我中有你”的依附关系,两者能够相互促进,螺旋迭代,协同发展。

连续共生、互惠共生是马拉松赛事和城市文化协同发展、共生发展的最佳模式。马拉松赛事和城市文化均具有较强的开放性、包容性、地域性,两者的关联度、融合度较高。城市的体育产业建设和发展状况,体育文化等公共基础设施,都为马拉松赛事与城市文化协同发展提供了良好的外部环境。通过协调各方主体为赛事举办提供源源不断的能量,完善制度文化、畅通信息交换的共生界面,培育定位精准、连续互惠的共生模式,建构和优化马拉松赛事与城市文化协同发展的共生环境是解决“千赛一面”的最优选择(彭萌等,2019)。

有人说,跑步是了解一座城市最好的方式,在奔跑中熟悉城市的历史与格局,走进当地人中间,感受他们的生活,用双脚丈量风景,一步步靠近这座城市的内心。一场酣畅淋漓的马拉松,对于跑步爱好者来说无疑是一场盛宴。而用自身的动去感受城市的静,用奥林匹克的竞技体育精神去触摸这座城市的人文精神,用健康的生活理念去带动这座城市的未来发展,这就是城市马拉松最有价值的魅力。

城市精神是城市的血脉,是城市发展长盛不衰的功能养料。"举止讲礼仪、出行讲秩序、居住讲和美、服务讲奉献",争做美丽北仑人倡议,已成为推动北仑跨越发展的重要动力源,在群众喜迎甬马的过程中,北仑的经济社会文化建设再上新台阶。在北仑,服务行业争当"微笑窗口";公交车、出租车司机带头在斑马线前"礼让行人";通过赛事的成功举办,市民们也选择各自喜爱的健身方式投入运动中,文明健康、积极向上的精神风貌在马拉松赛的锋芒下愈发凸显。

2016 年甬马的成功举办,是一次海湾风情、半岛风味、大港风采的体育盛会,扩大了宁波北仑的知名度,成为北仑"中国女排"之外的又一张顶尖的"体育名片"。赛事利用北仑独特的自然环境、资源、区位优势,大力推动了健康、旅游、体育等产业的发展及居民消费,提高了北仑的影响力和美誉度,提升了市民幸福指数,增进了全民健身意识,为宁波打造国内著名体育休闲旅游名城增添了绚烂的一章。

5.3 以赛事为依托的宁波北仑体育文化创意产业发展情况

北仑的声名鹊起,一方面凭借的是著名港口以及区内众多国家级开发区形成的"硬实力",另一方面凭借的是以中国女排主场为代表的体育赛事产业形成的"软实力"。可以说,在北仑,经济发展与体育赛事相得益彰。而文化是一座城市的灵魂、一座城市的根、一座城市的独特滋养,"文化产业"不仅仅是光鲜的城市名片,更是城市经济发展新引擎。未来 10 年将是北仑文化体育产业的"黄金十年"。"近水楼台"的北仑正以科学规划促进体育赛事发展,以创新融合丰富文化产业内涵,以科技创新驱动滨海经济升级,着力打造"品质之城"的金字招牌。

一流的城市需要一流的赛事,一流的赛事自然会选择一流的城市。北仑人的长远眼光,北仑人精明的经营思路,北仑人深厚的文化积淀在北仑承办中国女排国际赛事中得到了很好的诠释。"政府主导、部门协作、企业支持、群众参与"的运作模式和"用人社会化、管理企业化、运作市场化"机制,以及"人人享受体育文化"的办赛理念,显示了北仑人的智慧和远见;周密的部署、规范的操作、精心的策划和热情周到的服务,让海内外的赛事亲历者充分领略北仑人的严谨、细致开放、包容和好客。

频频与顶级赛事共舞的北仑人,发现无论自己的生活,还是城市的文化生态都已经与体育水乳交融。有一场化学反应正悄然而迅速地改变着北仑这座滨海港,国际体育赛事的举办与当地居民的体育热情融合在一起,创造了北仑独有的和谐民风和全民体育热潮。穿行城市,音乐飘荡在大街小巷,强劲的节奏、动感的旋律,不禁让人随乐而动。

每一次大赛对北仑而言,都是一种考验,一种提升,北仑的城市建设在体育赛事的持续举办和发展中越来越好。同样地,城市的不断发展也为赛事的举办提供全方位的保障措施。北仑深入实施城市基础设施完善建设工程、市容环境整治提升工程、城市绿化美化彩化提升工程、城市道路交通畅通工程、城市环境质量保障工程、文明有序提升工程,城市风貌发生巨大改变。正如时任浙江省体育局局长李云林说的那样,"各类具有广泛社会基础的国际顶级赛事,是打造一个地区和城市名牌效应的有效载体。它强大的带动力,在扩大地区影响上所带来的效应远远超越了体育本身,甚至有可能为一个地区带来跨越式发展的机遇"。

5.3.1　发展现状

2004 年,北仑与中国女排结下良缘之后,北仑的名字不胫而走。在此后的10 多年间,北仑与体育、与赛事产生了神奇的化学反应,同时也以改革开放的大气、美轮美奂的城市布局、全国顶尖的体艺中心等丰富的城市内涵和人文环境,吸引了世人的目光。2007 年,中国乒乓球队北仑训练基地挂牌,随后迎来了中国队世乒赛前的集训和"直通横滨"选拔赛。2008 年 8 月,中国国家篮球队北仑训练基地正式挂牌,中国篮协组建的国家男女篮球队、U18、U20 等各级国字号男女篮球队今后都将在北仑训练基地参加阶段性训练。

女排、男乒、男篮 3 支国家队劲旅已经"常来常往";在随后几年里,北仑又迎来举重、女子拳击、跆拳道、柔道、摔跤、羽毛球和男排的训练和比赛,成为 10 支国家队的"娘家"……这以后,北仑成为宁波承担各类全国性及国际性赛事的主阵地,先后举办了国际女排精英赛、世界女排大奖赛分站赛和总决赛、国际排联新联赛、宁波国际马拉松赛、全国帆船邀请赛、CBA 联赛八一富邦主场和全明星周末、全国青少年羽毛球赛、世界 X-CAT 摩托艇锦标赛、全国户外运动挑战赛、体育舞蹈国际公开赛、国际汽联 F4 中国锦标赛、乐虎中国方程式大奖赛、全国电竞新锐争霸赛、全国城市围棋联赛等各类赛事累计 180 场,并连续 4 次被国家体育总局授予"全国最佳赛区"称号。其中,2007 年世界女排大奖赛总决赛吸引境外媒体 170 多家,是浙江省各项赛事中吸引境外媒体最多的一次。而 2013 年世界 X-CAT 摩托艇锦标赛的引进与举办,更是填补了国内此类赛事的空白。"体育事业"已成为这座港城的一张靓丽名片。通过不懈的努力,北仑成功打造了体育赛事品牌凸显、地域体育色彩鲜明、人民群众广泛参与、体育事业和谐发展的活力之城形象。

1.产业规模不断扩大

几年来,北仑区体育产业发展迅速,至 2017 年底,北仑体育企业总规模达到了 447.51 亿元,增加值 56.17 亿元,体育产业增加值占本区 GDP 比重 5.52%,在宁波各地位列第 1 位。截至 2017 年底,全区体育企业 178 家,规模企业 15 家,产值上亿元的有 5 家企业,体育从业人员达 5 万多人。全区体育彩票网点共有 102 个,2018 年体彩总销量达 2.4 亿元,排名全市前列。

2.体育设施不断完善

体育产业持续不断地发展促进了体育基础设施建设,催生了全民体育健身热。北仑区在加大力度建设体育基础设施的过程中,抓住每一次发展体育产业的有利机会,充分发挥市场机制配置体育基础资源的作用,以民间资本投入为主,以政府补贴为辅,推动体育产业基础建设迈上新台阶。铭泰集团投资 9.1 亿元建成宁波国际赛道;总投资 1.5 亿元的海天文体中心项目开工建设,其中海天集团投资 8000 万元;总投资 2500 万元的盛威体育馆项目由区政府和盛威国际各投资 50%;博地集团投资建设的电竞馆和蹦床馆已建成投入使用,仅上述项目共利用社会资金超过 10 亿元。投资 3000 多万元打造的"全民健身登山步道"集山林美景、野趣、生态和健身于一体的各种休闲健身步道 200 多公里,进一步催热了体育旅游和户外活动的开展。白峰中心体育场、郭巨综合文体中心、北仑文体广场等项目为全区的体育氛围营造创造了良好的资源效应。

截至 2017 年底,全区共有体育场地 1727 个,其中篮球场 279 个,网球场 16 片,足球场 12 个,门球场 35 个,游泳馆 15 家。平均每万人拥有体育场地 40.35 个,人均公共体育场地面积 3.02 平方米,远高于省内平均水平,成为全省唯一"全国全民健身示范城市"的县(市)区。全区 191 个行政村、53 个社区实现体育场地设施全覆盖。全区拥有体育休闲场所、体育用品商店近 200 家。各类体育单项协会 21 个,省市级青少年俱乐部 9 家,健身俱乐部 11 家。通过培育扶持体育基层社会组织,协调引导各协会承办群众体育活动每年达到百场以上。据统计,全区参与体育运动和体育消费人群比例为 42.4%。不断夯实的体育产业基础设施,既满足了群众日益增长的体育消费需求,又有力地推动了北仑体育市场化、产业化、大众化和社会化的发展进程。

3.产业体系日益健全

经过多年的探索和发展,体育产业初步形成了以竞赛表演、运动休闲、体育用品制造为主,场馆服务、体育教育、体育旅游、体育中介、体育彩票等多领域快速发展的体育产业体系。目前全区拥有体育用品制造企业 39 家,体育用品销售、出租企业 32 家,竞赛表演活动企业 15 家;成功培育宁波天旗科技有限公司、宁波宏盛户外用品有限公司等大型体育用品制造企业。体育与旅游、传媒、健康等相关行业日益融合。借助品牌赛事及水上运动优势,打造了具有北仑特色的旅游名片;深化与平面媒体合作,搭建了多渠道体育宣传平台,推动"互联网＋体育"宣传模式。

4.品牌引领初步显现

2017 年,北仑先后举办中伊国际男篮对抗赛、第五届中国宁波体育舞蹈(国际舞)国际公开赛、国际汽联 F4 中国锦标赛等多项国际级赛事,以及城市围棋联赛宁波主场、戚家山专场、新碶专场,第七届全国男子业余排球邀请赛,电竞新锐争霸赛总决赛等国内多领域顶级赛事。实现顶级赛事经常化,扩大了北仑体育影响力,进一步提升品牌赛事活动对北仑体育产业发展的引领作用。首次推出北仑区"足球、排球、篮球"三大球联赛,积极探索市场化办赛模式,推进赛事活动的品牌化、综合化、系列化。

5.经济效应逐渐显现

品牌赛事的举办对北仑体育产业发展起到了引领和辐射作用,扩大了北仑影响力。自 2004 年以来,北仑赛事票房收入平均每年在 100 万元以上,最高达到 600 多万元。体育场馆出租、赛事冠名费、广告、体育用房租赁、办展位等收入每年在 800 万元以上。品牌赛事的举办,在推动了全民健身体育活动深入开展的基础上,还延伸带动了区域住宿、餐饮、景区等旅游产业链的发展。2018 年,全区旅游人次达 1188 万人,旅游收入 82.9 亿元,住宿和餐饮营业额分别达到2.1 亿元和 2.9 亿元。

6.文化底蕴不断积淀

体育赋予城市的意义已不单单满足于大型赛事的承办,随之而来的是对于城市面貌、区域价值、人居生活的再造,更是一座城市迈向国际的名片。北仑所追求的"更高、更快、更强"精神,表象上是追求一种赛事品牌,实质上是追求一种文化软实力深层次上的提升。北仑把现有的赛事优势和女排精神,转化为激发全区上下建设现代化滨海新城区的精神动力、转化为凝聚北仑全区力量的"北仑共识",转化为北仑文化软实力的重要组成部分,将文化对一个城市的支撑内涵表现得淋漓尽致。通过参与赛事、支持赛事,北仑市民的文明素质提高了,礼节礼仪注重了,城市的环境美化了,各方创业者的凝聚力增强了,港口城区的品位提升了。许多市民自发地以各种实际行动支持北仑办赛,树立北仑良好形象。在女排主场刚落户时,就有万名市民加入了赛事志愿者队伍,他们中有十几岁的学生,也有七旬老人。他们有的在比赛期间担当翻译、陪同、捡球员、记录员以及拉拉队员等,有的参与大量比赛前后的宣传活动,担任城市文明礼仪的使者。北仑,用 40 年改革开放孕育的"海纳百川"的胸怀,打造出了 80% 上座率的"金牌球市"。

5.3.2 存在问题

一是体育产业总体规模较小,市场化程度不高。

二是产业结构不尽合理,体育企业集中于体育用品制造为主的低附加值生产加工环节,品牌影响力较大、高附加值的体育服务业发展相对滞后。

三是大众体育消费激发不足,产业消费市场没有针对性挖掘,民众体育消费意识欠缺,消费结构较为单一。

四是体育产业人才缺乏,尤其在体育经纪人、中介、赛事管理等领域,综合性高素质人才缺失较为明显。

五是体育管理体制改革有待深化,鼓励社会力量参与体育建设的体制机制有待完善,公共服务水平有待加强。

5.3.3 发展原则

1.以人为本,服务民生

秉承体育即民生的理念,以增强市民体质、提高生活质量为出发点,构建基本公共体育服务体系,不断改进体育服务与产品供给,倡导文明健康的生产生活方式,以消费需求为导向激发大众参与体育运动的热情,用可接受的方式推广健康管理的消费理念,让全体市民共享体育发展成果,切实满足广大人民群众日益增长的体育文化需求,引导形成充满活力、公正有序的体育消费市场。

2.改革引领,创新驱动

强化改革对体育产业发展的推动作用,大力推动政府简政放权、放管结合、优化服务,着力消除社会资本力量投资体育产业发展的信息不对称和壁垒。积极发挥市场在资源配置中的决定性作用,主动激发各级各类市场主体在创新创意、人才培养、组织管理、建设运营、研发生产等方面的动力和活力,消除体育产业健康有序发展的障碍。

3.统筹兼顾,融合发展

坚持群众体育与竞技体育协调发展、体育事业与体育产业全面发展、区内外体育均衡发展的理念,基于资源共享搭建有利于体育产业与体育事业共同发展、繁荣的大平台。推动体育产业与旅游休闲、文化创意、金融服务等关联产业的交叉渗透、融合发展,实现体育产业与经济社会协调发展。

4.突出特色,保障重点

坚持立足北仑实际,充分发挥赛事经济和体育培训等方面的优势,突出优势竞技体育项目,引进群众基础好、市场潜力大的高端体育赛事,大力发展体育服务业。坚持把重大项目、重大工程、重大政策作为规划的重要支撑,在体育基础设施、体育产业发展、体育科研创新等领域扎实推进一批带动作用强的重大项目、重大工程、重大政策。

5.优化环境,创造条件

营造重视体育、支持体育、参与体育、热爱体育的社会文化氛围,以绿色产业、朝阳产业的目标培育扶持体育产业发展,拓宽行业准入标准、消除制度障碍,完善市场机制,规范市场主体,形成有利于体育产业健康快速发展的政策体系,加快构建统一开放、竞争有序的现代体育市场体系。

5.3.4　发展目标

1.全面完善体育配套设施

目前,通过编制并启动体育休闲设施专项规划让体育休闲运动切实走进大众日常生活中。以建设长三角水上运动中心为战略依据,依托地理优势大力推动梅山湾生态游艇母港、国际帆船基地建设,把游艇、帆船、水上飞机等水上运动项目进行差异化品牌打造。谋划推进小球训练中心、房车基地、青少年露营基地等运动休闲基地型项目,进一步丰富北仑市民业余生活,打造滨海特色的运动体验区。

2.联合建立体育训练基地

积极推进与国家体育总局的战略合作洽谈,联合筹建帆船、帆板、赛艇、皮划艇、摩托艇等项目水上运动训练及比赛基地,以及沙排、海钓训练及比赛基地,马拉松、自行车、竞走及城市赛车训练及比赛基地等系列基地。

3.积极引进体育赛事活动

依托先进的体育设施、丰富的组织经验,引进和举办帆船、帆板、海上飞机、海钓、马拉松、自行车等专业赛事活动和群众性体育活动,提炼特色,深耕赛事品牌,持续扩大北仑城市知名度,实现体育普惠民生,真正打造体育北仑、赛事北仑。

4.大力发展体育相关产业

逐步形成以竞赛表演和健身休闲为驱动,辐射带动体育场所、器械用品、体育培训、体育经纪、体育健身、体育彩票、体育传媒等为业态的多元化产业发展体系。依托海洋科技城的特色产业,增加国际交流与合作,加强多主体间的资源共建共享,推动国际贸易、养生养老、医疗健康、金融服务、餐饮旅游等产业深度参与融合到体育全产业链的各个环节,有效提升产业链协同绩效。

5.努力争取相关政策扶持

申请体育场馆特殊监管区域,积极突破相关政策限制,开展保税特色的体育运动。比如构建进口飞机、赛车、游艇的驾驶培训、体验、展示、维护等产业服务,从境外到达特殊监管区域的飞机、赛车、游艇及配件材料都可享受保税政策。

5.3.5 发展方向

一座城市要举办一个大型国际赛事并不难,而赛事本身能否真正融入城市的经济社会发展之中,成为经济发展、社会治理、百姓参与等方面的融合剂和推动力,才是城市管理者最需要考虑的问题。北仑区委、区政府高度重视体育产业发展,切实把发展体育产业和创建国家体育产业示范基地作为区委区政府的重要工作纳入区域经济社会发展规划,写入政府工作报告,并成立由区长任组长,分管副区长任副组长,区有关部门主要负责人为成员的创建工作领导小组,统筹协调推进体育产业发展和项目基地建设。

持续加强政策引导广度和力度。认真贯彻落实国家、省市体育产业扶持政策,积极落实体育产业发展所需的专项扶持资金和有关土地、信贷、人才、能源消耗收费等方面的优惠政策,拓宽投资融资渠道,鼓励民营资本和外资以不同方式投资体育产业,形成多渠道多层次的融资服务体系。当地相继出台了《北仑区体育产业发展规划 2018—2020 年》《北仑区关于扶持文化产业发展的实施意见》《北仑区(开发区)关于加快服务业发展若干政策》《北仑区体育发展专项资金管理办法》等文件政策,通过科学规划,实现建设体育产业基础设施与建设城市规划有效融合,通过对政策、资金、平台、协会等跨行业资源的整合,实现政策合力效能最大化。

宁波北仑依托以人为本、服务民生,改革引领、创新驱动,统筹兼顾、融合发展,突出特色、保障重点;优化环境、创造条件的发展原则,在体育产业规模上进一步扩大,在产业体系上进一步完善,发展基础上进一步优化,品牌效应上进一步提升,发展环境上进一步改善,在多个体育文化创意产业的交叉领域方面有针对性地不断发展,以系统性和整体性的优势为体育文化创意产业的可持续性奠定基础。

经过十几年的探索和发展,北仑在坚持体育事业公益性的基础上,加快发展体育文化创意细分行业,提高服务性体育产业的价值,大力推进体育产业政策落实。继续重点开发完善体育竞赛与表演市场,以增加群众性参与的前提下积极拓展体育健身、体育教育市场,优化培育体育旅游休闲产业,不断探索体育用品业及体育彩票业发展渠道,使其未来依然有更广阔的空间和发展前景。

1.运动休闲产业

赛事活动是开展全民健身的有效载体,因此,北仑通过体育赛事"引办"结合,点燃群众参与体育活动的激情。全区经常性参与体育活动的人口比例已达到近 50%。在多年国内外大型体育赛事的感染和带动下,体育文化事业得到了长足的积淀和拓展,北仑居民的体育文化生活不断迈向新征程。依托高端的大型体育赛事,通过观赏竞技体育的魅力激发群众参与体育、热爱体育,在与国家队明星运动员和教练员的互动中,激发北仑居民对体育健身运动的浓厚兴趣。现在北仑每年举行各类大中小型群众体育赛事活动约 1000 场,从参与人数成千上万的大型赛事到 10 余人的小型体育活动,居民可以根据自己的爱好选择不同的类型达到锻炼身体、提升体质、释放压力的目的。经过摸索和积累,体育赛事也逐渐在形成品牌效应。如四年一届的北仑全民运动会,两年一届的新北仑人运动会,一年一届的"三人制"篮球赛,以及万人长跑、万人登山、千人武术大会、千人健身气功展示、千人柔力球展示、百村乒乓球赛、百村羽毛球赛、百村篮球赛、百村广场舞等活动,做到了品牌活动常态化、赛事活动多样化、健身活动普及化。

近几年,宁波国际赛道、斯达克俱乐部、博地电赛、卡美丽亚游艇俱乐部、爱尚梅山湾皮划艇俱乐部、方格篮球训练营、穹宇体育等一批体育休闲项目的不断涌现,丰富拓展了北仑体育文化创意产业的业态和内涵。未来将继续丰富运动休闲项目门类。合理利用北仑区内山海资源,促进融合滨海集运动休闲、大型体育赛事、体育产品展示、运动康复等功能于一体的海洋运动休闲产业发展,大力发展马拉松、滑水、冲浪、皮划艇、赛艇、摩托艇、游艇、赛车等项目。

积极推进梅山休闲运动基地建设(如表 5-7 所示)。以梅山宁波国际海洋生态科技城建设为重要载体,重点推进"玩在水上、乐在路上、悦在空中"休闲运动基地建设,大力推进帆船、皮划艇、游艇、沙排、海钓等水上基地建设,提升建设梅山湾慢行系统和马拉松、自行车、竞走及城市赛车训练、比赛基地建设,推进捷德航空易达中心私人飞机服务区项目。加大休闲运动载体建设力度,发挥体育主题公园、户外运动基地等一批体育旅游载体和运动休闲示范基地的辐射效应,丰富体育内涵,拓展传统体育边界,大力建设一批集餐饮、旅游、运动、康体、养生、观光、休闲、度假、购物等功能于一体的体育休闲综合体。

表 5-7　梅山休闲运动基地建设

项　目	内　容
梅山"玩在水上"	重点推进帆船、皮划艇休闲运动基地建设,成为国家体育总局、浙江体育局、宁波体育局水上运动训练及比赛基地;大力推进宁波斯达克体育健身俱乐部建设,为运动休闲旅客提供游泳、帆船、足球等多项户外运动基地;积极部署梅山湾生态游艇海港城和梅山湾游艇嘉年华等项目建设;提升构建满足举办国际性沙滩排球赛事的沙排基地和可举办国际海钓大赛、世界户外钓鱼大奖赛、LTW 国际路亚钓鱼大赛等国内外重大赛事活动的国家海钓训练基地及比赛基地
梅山"乐在路上"	建设沿梅山湾慢行系统,打造国家马拉松、自行车、竞走及城市赛车训练、比赛基地;建设宁波国际赛车场,拟建长约 4 公里国际汽车联合会标准 F2 赛道;建设与全国房车露营总会合作的房车露营基地;营造东盘山百公里超长山地马拉松步道,按国际标准兴建马术休闲运动基地,提供马术运动体验,引进国内外马术赛事
梅山"悦在空中"	推进捷德航空易达中心私人飞机服务区项目

比如以梅山湾滨水都市发展轴,构筑海上都市生活客厅;依托春晓东盘山旅游区,打造涵盖柴桥紫石与春晓三山片、昆亭片"一核三片"和"望山、观海、赏花、品茶、听风、养心"的北仑"印象慢(漫)城";依托滨江新城都市生态带建设,打造

极具江南风情的生态湿地和都市生态休闲基地梦里水乡小镇;依托梅山湾黄金万人沙滩和洋沙山旅游综合体,打造集旅游休闲、沙滩运动、游艇娱乐等于一体的滨海"慢生活"产业沙滩风情小镇;依托紫石片区花海基地,整合瑞岩景区,打造集花事、农事、休闲为一体的生态旅游休闲小镇;依托总台山和东方大港景区,拓展峙南海洋生态产业建设为核心,打造山海一体生态旅游板块郭巨海洋生态旅游小镇。

随着人们生活水平的提高以及假日经济的发展,体育消费的需求也越来越多样化,北仑区结合区域产业结构和特色,积极开拓体育消费市场,推进"体育＋旅游"的融合发展,加速体育产业新业态开发。当地着眼于北仑汽车工业的发展趋势,由铭泰集团投资,在春晓规划建设了宁波国际赛车城。该项目是集方程式赛事、卡丁车赛事、主题汽车酒店、汽车文化剧院、4S 店、商贸旅游于一体的大型综合体。项目总投资 25.4 亿元,预计项目全部建成后年收入可达 2 亿元。目前,项目一期宁波赛道已建成投入使用,2017 年起已成功举办了 WTCC 世界房车锦标赛、CTCC 中国房车锦标赛、FIA F4 中国锦标赛、乐虎中国方程式大奖赛等多项赛事,吸引了世界各地媒体的关注。

以宁波国际赛车为龙头的体育特色小镇创建工作目前正在积极有效地推进,相关的征迁和项目引起已列入区政府、春晓街道和铭泰集团的重点工作之中。由万年基业投资开发的亚洲游艇度假小镇占地 1650 亩,总投资约 70 亿元,项目围绕游艇码头、游艇俱乐部、滨水商业和旅游度假物业打造中国首个游艇休闲度假体验区,2017 年 9 月起游艇俱乐部已开始对外营业。

建设海陆空"航母级"立体式体育休闲旅游基地将是北仑体育旅游休闲产业的重点发展方向。除了梅山水上运动项目以外,当地重点打造山地越野、冰雪运动等陆地项目。利用现有游步道,开辟山地越野赛,规划线路为从阿育王峰到白峰,全程 100 公里,计划一年举办一次国际或国内顶尖赛事,由国家体育总局指定的协会进行赛事运作。开发冬季体育旅游项目,建设滑雪场、滑冰场等冰雪设施。与宁波冰雪文化旅游发展有限公司签订投资协议,计划投资 8000 万元,选址中国港口博物馆南面,建设集大众冰雪体验、冬奥冰雪项目体验为主的冰雪大世界项目。此外重点打造空中运动项目,主要依托梅山直升机综合体开发直升机、水上飞机、热气球、动力滑翔伞等运动项目。

2. 竞赛表演业

打造"国际国内综合赛区"品牌。近几年举办的体育舞蹈国际公开赛、宁波国际赛道系列赛事、电竞新锐争霸赛和中国男篮职业联赛八一主场 4 个项目,政府扶持 413 万元,企业投入 3300 多万元,取得了良好的社会效益,同时也取得了良好的经济效益。浙江省电竞青训基地正式落户北仑影秀城,已成功举办了2017年全国电子竞技公开赛浙江宁波赛区赛事和浙江省省赛,引起了社会广泛关注(如表5-8所示)。

体育竞赛表演业是体育文化创意产业普及面广、影响力大的重要组成部分,未来宁波的需要关注传统赛事,继续办好"足球、排球、篮球"三大球联赛,办好国际排联新联赛全球首季赛事等大型体育赛事;培育新兴赛事,依托宁波国际赛道、梅山休闲运动基地、影秀电竞嘉年华等载体,大力培育路跑、赛艇、赛车、房车、电子竞技等特色新兴赛事体系。开发体育竞赛表演市场,充分利用国家队队员集聚北仑优势,发挥体育名人效应,积极开展名人公益活动,提升赛事社会效应,形成职业体育竞赛表演、品牌大赛表演、社会体育、地方传统体育竞赛表演协调发展格局。

完善各类赛事活动组织体系。加强足球、篮球、排球、赛车、赛艇等职业体育俱乐部建设。统筹全区体育竞赛表演市场,鼓励各街道因地制宜举办具有特色的赛事。鼓励社会力量参与举办各类体育赛事,推进体育赛事相关审批制度的深度改革,逐步完善以市场为主体的办赛机制,对承接国内外重要赛事、采取市场化运作的单位予以重点支持。加强与国际国内体育组织和知名体育赛事运营企业合作,引进国内具有知名度的赛事组织和中介机构,积极培育一批本土赛事运营企业,服务地方体育事业发展,提升体育赛事专业运作水平。构建政府支持、社会力量参与的体育赛事信息服务平台,做好赛事服务,完善政策支持,规范竞赛表演市场,提高体育赛事对城市经济发展的贡献度。

表5-8 北仑全国级、国际级赛事一览

承办比赛	办赛规模	主办单位
国际排球赛事	国际级	北仑区人民政府
国际国内篮球赛事	国际级 全国级	北仑区人民政府 北仑区文体局
"开放杯"沿海开放城市排球邀请赛	全国级	北仑区文体局
"小港杯"全国男子业余排球邀请赛	全国级	小港街道
中国宁波体育舞蹈(国际舞)国际公开赛	国际级	宁波市体育舞蹈协会
全国城市围棋联赛	全国级	宁波市体育局 北仑区人民政府
WTCC世界房车锦标赛	国际级	铭泰集团

承办比赛	办赛规模	主办单位
CTCC 中国房车竞标赛	全国级	/
国际汽联 F4 中国锦标赛	国际级	/
CSBK 中国超级摩托车锦标赛	全国级	/
电竞新锐争霸赛	全国级	博地公司

3.体育用品业

据统计,2017 年体育制造业占体育产业总量的 90％以上。北仑区内有宁波申洲针织有限公司、浙江牧高笛户外用品有限公司 2 家上市体育企业。宁波申洲针织有限公司主营运动服装、鞋帽制造加工等业务,拥有耐克、阿迪达斯、彪马等稳定合作客户,产品市场覆盖欧美和亚太等地区,2017 年总产出 176 亿元,增加值达 51.6 亿元。注册在北仑的浙江牧高笛户外用品有限公司由上市母公司牧高笛股份于 2010 年 2 月全资设立,负责自主品牌"MCBIGARDEN 牧高笛"的全面营运,包括露营帐篷产品及冲锋衣、羽绒服、登山鞋、运动背包等户外服装、鞋及配饰的研发、设计、生产和销售。目前,公司帐篷类产品出口额在国内同类出口企业中排名第二位。2017 年营业收入达 1.91 亿元,同比增长 35.46％。其他知名体育企业还有宁波宏盛户外用品、宁波海伯集团、宁波镇华健身器材、宁波天旗科技、北仑跃宁体育、宁波梦浪、春晓舒伯斯曼等。主要经营业务有运动服装、童车、自行车、渔具鱼竿、皮划艇、户外帐篷、滑雪板、冲浪板、桨板、羽毛球、高尔夫球车球包等体育用品的生产制造及相关产品的销售贸易等。

北仑未来将着力打造体育用品制造集群。依托北仑区体育产业发展规划体系,集中优势重点发展健身、羽毛球、篮球、排球等传统体育用品制造,加快发展皮划艇、冲浪板等海洋运动装备以及登山杖、帐篷、滑雪板、渔具、自行车、高尔夫等户外运动装备制造集群。提升本土体育用品制造企业实力,着力培育一批具有本土烙印并体现品牌影响力和较强竞争力的体育用品龙头企业以及专业化、精细化、集约化的中小型企业,激励拥有先进技术的其他领域企业投身体育用品领域。引导体育用品制造企业转型升级,鼓励企业通过海外并购、合资合作、联合开发等方式,提升冰雪运动、水上运动、汽摩运动、航空运动等高端器材装备的本土化水平。促进企业与各类体育组织开展多领域合作,实现信息资源共享,通过赛事营销模式的创意开发设计,不断提高品牌知名度。

提升企业自主创新能力。支持体育类企业积极参与高新技术企业认定,打造一批具有自主知识产权的体育用品知名品牌,研制新型健身休闲器材装备、可穿戴式运动设备、虚拟现实运动装备等。通过技术培训和指导,解决互联网先进技术对健身休闲个性化需求的痛点,根据不同参与对象的时变需求,让多样化、可操作性强、适应性强的健身休闲器材装备真正服务于民。提升体育用品销售规模,拓展线上线下相结合的销售渠道,为国内大型体育用品销售企业在北仑设立分支机构、开展连锁经营提供便利。

4.体育场馆服务业

北仑依托浙江省的民营资本力量,增加社会资本对体育基础设施的投入力度。如 2014 年开业的世纪星滑冰俱乐部,2015 年开馆的宁波 MZ 篮球馆,2016年开馆的北仑乒乓球活动中心,以及由浙江盛威普世慈善基金会和区财政各出资 50%,总投资 1200 多万的"盛威体育馆"的建设,都体现了社会资本对北仑全民健身事业投入的热情。如今,全区体育设施建设的规模和功能进一步完善,"一圈""二中心""九辅""多点"的高标准、上档次的公共体育设施网络群基本形成。"一圈"即北仑中心城区体育圈,"二中心"即北仑体艺中心、北仑体育训练基地,"九辅"即全区 9 个街道(乡镇)全民健身中心,"多点"即中心村健身广场、中心村体育休闲公园、社区多功能活动场地等(梁敏君,2013)。

体育,正悄然改变着北仑这座滨海新城,城市发生了翻天覆地的变化,一些体育场馆、公园、绿地、配套道路等从无到有。北仑有了综合体育馆、游泳馆、健身长廊、多座美丽的公园、新增更多绿地,城市越来越宜居,居民生活越来越便捷、工作越来越舒心,社会大家庭越来越和谐。北仑体育训练基地二期田径场、三期体育公园中的灯光篮球场、排球场自建成以来,全天 24 小时免费面向市民开放。北仑体艺中心、北仑体育训练基地训练馆,除了比赛、训练和区大型活动外,全部面向社会开放。此外,在不影响日常教学和管理的基础上,推动学校体育馆向公众开放。

优化场馆管理体制。落实国家体育场馆改革试点工作,推进公共体育场馆所有权和经营权分离,引入和运用现代企业制度。通过引入社会资本和现代公司化运营机制等,激发体育场馆活力建立集团公司,以成立国有或国有控股的体育产业集团管理公司为引领,改革场馆的管理方式。借鉴国内外先进经验做法,创新场馆运营机制,把前期的场馆设计、建设以及后期的运营管理进行一体化规划,尤其是新建体育场馆与体育公园的运营,避免出现建成后无人管理的荒废局面。增强大型体育场馆复合经营能力,推动体育与住宅、休闲、商业综合开发,打造城市体育服务综合体。开发北仑"智慧运动场"平台,利用互联网技术,盘活体育场馆资源。

5.体育培训业

重点培育培训市场主体。投资 11.8 亿元,占地 82 万平方米的梅山帆船基地已开工建设,预计于 2021 年 6 月全部建成。在春晓湖和明月湖两地建立皮划艇基地,皮划艇运动已成为水上运动的推广项目之一。2018 年已开始帆船培训,接下去将开展游艇培训。此外依托北仑现有训练俱乐部、优势项目、大型赛事和知名运动员带动,积极开展排球、足球、赛车、游泳、帆船、皮划艇、自行车等体育项目培训,培育一批品牌优、效益好、信誉佳的体育培训机构。依托优质的师资和场地,支持体育类相关院校、体育协会、体育俱乐部、户外体育活动营地等专业性体育组织发挥优势,面向大众开展各类体育培训、体育教育等服务活动,普及体育常识,增强与国内外知名体育培训机构的交流与合作。鼓励退役运动员、教练员开展体育培训业务,积极构建体育培训市场专业技术人才、管理人才的体育产业人才库,做好后备人才选拔和培养。与高校、协会积极合作,聘请国家级、省级教练、专家对教练员进行先进理念培训。

加强体育培训市场监管。建立体育培训市场准入制度,加强对体育培训机构的监管,落实培训人员持证上岗制度,规范培训市场经营秩序。加强不同运动项目培训标准化建设,提高北仑体育培训市场的专业化水平。

6.体育中介业

培育体育中介服务组织。积极开展体育赛事推广、体育咨询、运动员经纪、体育保险等多种中介服务,培育以专业体育中介公司和兼业体育中介公司相互补充的市场竞争主体。以北仑国内国际大型品牌赛事为优势,吸收引进国内外一流的专业综合性体育中介机构入驻北仑,以其先进的运营管理理念带动本地体育中介企业快速发展。加强体育中介服务组织与国际体育的交流合作,促进与体育制造、体育培训等上下游产业的互联互通,实现跨区域、跨行业信息流、人才流的共建共享。加强政府引导,拓宽体育行政部门和社会组织在咨询、策划、运营、公关、推广、品牌管理、无形资产研发等服务内容上向专业体育中介购买。打造北仑体育产业公共服务平台体系,建设体育产业信息服务、产权交易等平台。建设体育经纪人队伍。规范体育经纪人培训市场,严把行业准入和职业资格,建立体育经纪人行业等级评价工作体系,完善市场监督和激励,培养质量高、能力强的北仑体育经纪人队伍。制定人才引进相关配套政策,解决高水平、高素质、国际化的体育经纪人才落户北仑的后顾之忧。

7. 体育彩票业

加强体育彩票基础建设。北仑全区体育彩票网点 102 个,2018 年体彩总销量突破 2 亿元,排名全市前列。未来将大力构建体彩专营和主营高效联通网络,合理设置销售网点布局,在管理、服务和营销水平等方面提升网点业务能力,通过实地调研完成乡镇、新建小区网点全覆盖。利用北仑 1 号线地铁站,在地铁站沿线附近或站内进行渠道建设。丰富体育彩票产品种类。加强体彩特色产品开发,完善品牌体系。推进乐透类游戏优化,增强趣味性;加强竞猜类游戏推广,提升渠道质量效益;拓展即开类游戏渠道,加强即开票宣传推广工作,结合体育领域社会热点,举办小规模即开型销售活动。发挥体育彩票公益功能。完善体育彩票市场管理机制,加强公益金的使用管理绩效评价,提升体育彩票的社会形象。加强市场监督和管理,维护正规网点的依法运营销售,严厉打击非法彩票销售等违法行为,防范各类风险,提升体育彩票市场安全和信誉,确保体育彩票业健康发展。加强体育彩票市场人员管理。配齐配强专管员队伍,提高专管员队伍素质,重点针对网点业主、销售员进行业务培训,为体彩市场发展提供人员保障。

8. 体育传媒业

推动体育传媒市场发展。充分利用电视、广播、报刊等主流媒体资源优势,加强网络媒体宣传,跟踪报道群体赛事活动,办好体育类电视频道、专业报刊和手机应用等体育传媒新业态,重点打造北仑体育产业综合信息平台。着力发展电子竞技产业。依托博地影秀城电竞馆,开发电子竞技对战平台,建设专业性电子竞技赛事中心;以举办全国大型电竞赛事、影秀电竞嘉年华等活动为载体,探索举办全国电子竞技全明星赛等大型活动,扩大电子竞技比赛吸引力及影响力,提升北仑知名度。积极发展体育会展业。结合北仑本土资源优势,打造电子竞技、体育用品器械、赛车等特色品牌体育会展项目,探索举办具有全国影响力的体育科技、体育用品、体育时尚等大型体育题材博览会,定期举办体育文化节、体育产业高峰论坛等活动,扩大体育会展活动影响。

继续办好世界排球联赛等国际国内有影响的品牌赛事,并努力引进国内外其他高端赛事。持续开展北仑"国家宁波北仑体育训练基地"建设工作,承接和做好中国女排、中国男篮等国家队集训工作。充分利用国家队队员集聚北仑优势,发挥体育名人效应,积极开展名人公益活动,提升社会效应。探索搭建政府支持社会力量举办体育赛事的服务平台,提高体育赛事对城市经济发展的贡献度。对体育基础设施建设、体育社团赛事活动开展、竞技体育获奖、承办赛事等情况给予支持,提升基层推动体育发展的积极性。

除了细分产业以外,要想全区的体育文化创意产业得到可持续性发展,还需要在人才引进和培养、体制机制建设等方面投入资金和时间。针对目前北仑体育产业缺少专业性、复合性、知识性管理人才以及经营、管理、发展处于粗放、松散、滞后的产业现状。以体育产业本体产业为基础,制定政校企产的智力资本建设方案,培育引进理论强、懂经营、业务精、会管理、善策划的高层次体育经营管理人才,特别是涵盖体育旅游、体育传媒、康体休闲、动漫娱乐等的综合性体育文化创意产业跨界专业人才。不断完善人才评估体系、激励机制。

此外需要加强体育产业统计工作,完善信息交流机制,增强体育信息的共享共创,为体育文化创意产业的多元化发展打下坚实基础,避免信息的不对称造成产业发展的阻碍。目前北仑体育产业市场主体经营相对封闭,缺乏对需求信息以及行业发展的交流沟通,存在投资盲目性和短期功利性特征,无法有效形成区域产业发展合力。通过健全平台专业化的体育产业信息交流机制,以产业绩效考核为导向,提升产业整体发展水平。

北仑连续多年接待国家女排、国家男排、国家乒乓球队、中国男篮、浙江女排和山东男篮省队等运动队备战训练,全区上下对此高度重视,全力做好各项后勤保障工作,为各运动队在各类全国性重大赛事,为中国女排近年来在奥运会等各大赛事取得优异成绩做出积极贡献。同时,也为恒大女排、八一女排等体育俱乐部的集训提供接待和后勤保障。北仑体育训练基地的工作受到国家体育总局的表彰,北仑为此收到了国家篮球运动管理工作中心授予的锦旗和感谢信。结合产业带资源条件以及体育主题,选址梅山湾沙滩公园,积极向国家体育总局申报设立沙滩排球训练基地。未来,北仑将继续以女排系列赛事为中心,以大型国际国内体育赛事为依托,用赛事燃烧一座城市的体育热情,用赛事催化一座城市的体育配套,用赛事塑造一座城市的体育精神,用赛事撬动一座城市的体育效应,用赛事描绘一座城市的体育蓝图。

可以说,北仑通过运营体育赛事来营销城市,成功实现了体育赛事和城市发展的联动。北仑文化产业增加值占地区生产总值比重逐年增大,对经济社会发展的促进作用显著增强。海伦钢琴股份有限公司成为专业生产钢琴的国家火炬计划实施高新技术企业,并于2012年成为宁波首家文化产业类上市公司。贝发集团建成"中国文具供应链运营服务平台"。以影视产业、演艺产业、体育赛事产业为重点,加大引进和培育力度,重点扶持中青创影视文化基地,发展以数字科技园为主体的动漫产业,以留学生创业园为主体的软件产业,以贝发为龙头的文具产业,以海伦钢琴为主体的乐器制造业,以凤凰山、九峰山、洋沙山为主体的体育旅游和休闲体育产业,加快形成新的产业优势。

　　未来北仑将以优质文化产业项目为依托,利用"互联网＋"等现代信息技术提升制造水平,着力打造北仑高端文化用品制造基地。依托中青文化广场和数字科技园等载体,发展创意设计、影视动漫、数字化内容产业等新业态,促进文化与传统产业融合化发展,着力打造宁波创意文化基地。以创建"国际国内综合赛区"和"国家队综合集训区"为依托,每年举办大赛或大型活动 3 次以上。不断引进其他国内外高端体育赛事和文化活动,努力提升比赛与活动的市场运作能力,全力培育体育市场,着力打造宁波高端赛事文化基地。

　　北仑通过导入"体育＋"元素,建设体育设施,引进体育项目,促进经济、旅游、文化与体育的融合,塑造"有精神的城市"和"有精神的市民",把北仑造就成了一座活力之城、一座生态之城、一座品质之城。以互联网为代表的信息技术加速各行各业渗透、融合、发展,北仑通过大力发展信息经济、推动智慧应用,全面推进产业提质增效、转型升级。作为现代产业体系的重要组成部分,体育文化创意产业具有市场需求大、关联度广、融合性强等特点。以现代信息技术为手段,积极探索"互联网＋体育"的发展模式,培育"数字体育""智慧体育"品牌,为加快体育产业发展提供了新的技术手段和动力机制。

　　乘着政策的东风,抓住资源的红利,北仑将加快推进港口、湾区和岛屿的开发开放,主动承接国家"一带一路"倡议、海洋经济发展和港口经济圈建设,加快建设港口经济圈核心区。更高标准打造港产城人融合发展的现代化国际化品质城区,更高水平建设生产生活生态、宜业宜居宜游的书藏古今港通天下新北仑。

　　有中国女排系列大赛的办赛经验,有沿海港口的天然条件,有浙江经济的先驱示范,有改革开放的勇立潮头,虽然目前北仑体育产业还存在一些不足和短板,但依托这些得天独厚的优势,未来体育文化创意产业必将引领北仑体育产业实现集群化、高端化、融合化、特色化和品质化发展,构建特色突出、层次分明、布局合理、功能完善、结构优化的体育产业发展空间体系。广纳良才,因地制宜、因势利导,打造一批体育产业集聚区、特色体育文化小镇是未来北仑这篇福地可以将体育"引进来"和"走出去"的康庄大道。

第六章　体育文化创意产业的布局与建议

6.1　政府角度

随着国家发展水平的不断提升,人民生活质量不断提高,精神文化需求也相应释放。特别是在 2020 年初发生的新冠病毒感染肺炎疫情,让更多的普通人开始重新审视自身健康问题,增强体育运动,提高免疫力将会成为生活满意度的决定性因素之一。要想消除物质生活水平与人民生活幸福感之间的不平衡的问题,体育文化创意产业的发展发挥了不可忽视的效用。人们对于身体健康管理、身体塑形锻炼、精神压力释放、运动休闲旅游、竞技体育魅力等方面的持续关注产生了体育文化创意产业的内在动力,但同时也出现了供需之间的矛盾和错配。国家出台了相关的文件政策刺激体育产业消费,促进产业结构转型升级,发挥市场主体作用等,体育文化创意产业的发展开始迈入了发展的黄金时期,但仍然无法满足企业主体及普通大众的需求。而作为新兴的产业类型,人们对其认识还不够,相关部门和主体对产业特征、盈利模式等研究还有所欠缺,其对经济的促进作用和转型升级还没有被关注。因此体育文化创意产业的发展与布局,依然需要多方力量的协同创新,为产业的健康发展构造螺旋闭环的生态体系。

浙江省是我国经济发展基础较高的省份,是对外开放的排头兵,人民生活水平不断增强。浙江省依托得天独厚的地理环境资源以及发达雄厚的民营资本实力,在大型体育赛事举办、体育特色小镇打造、运动休闲旅游规划、硬件基础设施建设等方面走在了全国前列,也在全国宏观环境的条件下将体育文化创意产业的发展写入了政府规划和相关政策措施中。在体育文化创意产业市场不断扩大的前提下,全国各地也在聚集优质资源,制定战略蓝图,发挥自身优势,大力发展体育文化创意事业,出现了各具特色的产业样态和领先创新的发展模式。浙江省应该看到自身不足,学习借鉴国内外先进经验做法,总结过往成功的方法,以挖掘特色品牌、提升整体形象、扩大影响力为目标,通过交流考察,在现有基础上形成体育文化创意产业发展的浙江特色、浙江模式。

作为综合性高的产业类型,体育文化创意产业的快速发展离不开政府的作用。产业成长过程中出现的交叉融合、多部门协同等问题都需要政府提前做好规划设计,消除沟通中的壁垒,避免信息不对称造成的资源浪费。政府应从产业实际需求出发,在体制机制、政策法规、人才培养、产业融合、优化结构等方面出台措施,提前做好顶层设计,完善产业发展规划,为相关产业主体、相关企业主体等提供战略性的指导,用长远的、可持续发展的眼光为产业发展谋求更广阔的空间。多角度、全方位地激发产业活力,提高更多企业参与体育文化创意产业建设发展的主动性和积极性。具体可以从构建产业发展体制机制,完善法律法规政策支持;创新人才培养机制,制定考核激励措施;促进产业融合,加强集群建设;调整产业布局,优化内部结构;打造"互联网+"产业格局,发挥新媒体作用等方面强化引导,制定方案。

6.1.1 构建产业发展体制机制,完善法律法规政策支持

体制机制和政策法规是产业向前发展的决定性指导性文件。体制机制设计能够正确引导产业向有目标有规划的方向成长,是所有市场主体进行产业活动的依据和参考,代表了整个产业未来的上升空间和战略思路。而政策法规则是产业有序运行的保障和基础,是维护市场公正,监督市场行为,惩治危害产业发展不良活动的有力武器。主管部门要以国家相关文件和决策为前提,因地制宜、因时而进、因事而新,依据灵活性、全局性、差异性、价值性等原则迅速制定浙江省各地市详细的体育文化创意产业制度文件和法律法规并落实到实践中去,为产业的健康持续发展营造良好的宏观环境。

浙江省还需要把体育文化创意产业政策制定融入浙江省的发展规划中,融入长三角区域的发展规划中,用统筹协调的眼光做出指导性的引领。强化改革对体育产业发展的纵深推动作用,加快政府职能转型,大力推动政府简政放权、放管结合,打破传统路径依赖,不断优化服务,创新服务方式和体育产业发展模式。很多产业内的企业主体发展受到限制的很大原因就是政府相关部门的沟通壁垒、交通成本、时间成本等等。因此急需依照各地区的实际发展情况,设立由体育局、文化局等相关部门合作的或主导的产业发展新格局。避免相互推诿、多头负责的混乱局面。在形成主导负责管理机构的基础上,以联合会议、实地交流

等形式,结合专家意见制定本地区产业发展顶层设计,包括短期规划、中期规划、长期规划等。

1.推进体育行政管理体制改革

结合"最多跑一次"改革和"四张清单一张网"建设,深化体育管理体制和运行机制改革。全面梳理不利于体育产业发展的有关规定和权力事项,以优化办事流程为目标取消产业领域不合理的前置审批事项,构建透明、规范、高效的审批机制。进一步转变政府职能,推行政社分开、政企分开、管办分离,推进社会类体育组织直接民政登记。依法依规做好对体育类社会组织的业务指导和事中事后监管,着重加强对游泳、赛车、攀岩等高危体育经营项目和体育健身经营活动的监督管理。

2.推进重点领域体制机制改革

积极探索竞技体育职业化改革道路,依托各地区特色的足球、排球、篮球等办赛经验,推进单项赛事向综合性、系列性赛事转变,探索市场化办赛模式,实现政府基本公共体育服务职能逐步向社会组织、服务机构转移,实现管办分离。在优势项目先行先试的基础上,有序推进其他市场化程度较高、条件相对成熟的运动项目走职业化的发展道路。推进体育社会组织改革,以体育单项运动协会、行业协会为重点,按照分类指导、分步推进的原则,加快体育社团社会化、实体化改革步伐。

大力推动社会力量办体育机制。浙江温州作为国家体育总局和浙江省人民政府打造的社会力量办体育的全国试点,凭借中国民营经济发源地的资源优势,在重点项目中探索出"协会+公司+俱乐部"的运行模式,健全服务保障和监管制度,取消并规范体育审批各类事项,通过政府购买服务,将部分比赛交由社团承办,消除了政府部门办赛的低效率问题,培养了社会机构的专业化发展,甚至形成了产业人才培养的新途径,为社会力量办赛管赛以及体育文化产业的发展提供了温州模式、浙江方案(王钟云、张剑利,2019)。

3.制定多元化资金投入机制

完善政府投入为主、社会支持为辅、体彩公益金为补充的多元化投入机制,设立体育文化产业发展专项资金,对符合条件的行业企业、社会组织给予项目补助、贷款贴息和奖励,减轻企业组织财务负担。引入社会力量参与,以社会资本为筹资设立体育文化产业投资基金,大力支持品牌体育赛事举办、产业融合集聚区、商业模式创新、无形资产研究开发、体育场馆公益性开放等工作,加大对符合条件的公共平台建设及体育产业项目的资金扶持力度。拓宽体育文化产业投融资渠道,支持符合条件的企业利用公司债、企业债、中小企业私募债、短期融资券、中期票据、中小企业集合票据等融资工具融资;鼓励金融机构开发与体育相关的保险、信托等金融创新产品,加大对发展前景好、信用记录良好的体育企业的信贷支持力度。

4. 加强知识产权保护

体育文化创意产业是以知识产权为核心的产业类型,健全的知识产权保护体系是产业健康、协调、原创性发展的基本保障,对产品和服务原创性的产权界定与保护,就是对体育文化创意行为最大的尊重和福利。要加强知识产权保护,完善相关政策措施,进一步重视对体育组织团队和个人、体育场馆设施、体育赛事和活动名称、标志、版权等无形资产的知识产权开发与保护力度,净化产业发展环境,推动产业发展法治化、秩序化、公正化,依法保护体育文化创意开发者相关权益,解除后顾之忧。

虽然很多的体育文化发展被写进了各级政府的规划方案都有体育文化发展的内容中,比如文化部 2017 年 4 月 26 日印发的《文化部"十三五"时期文化科技创新规划》提到,全面支持实体经济中融入文化创意,以文化科技的引擎带动效益促进文化创意与消费品工业、旅游业、体育业等行业融合发展,赋予实体经济更丰富的文化内涵,有效提升经济发展质量,但我国至今没有和体育文化创意产业相关的法律法规,严重阻滞了产业的向前发展。2019 年 6 月,作为中国首部文化法,《文化产业促进法(草案征求意见稿)》面向社会征求意见,该法律的出台也将填补我国现有法律中文化法的空白。该法将明确地方政府在促进地方文化基础设施建设方面的义务,确保民众可以享受到更好的公共文化服务。而和体育文化创意产业相关,和文化创意产业知识产权保护相关的法律条文仍然还在等待制定和推出。

我国可以参考借鉴日本、美国等发达国家的经验做法,针对相关的产业促进、印刷出版、数字版权、著作权等方面出台从中央到地方的法律法规,制定相关领域立法的基本原则,用法律制度明确体育文化创意产业的内涵和外延,确立市场准入和退出的严格标准,规范优惠政策的对象和范围,使相关的市场行为做到有法可依,有法必依。为体育文化创意企业和个人在创意设计、产品开发、专利研发等方面提供安全的保护伞,尤其是为无形资产提供具体可行的法律保障。还可以通过健全体育文化创意产品的交易体系,搭建知识产权管理和保护中介平台,除了加强文化创意企业、行业协会和相关政府部门之间的协调配合,更要发挥社会组织和普通消费者对于体育文化创意产业的宣传和监管。同时,还要积极参与国际知识产权保护协作,取长补短,让我国的知识产权保护和国际接轨(陈宏伟,2014)。

5.完善市场监督体系

浙江省需按照建设法治政府和服务型政府的要求,强化体育行政部门的政策调节、市场监管、社会管理和公共服务职能,推进体育依法行政,营造良好的体育法制环境。严格执行国家制定的体育服务行业标准,进一步完善体育产业配套法规体系,建立责权清晰、管理有序的体育市场监管体系。严格规范公正文明执法,坚决做到违法必究,规范引导市场主体行为,维护消费者合法权益,促进体育产业市场健康发展。借助相关法律制度文件,严厉打击文化创意产品的非法复制、抄袭,消除很多企业和个人认为的文化创意就是"复制粘贴"的低成本行为,准确界定侵权行为的具体表现和责任追究方式,降低体育文化创意产业商业运作的风险性,将相关的产业陋习、钻法律空子、恶意竞争等行为扼杀在摇篮中,让文化创意企业、消费者能够在有序、健康的产业发展环境中履行义务和享受权利。

6.1.2　创新人才培养机制,制定考核激励措施

截至2018年,全球体育产业涉及的门票收入、广告费、赞助费、转播版权等收益已经超过了1658亿美元,体育文化创意产业的市场规模在逐渐壮大(吴强,2019)。如此庞大的市场需求,必然需要充足的人才作为供给保障,尤其是技术型人才、创新型人才,能够在前端的创新创意、市场开发、技术研发,后端的营销推广、保障服务,以及全程的管理运行等各个方面为产业可持续性盈利源源不断注入新鲜活力。人力资本的有效输入能够保障体育文化创意产业健康、稳定地发展。人,作为所有要素中最活跃的部分,是产业打破传统观念束缚,突破固化路径依赖,实现产业升级最基本也是最主要的力量源泉。高水平的体育文化创意人才可以给产业注入新的活力,带来先进的发展理念、技术支撑和智力资本,在产业链的各个环节都是不可或缺的要素投入。

1.加强体育人才引进和培育

加大高层次人才引进力度。进一步建立和完善体育人才引进配套政策,将体育高层次人才纳入高层次人才引进计划和人才新政支持范围,培养和建立一支与世界性赛事和综合性大赛相适应的高水平的体育管理和经营人才队伍,包括体育文化创新创意型人才、技术研发人才,加大对省内体育文化的开发挖掘、成果转化,培育出一批有影响力的、质量过硬的、品牌化高的大型(原创)体育赛

事、体育动漫(游戏)作品、体育传媒影视项目、体育特色文化小镇、城市体育休闲综合体、体育文化创意产业园等载体,将人力资本转化为经济资本。加强竞技体育人才引进培养,建立健全教练员、运动员引进制度。通过在子女教育、家人就业、住房生活等方面给予高水平人才优惠政策,解决其后顾之忧,增强认同感,更有精力投身于体育文化创意产业发展。

推行校企合作人才培养模式,强化与体育专业院校的交流合作,加快培养优秀运动员、体育后备人才、体育职业经理人等相关人才。浙江的100多所高等院校,只有少部分高校开设了体育经济与管理、休闲体育、社会体育指导与管理等专业,而且主要集中在杭州的高校,培养的毕业生数量远远无法满足省内产业需求。应该在省内体育产业具有一定发展基础、经济实力允许的主要城市的更多高校开设跟体育文化创意相关的专业,促进体育相关专业与其他学科的跨界交流,在交叉研究1+1>2的政校企、产学研合作的前提下,为省内产业发展输送更多高学历、高质量、高水平人才。以省内杭州、宁波、温州等主要城市为中心,加强人才的交流和联合培养,甚至开展国外一定期限的游学访问,扭转很多人认为的体育相关专业就是跑跑步、打打球、拉拉伸等陈旧认知。

要在培养高水平竞技体育运动员的基础上,集中资金、师资等资源优势栽培更多的体育管理、体育文化创意等人才,也可以针对成绩优异的退役运动员开设相关管理课程或培养体系,让这些运动员能够在自己一直从事的竞技项目中继续深挖,掌握高端前沿的产业发展知识,既解决了为国家做出突出贡献的运动员的转型和个人发展问题,同时更有针对性地培育了产业相关领域内实践和理论相结合的高层次人才,避免因为数量不足或能力不够造成的产业链上端无人胜任的困境。还可以针对毕业生探索由体育学院教授、体育教练和优秀运动员组成专家咨询组,采取热点咨询、专题讲座、专业培训等形式,加强体育人才队伍建设。通过对文化创意人才的引进和培养,整合体育文化创意人才资源,构建创意团队,形成智力输出空间。此外,整体国民素质的提升以及创造想象力的施展也会对体育文化创意产业的发展产生重要影响。因此也要依托于基础教育以及群体创造力的激发,让文化创意的理念渗透到教育、生活、生产的方方面面,为人才培养构筑全过程、全方位、全员的良好环境。

2.优化人才发展环境

建立完善的行业职业资格制度。健全优化职业技能鉴定和人才评价体系,培育体育文化创意产业职业经理人和经纪人,建立健身服务从业人员等级制度,强化人员定期职业教育和培训,提高人员知识储备、实践技能、专业素质和综合能力。提高体育人才能力与水平,鼓励体育教师、退役运动员教练员和具备体育训练经历人员基于从业和专业背景,从事体育产业发展、群众健身指导、运动知识普及等工作,切实发挥优秀人才经验与作用;对体育骨干进行定期培训,强化社会体育指导员、业余训练教练员、裁判员、基层健身辅导员资质和水平,全面提高任职能力和执教能力。创建人才发展体制机制,建立体育文化创意产业人才交流平台,支持人才参与国内外学习交流活动;完善和落实人才引进、培养、使用、评价、流动、激励、晋升等政策措施,优化体育人才发展环境。

制定人才培养选拔制度。相关部门要敢于用人,大胆用才,拓宽选才用才的系统性、全局性、发展性、国际性视野。对于在大型体育赛事、群众体育活动等组织开展过程中涌现出的能力高、业务强、作风硬的具有实战经验的复合型人员,要克服障碍,在人岗匹配的基础上做到人尽其才,让优秀的人有更多的机会得到锻炼和提拔。尤其要打破相关事业单位和政府部门的传统用人观念,破除论资排辈的官僚陋习,避免出现上级部门的"管理人员"没有基层实践经验,不做事,不负责,靠体制工作的"无能力者",而基层的一线人员辛苦工作,得不到重用,缺乏工作动力和归属感的两难困境。要打通各部门、各层级之间的职业晋升路径,避免裙带关系、人情关系的固化用人思维,依据合理的、可行的考核标准和用人准则,用发现千里马的伯乐眼光,遵照科学的选拔制度,做到才尽其用、人事相宜。对于表现突出的人才,可以重点提拔,包括大胆任用优秀的青年人才,用相应的物质、精神等激励措施把人才的培养选拔放在产业发展的重要位置上。

6.1.3　促进产业融合,加强集群建设

1.寻求多产业协同发展

在深化供给侧结构性改革、促进经济转型升级的新形势下,体育产业作为新兴产业、绿色产业、朝阳产业,被国务院确定为重点推进的六大消费领域之一。加快发展体育产业、促进体育消费,在供需匹配的前提下积极扩大体育产品和服务供给,进而推动经济转型升级,在扩大内需、增加就业、稳定市场等方面发挥积极作用。作为技术文化驱动、创新创意驱动的体育文化创意产业,以其为主导的体育产业结构能够增加产业附加值,形成新的产业增长点,通过裂变式的扩散效应将产业的发展红利辐射到关联产业。

依托信息技术和科技革命,加大对体育文化创意产业的科技投入,提高产品创新创意化的科技含量,打破产业发展的传统思维边界,要主动推进产业融合发展,优化整合体育文化资源的有效配置。充分发挥体育文化创意产业的综合效应和拉动作用,大力发展"体育+",促进体育与健康、金融、科技服务等相关产业全面交叉融合,积极拓展康体养生、运动医学、健康投资、体育金融等体育产业新

业态,扩充产业结构,丰富产业内涵,紧跟时代发展推动产业间的联动和创新,重点建设一批"体育+"示范点和精品项目,让产业之间的信息交换成为地区经济增长的新引擎,持续优化体育文化创意产业的内生动力。

近年来,体验式旅游、享乐式旅游和养生游成为很多市民的休闲放松方式。体育文化与旅游相结合产生的具有运动特征、养生健康、文化创意特色的体育旅游业态成为广大居民节假日出行的新风尚。体育旅游的打造要始终围绕"文化"这一核心要素,将传统文化、地域文化、体育文化、大众文化等在以市场需求为导向的前提下整合提炼,在"食、住、行、游、购、娱"旅游的六大要素中充分体现出来。可以开发体验体育活动娱乐性、运动性的体育主题游,比如沿海城市的海上运动项目体育节等;以清新优美的自然环境为支撑的放松精神压力的休闲养生游,比如杭州千岛湖养生游等;传统与现代元素相结合的体育内涵创意游,比如可以借助 G20 峰会"印象·西湖"的东风,以杭州京杭大运河等传统文化为依托的大型实景演出,或者集聚浙江特色的"丽水·景宁"赶野猪、操石磉等省级非物质文化遗产的传统体育特色的大型实景演出;集多功能、多感官于一体的体育休闲游,比如借鉴 2008 年北京奥运会,积极策划 2022 年杭州亚运会后集体育建筑、体育赛事、体育教育培训、体育会展、休闲购物等为一体的城市新地标,不仅传承了优秀的传统体育文化,更让这些具有地域文化特色的体育演出或体育旅游成为浙江走出去的宝贵财富。

基于浙江强大的制造业体系,借助具有一定影响力的浙江大丰体育、飞神集团、泰普森休闲等体育制造业企业,构建创新驱动、绿色低碳、智能高效的产业发展理念,加大智力资本引进和科技研发投入,发挥产业集聚优势,增强中高端产品供给能力,提升产品品质,在运动鞋服、运动器材等领域继续扩大市场份额。加快推进富阳、绍兴、金华等八大特色先进体育制造产业基地的转型升级,根据市场需求推动企业由单一生产型向生产服务复合型转变,促进制造业与生产性服务业的融合发展,助力"浙江制造"向"浙江智造"转变。

紧紧抓住现代居民对于身体健康管理的急迫需求,探索体育与医疗的有效对接。根据《"健康中国 2030"规划纲要》,浙江省及时提出《健康浙江 2030 行动纲要》,明确体育产业在"健康浙江"建设中的重要作用。通过技术、资源等的互联互通,把预防、治疗和康复三者结合起来,在多部门协同和社会参与中,共同打造利民惠民的体育健康产业链。充分发挥社会资本和市场力量开办康体、运动等机构,大力推动以社区为中心的医疗服务和运动处方。以构建运动健康小镇为目标,规划建设一批集生产、生活、生态于一体的体育健康产业集聚区,比如桐庐富春山健康城、九龙山健身疗养中心、千岛湖休闲运动养生基地等,让康体消费成为新时尚(王钟云、张剑利,2019)。

2.建设高质量体育文化创意集群载体

发展高质量的体育文化创意基地或产业园,园区内的企业和主体更有针对性地开展产权交易分配、完善投融资体系、集中进行产品交流和展示等等,形成共建共享的公共服务体系。集群式的资源聚合还能够释放产业的创新能力,更加迅速地促进产业绩效的提升。因此,要发挥政府优势,经过可行性调查和分析,结合各地区经济发展状况和产业资源禀赋,选择合适的空间和时间分批分类建设科技水平高、辐射范围广、绩效提升快的体育文化创意产业园(基地)。

比如以各地区特色的传统体育文化或体育项目为导向的产业集聚区,将传统的体育文化元素与体育用品制造、大型体育赛事、体育动漫游戏等结合,让现代化的技术手段焕发出传统体育文化的新生命,孕育出体育文化创意的核心竞争力。充满地域特色的体育文化是产业差异化、品牌化发展最有利的抓手,不仅能够给产业发展带来历史文化的底蕴,更有可能成为城市对外宣传的新标签或是以高教园区为导向的产业集群。体育文化创意产业的发展离不开技术、管理、研发等知识密集型人才的作用,高等教育科研院所可以为产业集聚区的形成和发展输入源源不断的人力资本,进一步发挥政产学研相结合的产业发展新模式,为集聚区的"孵化、交易、成果转化"等各项功能打下坚实的基础。还可以在科技产业园的辐射带动下建设体育文化创意产业集聚区,引进科技园前沿的高新技术,将技术优势运用在体育用品制造、视频影视制作等细分产业上,让技术的力量为体育文化创意产业的发展插上腾飞的翅膀。

创意产业园的建设要做好长短期的规划,避免拍脑子的临时决定造成铺张浪费、急功近利的思想造成资源的短期错配,或者出现前几年大量投入,而在领导变更或政策调整后大面积荒废的情况。要将绿色可持续的发展理念贯穿在产业园建设的全过程,打破地理边界,加强产业园与当地体育文化产业的联系,促进信息流、资金流、技术流等的能量交换,积极融入周边的产业发展生态,甚至以国际化拓展的视野,了解学习国际先进经验,让体育文化创意既要"走出去",也要"引进来"。依托长三角的地理区位和宏观政策优势,在与高水平的体育文化创意机构或主体合作的基础上,打造国际化的产业集聚平台,让体育文化输出成为新的地区和城市名片,提升国际知名度和影响力。

体育文化创意产业园的建设可以节约企业成本,集中各方优势进行人才培养、技术研发,达到资源互补、信息共享、风险共担的一体化发展模式,产生聚合的溢出效应,指数级地扩大关联产业间、合作企业间的协同绩效,以高能量的辐射带动效应形成产业持续壮大,甚至带来城市高速发展的增长极。此外,创意产业园还以特殊的文化交融,产生具有体育特色的行业发展、考察参观、休闲旅游等新业态,既解决了区域内的就业问题,为城市增加就业机会,同时也提高了周边居民的生活质量和幸福感,为产业带来了巨大的经济效益、文化效益、社会效益。

6.1.4 调整产业布局,优化内部结构

积极构建现代化的体育文化创意产业发展体系,多层次、立体化培育产业新形态。继续做大做强包括体育用品制造、休闲文化旅游、大型赛事举办、出版传媒赞助等传统体育文化产业,既要保留优势,同样也要借助互联网的改革浪潮,将传统与创新创意相结合,促进传统体育产业的转型和提质增效;另外,还要积极探索数字出版、体育动漫、原创性体育赛事等新兴体育文化产业类型,弥补地区产业发展在这方面的短板和不足,实现"两条腿"走路的产业平衡发展策略。

体育文化创意产业绝不可能孤立存在,其快速可持续发展离不开相关产业的协同和支持。通过产业新形态和发展新载体,要努力加强产业与金融、旅游、传媒、建筑等其他产业的联系交融,尤其是科技、教育等领域的高端合作,以体育文化创意产业的发展规划为目标,谋求传统与现代、不同产业间、不同地区间协同的结合点,实现体育文化的再创造和新阶段,达到多赢的产业成长新动能。同时,还要加快鼓励社会资本进入体育文化创意产业,降低门槛,发挥市场作用,让浙江优秀的民营资本在资金、管理、技术、人才等多方面高效助力产业快速发展,为产业注入新活力,为企业提供新舞台。

1.鼓励各地区培育差异化特色项目

产品(项目)是体育文化创意产业发展的基础和延伸的载体,其体现着体育文化的具象化价值,是产业发展的经济效益保障。要充分发挥浙江省各个地市的自然资源禀赋和历史文化内涵,比如环千岛湖、环舟山群岛、环杭州湾地理风貌,杭州的京杭大运河文化、温州的南拳体育文化、宁波的港口文化、浙商勇立潮头与体育勇于挑战相结合的文化,将这些独特的地理和文化元素以体育建筑、体育影视、动漫游戏、创意产品开发等形式呈现,重点开发海洋体育文化项目和旅游文创产品,把体育文化创意与城市形象联系起来,比如大熊猫的文化与文创产品已经成为成都和四川的形象代言人。让体育与文化在创意的助力中迅速转化为经济发展的生产力,形成各个城市具有地域特色、富有时代特征的产业发展品牌,避免一味照搬照抄造成的单一性和同质性,要实现规模化、名牌化的体育文化创意产业发展方向。

目前浙江省各地都有相应的大型单项体育赛事,比如宁波北仑的女排系列赛等,但还没有城市举办过大型综合性国际国内体育赛事。相关城市的部门要

在整合优化现有体育赛事的基础上，充分提炼特色的体育概念、历史文化，让赛事更多打下城市烙印。尤其是对于原创性体育赛事，更要以长远的眼光、发展的眼光将赛事打造成为全国乃至国际上有影响力的名片。而杭州更要精心准备2022年亚运会，以具有国际影响力的综合性体育赛事的举办为契机，在体育基础设施建设上、全民参与健身运动的体育氛围营造上、体育产业发展的人才培养上，将杭州的城市文化凝练在赛事场馆等硬件设施上、办赛理念等精神文化上以及包括志愿者等每一位市民的口碑营销上。借鉴国内举办过大型综合性体育赛事的城市的经验，从赛后场馆利用等赛事遗产对城市的综合效应统筹规划，真正发挥这次国际体育盛会的体育竞赛表演、体育休闲旅游、体育广告传媒、体育文创纪念品等体育文化创意产业的经济和社会效益，让这场赛事拥有杭州（浙江）特色，让杭州通过这次赛事走向世界。

除了体育赛事，还要在体育特色小镇、体育文化公园等方面，制定差异化的品牌发展战略。加强品牌区别度，在体育形象、服务管理、活动设置、营销推广等方面，在消费者的感觉、触觉、味觉、听觉、视觉等身体感官和体验上，全方位享受体育运动带来的快乐。在同类型产品（项目）中达到市场突出和市场区别的作用，极大地刺激体育消费，促进产业发展。另外可以借鉴日本动漫产业的发展模式，探索浙江体育动漫的新思路。形成通过"引进急需"和"培养现有"、以高校为重要场所打造漫画人才"梯形生产线"，通过精准的市场细分和创意的营销策划将产品快速推送给目标人群，在高效率的流通机制和前瞻性的政策指导下，形成多方参与产品研发与投资的多样化运行模式，让体育动漫成为体育文化创意产业甚至是经济结构转型的重要引擎（周薇，2010）。

2. 打造全链式、多元立体的产业发展模式

体育文化创意产业的价值链可以分为由文化创意到产品到商品，最后到消费品及衍生品的演化过程。包括创意内容生成、创意投资开发与生产、创意推广与销售、创意消费与体验、衍生品开发这五个阶段。每一个阶段都蕴含了丰富的价值内涵和能量供给，重要的是，只有这五个阶段之间的壁垒相互打通，保持信息通畅，能量才能自由交换。目前，浙江省的体育文化创意产业多呈现集中于中间的产品、商品、消费品阶段，两端的文化创意和衍生品较为薄弱的"微笑曲线"产业发展现状，对于创意内容生成、创意推广、创意体验、衍生品开发等投入力度较小。因此要在体育文化生产制造的基础上，依托智力资本和金融资本，更多倾向于附加值高的文化创意内容生成、创意营销等无形资产。

除了要关注主体产业的经济效益以外，不能忽视与主体产业同在价值链上的相关产业。要重构体育文化创意产业的价值链系统，厘清链上的利益相关者，

包括上游的供应商、下游的消费者,每一个环节都是产业发展的关键部分,不能闭门造车,只为自己短期的经济利益考虑,造成产业链的资源浪费和错配。借助价值链主体的纵向打通和横向协同,把品牌、创新、创意、文化、渠道等结合在一起,用规模、成本等优势保障各主体间的信息传递畅通,制定产业链控制系统和监督系统,发挥战略协同效应以增强抵抗风险的能力,实现持续性、稳定性的经济效应。要通过体育文化创意相关知识产权的开发,站在整体的系统论视角,各个环节相互衔接提高产业链协同运行效率,用无形资产的高附加值激活全产业的供应链绩效,以高绩效继续投入全链式的产业开发,从而形成不断良性循环的体育文化创意产业能量交换生态系统。

比如以产业链终端的消费者需求为导向,通过调研需求,反向作用于产业链的其他环节,避免一味从上到下式的供需鸿沟。一场大型的体育赛事,要以消费者的需求决定办赛规模、办赛场地等等。在前期的准备以及办赛过程中,更要以体育赛事为依托,结合当地的(体育)特色文化,不断进行文化创意内容开发。不仅要把重心放在赛事本身上,同时还要关注赛事服装、场地、物资等相关供应商的利益,将体育文化这条无形的主线贯穿始末,甚至让体育文化、周边产品开发成为产业链延伸的润滑剂。让所有利益主体都能够通过赛事的举办,享受到全产业链合作的福利。

6.1.5 打造"互联网+"产业格局,发挥新媒体作用

积极探索"互联网+体育"模式。以"互联网+体育"创新发展为契机,不断提升体育消费信息化水平。加强信息技术在体育产业中的应用。在深化与中央级媒体、省内主流媒体以及当地媒体公司合作的基础上,依托报纸、电视台、本地广播电台等传统媒体和微信公众号、微博、短视频新媒体等各类公共信息传播资源,广泛推广信息技术在体育文化创意产业中的应用。积极探索智慧体育服务平台建设,支持开发以移动互联网为主体的体育生活云平台,鼓励发展以互联网为载体和技术手段的场馆预订、门票预售、赛事报名、体育社交、健身定制、体育商城等服务,为体育爱好者提供优质高效的公共体育服务。还可以依托本土知名互联网企业阿里巴巴的大数据和技术优势,在产业市场需求分析、用户精准定位、产品联合开发、推广平台搭建等方面寻求企业与企业间、企业与政府间、企业与高校间的多方合作,让阿里巴巴强大的数据资源、平台资源、用户资源、流量资源、云技术等为体育文化创意产业提供可靠支撑。

1. 善于把握时代脉搏

由于 2020 年初爆发的新型冠状病毒肺炎疫情的特殊背景,互联网在消费者日常生活中扮演了举足轻重的作用。在线教育、在线办公、视频直播、快递外卖、网络游戏等等都迎来了指数级的增长,很多视频通过创意无限的内容生产和推广营销将不同行业加速带入了新的发展阶段,包括"互联网＋体育"。例如体育健身业,越来越多的健身教练或健身机构开设线上课程,通过视频的方式与健身爱好者互动锻炼,或者发布健身教程,为隔离在家的居民提供健康管理和指导,为健身业提供了新的发展模式,也受到了广大学员的认可。未来的"互联网＋体育"将会产生更多的产业新业态,在体育影视、体育动漫、体育游戏等领域拓展更大的市场。体育文化创意产业要善于抓住社会热点和时代需求,提前布局,积极探索,用互联网的基本技术和实现手段为产业发展带来质的飞跃。

2. 主动寻找技术支点

创新、创意的产出离不开科技发展的支持,尤其是在如今这个信息技术不断更新换代的新时期,体育文化创意的产品研发和推广需要借助先进的科学技术进行成果转化和市场营销。数字化、移动化、时尚化的微信、微博等社交平台,以及虚拟现实(VR)、增强现实(AR)、人工智能(AI)等科技手段成为众多产业企业成长转型中的法宝。这些技术的运用可以打破时间、空间、语言等各个方面的障碍,让立体化、交互式的感官体验帮助消费者获得更便捷的产品和服务。2016年被称为虚拟现实技术爆发的元年。根据《中国 VR 用户行为研究报告》显示,中国对于 VR 比较感兴趣的潜在用户已经达到了 2.86 亿人,2015 年,通过各种途径接触过或者体验过虚拟现实设备的浅度用户约为 1700 万人。而基于巨大的互联网用户规模,VR 市场需求还有更大的空间容量。

虚拟现实技术在未来会形成广阔的蓝海市场,为体育文化创意产业带来更多可能性。借助虚拟现实,可以把体育竞赛表演的震撼和竞技体育的魅力更加真实地带给无法到达现场的观众;可以让体育动漫游戏在任何地方都能够与用户产生互动,比传统的在线游戏更能体会体育以及身体运动带来的参与感;可以让健身变得更简单方便,只需要戴上一副眼镜,就可以在家里、在办公室沉浸式地与健身教练一起锻炼身体;甚至借助特殊的装备,可以无条件感受冰雪运动、水上运动、山地运动、探险运动等地理环境要求较高的体育运动。虚拟现实技术还可以将传统体育运动更加多角度地呈现在更多观众面前,真正实现体育、文化、技术、创意的精准融合。

企业还可以依托物联网、移动互联网、云计算等开发智能体育文化新业态,以智能化的终端 App 或者可移动设备,开发智能软件,打造个人智能管理档案,形成个人体育锻炼、健康管理的资料库。构建统一的线上体育交流平台,打破供需之间的信息不对称和资源浪费,在平台上以差异化的营销推广方案精准匹配体育运动、赛事活动、体育消费等交易信息,通过收集消费者健身运动的个人数据,不仅能够给个体的健康管理提供技术数据分析的定制化方案,解决体育健身的"最后一公里"问题,还能以此作为大数据的支撑,为政府相关部门的产业发展决策提供量化分析和可行性参考依据。

3.发挥体育明星效应

除了体育文化创意产品和服务需要在互联网的环境中裂变发展,在国际比赛上取得优异成绩的体育冠军更应该借助互联网平台积极发挥明星效应,他们是体育文化不可或缺的一部分。浙江是体育大省,截至 2018 年,浙江省有国家队运动员 140 名、教练员 18 名,共获世界冠军 14 个、亚洲冠军 32 个、全国一类比赛冠军 80 个,更是涌现出了世界级短跑运动员谢震业、泳坛"洪荒少女"傅园慧、中国女排黄金一代奥运冠军队员周苏红等。他们不仅仅是竞技体育的胜者,更是民族精神和时代精神最好的体现,凝聚着千千万万中华儿女自强不息、奋勇拼搏的文化基因,中国女排就是最好的中国体育文化的象征和代表。他们更是中国体育文化输出的重要窗口,是中国文化、中国体育文化、中国形象、中国体育实力的最好说明。各地要利用各种形式的网络媒体平台,用大众能够接受的文化符号和科技手段,在国际大型体育赛事等舞台上,广泛报道宣传,甚至为其设计具有趣味性、活泼性、利于传播的人物形象,或者动漫游戏、体育影视、书籍出版等体育文化创意产品形式。体育竞赛表演、体育用品制造、体育健身普及、体育旅游推广等体育文化创意产业的多个维度都可以通过体育明星效应的聚合吸引力,为产业发展开拓更多的市场空间,增添更多的人气,而人气就是市场需求的支撑。

6.2 产业主体角度

体育文化创意产业需要多产业的交叉才能形成产业发展的生态共同体。而产业本身的供给能力在很大程度上决定了产业发展的群众基础,供给能力的输出又是由产业的市场需求决定的,因此,供给和需求的匹配程度也影响了产业的循环可持续成长。毕竟不论是体育竞赛表演,还是体育动漫(游戏)作品,不论是体育休闲旅游线路,还是健身运动锻炼,都是将人作为最终的服务对象。比如,增强体育竞赛表演的观赏性,提高全民健身运动的参与性,升华体育休闲旅游的娱乐性等等,都让体育创新创意的产品和服务更受欢迎,更有市场竞争力,更有品牌影响力。

随着大众生活水平的不断提高,对于体育文化创意产业的需求也不是一成不变的。产业市场要时刻关注大众具有动态性的时变需求,用更加契合当下时代背景的技术和手段,将体育文化创意产业的开发和推广融入当地的经济发展现实中,融入普通大众的日常生产生活中,让体育文化创意产业真正成为具有带动示范效应的朝阳产业,成为大众身边更具亲和力的产业。

6.2.1 完善硬件设施,增强产业供给

硬件设施的有效供给是体育文化创意产业发展的物质保障。没有了基本的体育设施作保障,大型体育赛事、居民运动健身等都无从谈起,甚至很多体育设施重新塑造了新时代的体育文化,比如北京奥运会的鸟巢、水立方。因此各地要以体育赛事、全民健身活动等的举办开展为契机,集中力量修建具有标志性的,或改善原有破损、无法满足正常需求的体育基础设施。在改建之前,既要考虑到实际用途,同样更要考虑体育建筑背后的体育文化打造、创意经济市场空间,把实用性和创意性、文化性相结合,避免为了办赛而做表面性、临时性工作,要综合考量各项因素,让实物性的体育基础设施也具有无形的体育文化创意价值。

1.加大体育设施建设投入

加大体育场地设施建设经费投入,将体育设施建设纳入城市建设总体规划,加强体育与规划、城建部门的协同配合,多方筹集建设资金,全面强化体育设施建设投入。在稳定资金投入的基础上,积极向各级财政申请体育设施项目建设资金和公益金资助,支持体育企业积极申报各类扶持项目和专项资金。鼓励社会力量投资公共体育设施建设,强化体育设施供给侧改革试点建设,积极推广政府和社会资本合作(PPP)等模式,吸引社会资本投资、建设、运营户外运动场地、健身步道、帆船游艇码头等各类体育设施项目。研究出台相关优惠政策,支持社会资本利用废弃旧厂房、仓库和商业、文化等附属用房,进行创意性文化设计,兴办各类经营性专项体育健身场所。做好体育设施普查维护工作,每年安排专项经费用于室外健身器材维修更新,做到安全保障常态化、前瞻化、科学化。

创新丰富体育产品,顺应不断增长的享受型、发展型体育消费趋势,提升商业健身俱乐部和全民健身中心的服务品质,推广运动营养师、心肺功能监控、健康档案管理等高端服务,提升赛事水平,创新发展射箭、室内攀岩等特色健身项目,满足市民多样化健身需求。大力开展各类群众性体育活动,鼓励社会力量举办各类群众性体育赛事,不断丰富节假日体育赛事活动,政府以购买服务等方式

予以适当支持。推进公共体育设施开放共享,实施学校体育设施对外开放计划,推动各类公共体育设施免费或低收费开放,逐步推动机关、企事业单位自用体育设施向社会开放运营,提高体育资源共建共享水平,可以让更多的普通大众切身感受到体育运动带来的福利和效用。

很多普通大众没有积极健身,很大程度上也是因为生活的小区周边没有合适的健身锻炼场地,或者仅有收费较高的健身房等,或者是单一的田径场、篮球场等。所以在体育设施建设方面,还要满足居民的日常锻炼需求,既不能离居民区太远,也不能数量过少,收费较高,要在场地的地理范围上、数量上、规模上、项目丰富性上都能够服务于普通大众要求。比如兴建体育运动俱乐部、体育综合服务体等,甚至通过文化创意,吸引更多的潜在消费群体,从被动的"要我运动"变成主动的"我要运动",让很多的体育文化设施或场所成为城市新的打卡地或网红地。

2. 构建城乡体育设施体系

在体育设施普查的基础上,持续优化群众体育设施建设,积极实现乡镇(街道)、社区(村)等下沉体育市场健身工程全覆盖目标。整合优化体育设施资源,积极开展全民健身中心、社区体育公园、中心村全民健身广场活动。重点建设一批便民利民惠民的公众健身活动中心、社区多功能运动场以及绿道、步道等场地设施,加快推进共建共享的全民健身综合体,逐步构建统筹规划、种类齐全、布局合理、互为补充、覆盖面广、普惠性强的体育设施网络化格局。打造建设城市社区 10 分钟健身圈,加大农村体育设施建设力度,不断改善农村地区体育健身条件,促进城乡体育均衡发展。

浙江省的体育基础设施虽然超过了全国的平均水平,但也存在分布不均、设施老化、相对单一等问题。因此不能只在主要的省内中心城市投入人力、物力、财力建设体育场馆、健身器材等,而要以这些中心城市为圆点,由点到面将体育设施红利辐射到周边地区。同时更要关注城乡二元差距问题,要让体育运动的便利条件惠及更多的体育消费人群,或潜在的隐形人群,为全民健身打下坚实的基础。要以传统体育设施为基础,突破传统健身运动边界,根据终端消费者越来越高的要求和多样的需求,规划设计更加具有时尚感、娱乐感、休闲感的体育硬件设施。比如依托浙江省的海岸线、多水域的特点,整合优化一批水上运动场所或项目;依托多山地、风景美的特点,开发建设遍布全省的体育休闲旅游步道、野外探险线路等,比如参照娱乐性的主题公园修建更多的体育运动主题公园(小镇)。发挥地域优势、文化特色,让普通大众有更多选择的可能性,让体育运动也充满文化创意,吸引更多的人群积极进行运动健身,保持生活幸福感。当通过时间的积累形成品牌效应时,可以基于这些有影响力的硬件设施,研发更多的体育表演、体育影视、体育传媒、衍生品等一系列高附加值的服务或产品,发挥体育文化创意产业的多边辐射效应。

6.2.2　针对不同主体特征,满足差异化产业需求

1.培育体育企业梯队

2014 年 3 月,《国务院关于推进文化创意和设计服务与相关产业融合发展的若干意见》中指出,要实施中小企业成长工程,支持专业化的创意和设计企业向专、精、特、新方向发展,打造中小企业集群。鼓励挖掘、保护、发展中华老字号等民间特色传统技艺和服务理念,培育具有地方特色的创意和设计企业,支持设计、广告、文化软件工作室等各种形式小微企业发展。推动创意和设计优势企业根据产业联系,实施跨地区、跨行业、跨所有制业务合作,打造跨界融合的产业集团和产业联盟。

坚持创新驱动,强化龙头引领作用,培育一批创新水平高、品牌影响大的骨干体育企业,优化企业梯队,通过引进和培育一批体育产业龙头企业,孵化影响力巨大的体育产业名牌企业。此外还要重点扶持体育用品制造、运动休闲、竞赛表演等领域的骨干企业做大做强,加快战略性重组和集聚式发展,以国际视野培育具有核心竞争力和自主知识产权的体育产业品牌企业(集团)。积极发挥龙头企业的示范引领带动作用,树立行业标杆,向世界展示中国体育文化企业形象,推动标杆企业对中小企业在管理运营、人才培养等方面的支持,以分工的专业化、战略的差异化开展合作,从而形成一批主营业务突出、竞争力强、成长性好、专注于细分市场的"小巨人"型体育企业。

增强企业创新动力。鼓励体育企业与高水平院校、科研院所在人才库、数据库、资源池等方面进行合作,以成果转化为导向建立产业技术创新战略联盟、企业研发中心、创新工作室孵化等科研平台,促进体育企业的技术应用与成果转化。支持有条件的大企业大集团承担或参与各类科技计划等科研项目。加大政策、资金等扶持,探索对符合条件的体育企业纳入现代服务业、文创产业、高新技术产业和信息经济相关税收优惠扶持范围,尤其针对技术含量高的科技型体育企业,要在技术创新和研发设计投入上做好产业市场的基础保障。

2.加强体育品牌建设

应该给予体育文化创意企业更多宽松的外部环境和及时的法律保障,完善投融资体制机制,在税收、土地、金融等方面给予体育文化产业相关企业以优惠。

针对体育文化创意企业的特点,加大对产业内企业的专利等知识产权的保护,加强市场监督,严厉打击侵犯知识产权等无形资产的非法行为。积极鼓励社会资本,甚至跨国企业的各项合作,引导非文化部门的进入,采取多种投资、管理、经营的多元化方式,更好发挥市场在资源配置中起到的决定性作用,实现"政府搭台、企业唱戏"的共建共赢产业发展模式。

大力发挥企业主体作用,尤其是成立初期的企业,要多支持、多关照,始终以激发市场活力为目标营造良好的企业运营发展环境。基于具有一定发展基础的体育产业企业,做大做强一批具有核心竞争力的领导型企业,并以此为中心,促进企业间的横向和纵向协同,形成企业联盟或集群,优化产业布局,吸引社会资金、人才、信息等流向体育文化创意产业,带动区域经济社会发展。通过打造本地自主体育品牌,依托龙头企业,加大研发设计、技术创新、创意开发、人力资本投入,用品牌企业开发具有自主知识产权、技术含量高的科技型体育用品和装备,开发新型商业模式和服务模式,帮助企业克服障碍加快创意商品化,打造一批具有国际影响力的自主品牌。

3. 营造体育消费良好氛围

浙江省应积极引导民众消费需求,转变消费观念,依托"全民健身日"等重要时间节点,加强体育健身宣传推广,积极发挥体育明星和运动达人的示范作用,吸引市民投身全民健身潮流。发挥浙江省作为举办马拉松和路跑赛事全国第一的省份优势,让民众能够在家门口参与更多的本土体育活动,既锻炼了身体,放松心情,也增加了城市认同感和主人翁意识。创新体育消费补贴和保障机制,探索建立体育消费个人或家庭奖励机制,加大体育彩票公益金对本地群众性体育活动的扶持力度,通过政府购买服务、发放消费券等方式,专项用于市民体育消费补助,提高群众体育消费积极性;鼓励和支持企事业单位提供一定经费组织开展职工体育活动。建立和完善体育保险制度,鼓励和引导保险机构探索开发体育赛事责任险、学校体育险、体育旅游险、户外运动险等保险产品和服务,引导企事业单位、学校、个人购买运动类保险,保障体育消费市场的安全性和稳定性。

此外,要加强引导,营造氛围,激发群众参与体育活动的热情,推进健康关口前移,以强健的身体保证生活品质的提升和和谐社会的构建。培育推广投资健康的消费理念,推动形成供需匹配、质高价优、充满活力的体育消费市场。以社区、学校等具有一定特征的群体为单元,宣传国家、地方的城市精神,以积极健康、阳光向上的运动精神感染吸引的人参与到体育运动中。基层的细小单元,不仅是体育文化创意产业的消费终端,蕴藏着巨大的市场潜力,是产业持续发展的原动力,终端的消费能力或时变需求是影响产业发展程度的重要因素;同时,这些单元也是体育文化创意产业人才培养的最底层组织，这里生活着大量的各式各样的隐形产业人才。所以良好的社区、学校等的体育文化环境能够唤醒或激发他们对于投身体育文化创意产业发展的热情，可谓磨刀不误砍柴工，用长期的体育文化滋养、孕育更多微小的种子，让健康的产业环境浇灌他们成长，从源头上为培养文化创新创意人才打下基础，成为产业发展的后备人才库。

我国目前三大产业的比重仍然存在不均衡发展。体育文化创意产业的蓬勃发展将会有利于转变我国经济增长方式，逐步向文化驱动、创意驱动、创新驱动方向发展，实现体育产业以及经济增长的绿色环保、技术引领、高附加值效应的新常态。浙江省要以国际化的高度和视野，在经济强省、海洋强省、体育强省、文化强省、健康浙江的时代背景下，突破对于传统体育产业发展的路径依赖，统一思想认识，提高整体站位，统筹规划，多方联合，依托地理环境资源，挖掘体育文化特色，发挥社会资本力量优势，重塑产业发展模式，将体育文化创意产业打造成浙江样板，形成全省体育产业乃至经济发展新的强大增长极。

体育文化是我国文化软实力的重要组成部分，是我国形象在国际舞台上的有力体现，更是我国从体育大国走向体育强国的核心动力。因此，体育文化创意产业的健康发展可以重塑国家形象，提升国际认同，增强我国体育文化价值吸引力，促进体育文化在国内以及世界范围内的有效传播。体育文化创意产业的发展更是体育产业、经济发展转型升级的关键力量，是提升全民小康幸福生活质量的重要手段。加快推进我国由传统体育制造业发达、运动赛事成绩优异的体育大国向注重产品研发和品牌推广、全民健身和身心健康发展的体育智造强国转变是刻不容缓的时代要求。我国作为有着5000年历史的文明古国，作为当今世界的体育大国，作为世界第二大经济体，站在新的历史起点上，应该将传统体育文化、竞技体育文化、大众体育文化、现代体育文化在新时期、新技术的创新创意中整合优化，让中国的体育文化价值观和中国体育精神闪耀在世界更多角落。

参考文献

[1] FANG H M, KEANE M P, SILVERMAN D. Sources of Advantageous Selection: Evidence from the Medigap Insurance Market[J]. Journal of Political Economy, 2006, 116(2): 303-350.

[2] HARRIS L C, METALLIONS G. The Fact and Fantasy of Organizational Culture Management: A Case Study of Greek Food Retailing[J]. Journal of Retailing & Consumer Services, 2002, 9(4): 201-213.

[3] HOWKINS J. The Creative Economy: How People Make Money from Ideas [M]. London: Allen Lane, 2001.

[4] HOWKINS J. The Creative Economy: How People Make Money from Ideas [M]. London: Penguin, 2003: 36.

[5] MUELLER S L, THOMAS A S. Culture and Entrepreneurial Potential: A Nine Country Study of Locus of Control and Innovativeness[J]. Journal of Business Venturing, 2001, 16(1): 51-75.

[6] OAKLEY K. Include Us Out: Economic Development and Social Policy in the Creative Industries [J]. Cultural Trends, 2006(4): 255-173.

[7] SADLER D, THOMPSON J. In Search of Regional Industrial Culture: The Role of Labour Organisations in Old Industrial Regions[J]. Antipode, 2001, 33(4): 660-686.

[8] TABB W K. The Postwar Japanese System: Cultural Economy and Economic Transformation[J]. OUP Catalogue, 1995, 23(1): 189-190.

[9] 鲍芳, 苗华威. 体育赛事媒体创意的策划与实施[J]. 上海体育学院学报, 2014, 38(1): 75-79.

[10] 边才茹. 浙江省城市居民体育生活满意度调查研究[D]. 杭州: 杭州师范大

学,2016.

[11] 曹如中,史健勇.文化创意产业创造力培育机制研究[M].上海:上海交通大学出版社,2017.

[12] 常德胜.大型体育赛事促进杭州城市品牌建设与传播的路径研究[J].浙江体育科学,2018,40(5):17-21.

[13] 陈方晓,陈国强.马拉松电视直播故事性的创意与呈现——以2017年九龙湖(宁波)国际半程马拉松赛为例[J].2017(9):74-76.

[14] 陈宏伟.软实力视域下福建省体育文化创意产业发展研究[D].福州:福建师范大学,2014.

[15] 陈洪年,刘晓松.吉林省体育文化创意产业开发的SWOT分析与对策研究[J].现代交际,2016(17):198-199.

[16] 陈晔.我国体育文化创意产业的发展与艺术创新的融合[J].当代体育科技,2017,7(16):226-228.

[17] 陈玉萍,刘嘉毅.大型体育赛事对城市旅游的影响及对策研究——以南京青奥会为例[J].山东体育科技,2016,38(3):15-19.

[18] 陈玉忠.新时代我国马拉松运动文化的创新[C].中国体育科学学会.第十一届全国体育科学大会论文摘要汇编.中国体育科学学会:中国体育科学学会,2019:4194-4195.

[19] 陈志生.马拉松的电视传播:文化阐释、城市景观和体育营销的共赢效应分析[C].中国体育科学学会.第十一届全国体育科学大会论文摘要汇编.中国体育科学学会:中国体育科学学会,2019:7327-7328.

[20] 杜文,杨爱华,黄军.传承"人文奥运"理念发展体育文化创意产业[J].体育世界(学术版),2009(9):109-110.

[21] 杜雪松.宁波市创建体育强市的竞争优势研究[D].宁波:宁波大学,2009.

[22] 段梦婷,宋昱.上海市体育赛事版权商业价值开发研究[J].体育文化导刊,2018(12):97-102.

[23] 高东宁,金逸乐.浅谈全媒体时代的马拉松赛事转播[J].现代电视技术,2015(5):96-99.

[24] 高峰.我国体育创意产业发展研究[J].体育文化导刊,2017(10):106-110,124.

[25] 郭冠圆.第二届青奥会对南京城市体育的影响研究[D].南京:南京师范大学,2014.

[26] 郭怡,江育恒.传承与整合:基于浙江本土资源的传统休闲体育文化研究[J].重庆工商大学学报(社会科学版),2014,31(2):138-144.

[27] 侯庆彬,陈晔.腾讯体育品牌互动营销探析[J].新闻研究导刊,2018,9(3):91.

[28] 胡江.我国马拉松赛事的文化价值及生成机制分析[J].浙江体育科学,2019,41(5):20-24.

[29] 江敏华,郑亚苏.中国零售业品牌市场吸引力指数测评研究[J],2008,20(1):148-151.

[30] 蒋越.冬奥背景下我国体育文化创意产业发展的机遇与挑战[A].中国体育科学学会、河北省体育局、河北省张家口市崇礼区人民政府.2017科技冬奥论坛暨体育科技产品展示会论文摘要汇编[C].中国体育科学学会、河北省体育局、河北省张家口市崇礼区人民政府:中国体育科学学会,2017:3.

[31] 焦芳钱.新时代中国城市马拉松赛道文化构建研究[C].中国体育科学学会.第十一届全国体育科学大会论文摘要汇编.中国体育科学学会:中国体育科学学会,2019:729-731.

[32] 金汕.让体育产业成为北京的经济增长点[J].投资北京,2006(7):68-69.

[33] 金元浦.文化创意产业与北京的发展[J].前线,2006(3):27-28.

[34] 李佳川,李亦波,唐金根.关于湖南体育文化创意产业发展若干问题的思考[J].当代体育科技,2017,7(21):166,168.

[35] 李佳川,李亦波,唐金根.湖南体育文化创意产业可持续发展策略分析[J].云梦学刊,2016a,37(6):101-103.

[36] 李佳川,李亦波,唐金根.论体育文化创意产业与现代城市发展之关系[J].当代体育科技,2016b,6(29):143-145.

[37] 李祺.建构在大众传播基础上的体育创意产业研究[D].北京:北京体育大学,2012.

[38] 厉无畏,王慧敏.创意产业促进经济增长方式转变——机理·模式·路径[J].中国工业经济,2006(11):5-13.

[39] 梁敏君.北仑国家级全民健身示范区的结构特征研究[D].宁波:宁波大学,2013.

[40] 刘海洋.海洋经济背景下浙江滨海体育休闲产业环境分析与结构整合研究[J].宁波工程学院学报,2015,27(2):75-81.

[41] 刘硕阳.2016宁波国际马拉松落幕12名选手打破原赛会纪录[EB/OL].http://sports.people.com.cn/n1/2016/1030/c22155-28818760.html,2016-10-30/2020-05-10.

[42] 刘炎斌,朱晓东.大型体育赛事门票服务需求研究——以上海网球大师赛为例[J].当代体育科技,2018,8(19):227-227,229.

[43] 卢长宝,孙慧乾.品牌赛事对城市创意产业拓张的影响[J].上海体育学院报,2011,35(1):34-38.

[44] 路易斯·罗杰尔."佛罗伦萨"与"比萨":提升品牌吸引力的两个维度[N].中华建筑报,2014-12-30(012).

[45] 马仁锋,梁贤军.西方文化创意产业认知研究[J].天府新论,2014(4):58-64.

[46] 倪方隅,杨明.供给侧改革背景下浙江省体育竞赛表演业发展对策研究[J].浙江体育科学,2019,41(4):21-26.

[47] 彭萌,刘涛,宋超.共生理论下马拉松赛事与城市文化协同发展研究[J].体育文化导刊,2019(6):12-17.

[48] 钱巧鲜.特色小镇体育生态建设研究——以浙江诸暨大唐袜艺小镇为例[J].浙江体育科学,2016,38(3):25-27.

[49] 商倩.大型体育赛事背景下我国啤酒品牌的广告策略分析[J].科技传播,2016,8(10),21-22.

[50] 申伟."互联网+"背景下"明星效应"对推动我国乒超联赛的作用研究——以男子俱乐部为例[D].扬州:扬州大学,2018.

[51] 宋凯.杭州市体育旅游项目设置研究[D].杭州:浙江大学,2017.

[52] 宋小燕,杜宾.湖北地区体育文化创意产业发展研究——基于京、浙地区体育文化创意产业发展的启示[J].当代体育科技,2017,7(14):192-193.

[53] 宋宗佩,白亮,江木芳.体育塑造国家形象热现象的冷思考[J].体育文化导刊,2017(12):4-7.

[54] 特色小镇产业建设联盟.体育小镇,开启体育产业2.0蓝海市场[J].中国房地产,2017(35):56-60.

[55] 体育小镇,开启体育产业2.0蓝海市场[J].中国房地产,2017(35):56-60.

[56] 汪斌,历苗军,王志杰.培育体育品牌赛事,助推品质城市建设——浙江绍兴上虞打造体育品牌赛事的有效实践与探索[J].2019,浙江体育科学,41(1):17-20.

[57] 王春光.体育文化产业发展趋势与对策——以辽宁省为例[J].人民论坛,2011(34):92-93.

[58] 王雷钧.2016宁波国际马拉松赛事新闻发布会[EB/OL].http://www.cnnb.com.cn/nbzfxwfbh/system/2016/09/08/008547234.shtml,2016-09-08/2020-05-10.

[59] 王乔君,于波.浙江省体育健身娱乐业供需结构问题研究[J].宁波大学学报(人文科学版),2008,21(5):103-107.

[60] 王占坤.浙江省公共体育服务体系建设研究[D].福州:福建师范大学,2015.

[61] 王钟云,张剑利.健康中国背景下浙江体育产业高质量发展研究[J].浙江体育科学,2019,41(3):27-31,88.

[62] 王柱石,王宏.发展福建省体育文化创意产业的思考[J].重庆电子工程职业学院学报,2017,26(5):11-14.

[63] 翁凤瑜,邢尊明,胡国鹏,张磊.产业融合视角下体育产业与创意产业融合发展[J].体育科学研究,2017,21(02):43-47.

[64] 吴海明.社会力量办体育的"绍兴样本"和"绍兴经验"[N].中国体育报,2018-09-03(7).

[65] 吴平.我国体育产业创意分类、实现条件及赢利方式[J].湖北体育科技,2014,33(4):286-288.

[66] 吴强.英国体育文化创意业发展对中国体育产业的启示[J].湖南科技学院学报,2019,40(8):77-79.

[67] 习哲馨.文化创意产业价值链分析[J].经营者,2016,30(11).

[68] 谢飞.我国体育特色小镇研究:政策演进、路径及展望[J].兰州文理学院学报(自然科学版),2019,33(4):85-90.

[69] 谢军."一带一路"与闽台民俗体育文化创意产业关系及其作用[J].体育科学研究,2018,22(2):21-26.

[70] 谢梅,王理.文化创意与策划[M].北京:清华大学出版社,2015.

[71] 徐浩然.浙江省体育特色小镇建设和运营研究[D].苏州:苏州大学,2018.

[72] 薛文标,翁飚,廖伟.福建省体育文化创意产业发展构想[J].体育科学研究,2014,18(6):37-41.

[73] 杨磊.2016年全国体育产业规模达1.9万亿体育服务业占比大幅上升[EB/OL].http://sports.people.com.cn/n1/2018/0113/c202403-29762703.html,2018-01-13/2020-05-10.

[74] 杨双燕,许玲.英国体育文化创意业发展及对中国体育产业的启示——基于主导产业扩散效应理论视角[J].北京体育大学学报,2015,38(1):45-50,56.

[75] 应继华,沈锡昂,康志辉.浙江省体育竞赛表演也区域布局优化研究[J].浙江体育科学,2011,33(1):31-53.

[76] 于洋.我国体育文化创意产业发展分析[J].四川体育科学,2014,33(1):7-9.

[77] 张孔军,于祥.首都体育文化创意产业定位研究[J].体育文化导刊,2007(8).

[78] 张幸.品牌主页粉丝形象对品牌吸引力的影响研究:产品涉入的调节作用

[D].南京:南京大学,2017.

[79] 赵弘,梁昊光.北京文化创意产业发展的今天与明天[J].北京观察,2008
(2):46-49.

[80] 甄宇.从"提振效应"和"低谷效应"看奥运会的经济影响[J].重庆科技学院
学报(社会科学版),2013(3):84-86.

[81] 郑霞,沈婷.生态需求视角下温州城市体育公园发展研究[J].浙江体育科
学,2015,37(4):32.

[82] 周洪珍.奥运会经济效益研究[J].体育文化导刊,2010(3):131-133.

[83] 周蜀秦,徐琴.全球化的创意产业与城市空间再造[J].世界经济与政治论
坛,2007(2):40-45.

[84] 周薇.我国体育文化创意产业发展问题研究[D].沈阳:沈阳体育学院,
2010.

[85] 祝芳.城市赛事产业链研究[D].南昌:江西财经大学,2014.